持ち味を活かす経営支援

選ばれ続けるための知的資産経営のすすめ

有限会社ツトム経営研究所所長
中小企業診断士
森下 勉 著

銀行研修社

はじめに

2018年３月に「流れの整理だけで会社がよくなる魔法の手順」を出版させて頂いた。

知的資産経営に取り組んだ沿革を整理し「残す」「伝える」を目的にしていた。

2006年からご縁を得て知的資産経営に取り組み、どのようにすれば役に立つ有効なツールになれるかを思考し続けていた。常にブラッシュアップを加えていたため、そのブラッシュアップの終わりの無さにピリオドが見えず、書籍としてまとめた形で伝えることは考えていなかった。しかし、2018年に考え方を書籍として披露することで、多くの皆さんからご意見やご感想を頂き、逆に気付きを得ることもできた。まさに、「流れの整理」「価値の循環」の大切さを実感した。

そのフィードバックから、知見を整理する必要性を感じ、改めてこの本にまとめることにした。今回も、理解を深めていただきやすいように事例も含め整理した。

「本物の知的資産経営」を目指して、「価値の循環」を行いながら、さらに良いもの、もっと良いものを、と欲深く現場の状況を「観察」し、なぜなの？と考え、さらにGOODなものを目指し、進化させてきた結果を整理したものでもある。

知的資産経営はマネジメントツールである。企業活動の根本的、根源的な支援を行うツールであると考えている。

知的資産経営に関わっている仲間は、「知的資産経営はコンピュータでいうところのOSである。そのOSの上で人事支援やIT支援、生産管理などのアプリケーションが乗っている。OSがしっかりしていないとツールも活かせない。」と言ってくれている。至言である。

様々な支援ツールがあるなかで、会社の見えざる資産である「知的資産」を見える化し、財務や設備などの見える資産との関連性を掛け合わせ、どの資産とどの資産が関係性を持ち、それらの資産がどのような価値の連携を描いているのか､そして何がフィードバックされているのか､何をフィードバックするべきか、という「価値の循環」として観ることで、企業全体を俯瞰し評価、理解することができる。

第１章では、知的資産や知的資産経営をはじめて耳にする方のために、知的資産や知的資産経営の概要について説明させて頂いた。また、知的資産と「寄り添う支援」との関係や地域の発展サイクルについて述べた。

第２章は､企業における価値について述べた。その中では「ジョハリの窓」を価値に置き換えた「ジョハリの価値」や違いから価値を発見する「違い発見マトリックス®」。観察の軸や考える軸で価値の発見や深める考え方である「WHYの５段活用®」や、KPIをKAI（キー・アクション・インディケータ＝活動指標）とKRI（キー・リザルト・インディケータ＝結果指標）の組み合わせとして捉える「KAI－KRIマネジメント®」として価値の繋がりについて述べた。

第３章は、知的資産経営の取組み手法について、筆者が普段行っている手法や考えなどについて、支援ツールとともに示している。

知的資産を掘り起こすには、３つの手法があると考えている。

１つ目は企業における様々な業務の流れ（プロセス）を分析し、そのプロセスの中に埋められている知的資産を掘り下げる方法である。２つ目は製品やサービスから、その特徴を踏まえて価値のステップから知的資産を掘り下げる方法であり、３つ目は企業の沿革などから掘り起こす方法である。これらの手法を手順に沿って解説した。

支援手法を知り、企業支援に役立てて頂ければ嬉しい。

第４章では、理念の戦略として、価値創造の事例で話題になっている企業、キリンビール高知支店や丸亀製麺を取り上げた。

ともに、理念を軸に、顧客の立場に立つことで新たな価値を創造している。キリンビール高知支店の取組みは、アサヒビールのスーパードライにマーケットシェアを奪われ、存亡の危機の中で既存顧客を徹底的に大切することで立ち直ったドラマである。当時、左遷人事で高知支店に赴任した田村氏と高知支店のメンバーの奮闘記である。

丸亀製麺は、粟田前社長が若いころに飲食の面白さに目覚め、様々な壁にぶつかりながら丸亀製麺を軌道に乗せるまでのドラマである。丸亀製麺のパートでは、粟田氏の生い立ちから、同社の沿革の中で培われた知的資産の視点で検証した。

第５章では、江戸期に藩の経済を立て直した２人の偉人「二宮尊徳」と「山田方谷」を取り上げている。経済の立て直しにつき、知的資産経営の視点から２人の業績を観た。また、二宮尊徳の理念に共感した伊那食品工業の塚越名誉顧問と同社の知的資産経営を価値ストーリーで描いている。

第６章では、企業事例を取り上げた。

１社目は、兵庫県加古川にある黒毛和牛専門のお肉屋さん「有限会社うらい」である。

このお店の立地は街の中ではなく、周囲は田んぼや畑、山なのだが、いつもお肉を買うお客さんで列をなしている。そんな田舎でお客さんが列をなす。いったい何事なのかと、驚愕する。その秘訣を知的資産経営の視点からひもときたい。

２社目は、「有限会社大濱海苔」である。

全国の海苔の生産高で１位は有明海を有する佐賀県であるが、２位はどこかご存じであろうか。２位はなんと兵庫県なのである。これを聞いたときに驚いた。認識不足を感じた。

その兵庫県で海苔の生産販売をしているのが「大濱海苔」である。

若手後継者が、知的資産経営を知ることで、新たな挑戦に取り組み、新たな価値を創造している姿を見て頂きたい。

３社目は、大阪市住之江区にある「丸和運輸株式会社」である。

従来の運送事業を軸に、ロジスティクスや手ぶら観光をキーワードにしたKDS（KIX DELIVERY SERVICE）を展開している。自社の運送事業の「持ち味」（知的資産）を活かした新しいサービスの展開である。同社の沿革に培われた理念やミッションという根っこの知的資産から明確な方向性を示すことで、次の新しい価値創造（顧客利便価値）に繋がっている。

４社目は、神戸市にある「株式会社三鷹倉庫」である。ここでは、将来の三鷹倉庫を担う中堅社員を中心に、知的資産の掘り起こしと価値ストーリーによるビジネスモデルの明確化を行った。さらに、将来ビジョンについても経営者とともに現場担当の立場からの分析を行い、あるべき姿を描き出している。

５社目は、大阪市にある「有限会社ヤナギオートサービス」である。外車、特にポルシェを中心に自動車整備業を行っている。先代から引き継いだ自動車整備を、顧客利便価値を軸に見える化を行うことで、自社の良さを再認識し、さらに今後取り組むべき姿を明確にすることができた。経営者の柳氏は中小企業家同友会に加わっており、取組みを通して同友会理念の３つの目的の実現による知的資産経営の有効性を得ることができた。

第７章は、金融機関を取り上げた。国内における金融を取り巻く環境は、厳しさを増しており、金融機関にとっても新しい価値創造が求められている。「寄り添う支援」という言葉にその方向性が表現されているが、実際に「寄り添う支援」ができている金融機関は少ない。

その中で、知的資産経営に取り組んでいる金融機関について述べている。

ともに兵庫県に本部のある但陽信用金庫と尼崎信用金庫である。

2006年に知的資産経営の考え方が始まり、両金庫とも2009年から知的資産経営に取組んでいる。まさしく「寄り添う支援」の取組みから10年を超えて継続的な取組みを行い、高い成果を実現し、地域から必要とされている金融機関である。その取組み内容と成果を見て頂きたい。

もうひとつの組織は岐阜県信用保証協会である。知的資産経営の有効性に着目した協会幹部が、知的資産経営を理解している地元の中小企業診断士とともに、知的資産経営に取り組んでいる内容を紹介した。

信用保証協会は、本来、企業が必要としている資金について、企業と面談などを行い、その内容を信用保証するための組織であるが、現在は金融機関が企業に代わって保証協会に案件を持ち込む形になっている。それでは本当の企業支援にならないと考えたのが、岐阜県信用保証協会である。その取組みについて述べた。

第８章は、普段から雑学的に考えていることを述べた。ツールやマニュアルがあっても、持続的な発展のためには幅広い知識や引出しが必要と考えている。その活用できそうな事項を述べた。

第９章は、フェイスブックでつぶやいている事柄のうち、知的資産経営に関わりそうな独り言を掲載した。軽く読んで頂ければ、筆者の考えの一端を感じて頂けるかと思っている。

以上の内容から、この本は成り立っている。中小企業支援に役立てて頂き、元気な地域ができることを願っている。

2021年４月　森下　勉

目　次

第2章　価値についての考証

第3章　知的資産経営の取組手法

第４章　理念の戦略

第５章　江戸期の経営哲学に学ぶ

第６章　ええとこ活用経営事例

第７章　金融機関による知的資産経営への取組み

本書に掲載されている一部の図表は、以下より表示もしくはダウンロードすることができます。

https://www.ginken.jp/chart/morishita476572105.pdf

序章

知的資産経営と事業の理解

1 寄り添う支援

（1）知的資産、知的資産経営

最初に、本書で述べる知的資産や知的資産経営について説明する。

知的資産や知的資産を経営に生かす知的資産経営の始まりは、1990年代初頭のスウェーデンの大手金融サービス会社スカンディア社が始まりであると言われている。財務を指標とせず、人材育成や外部との関係性など非財務を活動の指標におくことで飛躍的な業績の向上を図っていた。その取組み手法が日本的経営に近いことを、当時経済産業省にいた住田孝之氏（現・住友商事顧問）が気づき、我が国に導入したのが始まりである。

次頁の図は、中小企業基盤整備機構が2012年に知的資産経営を広めるために作成した「事業価値を高める経営レポート」に掲載されている知的資産の位置づけを説明した図である。筆者もこの経営レポートの作成に携わらせて頂いた。

上側は氷山を用いて説明し、頭を出している部分（資本金、従業員数、有形資産等）は財務諸表などから読み取れるが、海に潜っている資産（技術ノウハウ、組織力、ネットワーク、特許、人材、経営理念、等々）は見えにくい無形資産として示されている。

しかし、企業競争力の源泉は、海に潜っている部分にあり、この見えない資産（知的資産）を理解できないと、企業全体の価値を表すことはできないことを説明している。

また、下側は、知的資産と知的財産との関係を示したものであり、知的資産の位置づけを、知財を含めた幅広いものであることを示している。

知的資産のイメージ

(参考)知的資産と知的財産との関連性イメージ

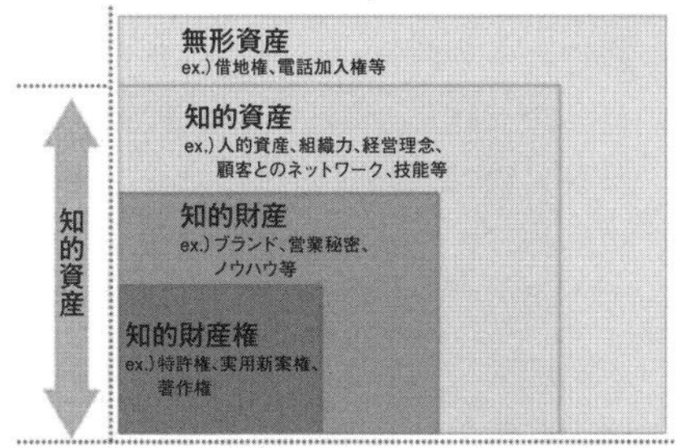

当マニュアルでは、狭義の知的財産と区別するために、「知的資産」という概念を「知的財産」と同義ではなく、それらを一部に含みさらに組織力、人材、顧客とのネットワークなど企業の「強み」となる、目に見えにくい経営資源を総称したものと幅広くとらえています。

競争力の源泉を知るには、見えざる資産である知的資産を見える化し、価値の源泉を知ることが必須事項である。「強み」と表現される場合もあるが、中小・小規模事業者に「強みは？」と尋ねても「そのような強みはありません」と答えられてしまう。

顧客が、その企業の製品やサービスを受ける以上、何らかの良いところがあって選んでいる。その選んでいる理由を知ることも事業を理解する上で欠かせない。「強み」という表現では答えづらいので「持ち味は？」と尋ねることで答えやすくなり、対話やコミュニケーションが円滑に進む。

顧客の事業を理解するには「持ち味」探しを顧客と一緒にすると良い。

一方、デンマーク、フィンランド、フランス、ノルウェー、スペイン及びスウェーデンの欧州６カ国が参画した「MERITUMプロジェクト」の無形資産に対する管理と報告に関するガイドラインでは、知的資産を３つに分類している。

分かりやすくするため、少し手を加えてまとめた。

資産名	内容
人財資産	経営者や社員という「人に依存」している資産 社長の「顔」、ベテラン社員の勘や経験値など 当該人物の退職などで会社から消えてしまう資産
組織（構造）資産	組織の「仕組み」として定着している資産 システム、マニュアル、ルール、定着している技術など、人がいなくなっても組織に残る資産
関係資産	組織の対外的な関係性に付随した資産 取引先との協力関係、信用、顧客満足度、ブランドなど、外部との関係で築かれている資産

上記の３つの資産は、見ることのできる財務や物的な資産以外の資産にあたる。これらの知的資産は決算書などに出てこない項目であり、事業活動を理解する上で必要な資産といえる。

決算書から業績の良さが分かっても、なぜ業績が良いかは決算書を見ただけでは分からない。例えば、業績の良さは社長の「顔」で、そのことで営業活動が円滑に行えているためかも知れない。となると社長がいなくなればその会社の価値は下がることになる。ベテラン社員の勘や経験値に頼っている場合も同様である。そのリスクを回避するには、人財資産を組織資産化しておく必要や、同じ価値を出せるよう、別の人財資産の価値を高めておく必要があるかも知れない。

これは組織資産や関係資産においても言えることである。知的資産の見える化が必要な理由はそのようなところにある。

見えざる資産の見える化によって価値の低下を予測することもできるし、業績向上の理屈が分かれば、さらに業績を上げる方法も見えてくる。

このように知的資産を経営活動に生かすことを「知的資産経営」という。

我が国で具体的に中小企業への導入が提唱されたのは、2005年に経済産業省が「知的資産経営報告ガイドライン」を公表し、それを受けて中小企業基盤整備機構が2006年に「中小企業知的資産経営マニュアル作成ワーキンググループ」を設け、2007年に同マニュアルが開示されたのが始まりである。

今では、知的資産経営をベースにした「ローカルベンチマーク」や「経営デザインシート」「統合報告」に展開されている。

なお、現在筆者は知的資産の３つの分類をもう少し細かく分けている。企業支援においては、「人財資産」「組織・技術資産」「情報資産」「風土資産」「理念資産」「関係資産」「顧客利便価値」「顧客フィードバック価値」の８つに分類し活用している。利用方法など詳しくは第１章及び第３章で述べる。

（2）寄り添う支援

「寄り添う支援」という言葉が金融関係で耳にすることが増えた。「事業を理解し、最適な支援を行うには企業に寄り添う支援が必要である」という趣旨である。

企業が事業を発展をさせる際のプロセスは、経営環境の変化を感じたり観察することから始まる。経営環境の変化には、顧客の変化を始め、市場の変化や競合、あるいは技術や法令規制の変化、もっと大きな国際的な動きもある。

そのような変化を観察し、どのように対応するべきかを考える。その対応を考える時には、自社の経営資源である内部環境を評価・観察し、最適な対応を検討し、その中から最善な手段を選定し、計画を立てて活動を行うことになる。そして出てきた結果を評価し見直すことで、次の経営環境の変化への対応に繋がっていく。

企業は価値創造のサイクルを行い発展していくのである。

「寄り添う支援」とは、企業の発展サイクルを、より確実に価値を高め、より迅速に回転させることであると考えている。

そのためには、経営環境の変化を観るプロセスでは、正しく変化を掴むための情報提供を行うことが求められる。金融機関など支援機関は、把握している外部情報を的確に届ける役割がある。

外部環境の情報を元に、内部環境を評価するのだが、その時に見えざる資産である「知的資産」の見える化を行うこと、そして知的資産を中心にした価値の繋がりを示した「価値ストーリー」に表すことで、新たな戦略に「気づく」プロセスを加えることがポイントである。価値ストーリーはいわば「戦略ストーリー」として事業展開の道標や旗印になり、会社全体としての取組みが具体化され実行性と確実性が高まる(「価値ストーリー」については、第１章で描き方や活用方法を述べる)。

この２つの支援を加えることで、企業の発展サイクルが明確になり、会社が信念を持って取り組めることになる。

そのあとは、価値ストーリーに基づいた具体的な支援の提案と実行支援、実行した結果の評価や見直しを行い、次の変化に備えていく。

企業の発展サイクルと合わせて、支援者側も同じ支援サイクルを描くのである。そして、この２つの歯車ががっちり噛み合って、速く回転させることが重要である。がっちり噛み合うには、お互いの円滑な対話やコミュニケーションが基礎になる。いわば信頼のハーモニーを奏でることである。

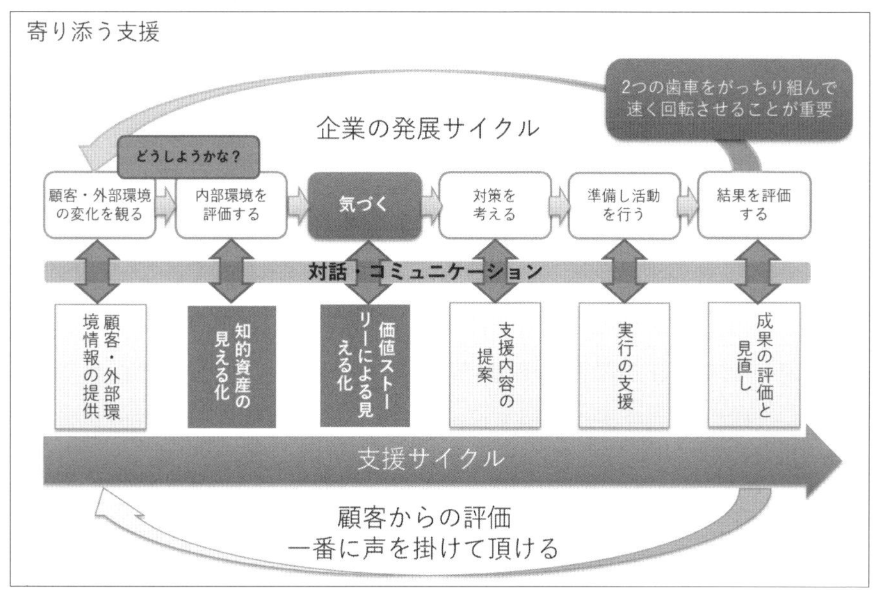

そのためには、支援における円滑なコミュニケーションが図れる人材育成や教育訓練も必要になる。

がっちり噛み合うこと、そして速く回転させること、これにより企業から選ばれる価値のある金融機関へと発展していく。

一方、この支援を通して企業から高い評価を得ることで信頼を高め、選ばれる支援組織になる。その指標は「一番に声が掛かる」である。

例えば金融機関の担当者が、自分の担当エリアで何軒の顧客企業から一番に声を掛けてもらえるかが、支援成果の指標となる。リピート件数やリピート率も指標となる。

融資の件数や実績は後からついてくる。先に融資件数や金額があるのではない。企業は信頼のある金融機関や支援機関に一番に声を掛ける。そのことで選ばれる金融機関になるのである。

2　地域を発展させる

個別企業の発展を支援すると同時に、金融機関や支援機関は地域の発展も視野に入れる必要がある。

次頁の図は、2019年に大阪府中小企業家同友会で行われた経営大会における、金融庁監督局金融企画室長日下智晴氏の講演ポイントである。

左手に金融庁と金融機関、右手に中小企業家同友会と企業を描き、その関係性を示している。その間に示しているものは「議論・対話」である。両者が議論と対話を行うことで、お互いの理解ある金融機関と企業の間で事業活動に関する心地よい連携、いわばハーモニーが生まれ、それによって事業活動の支援や成長資金の提供を得ること。それがニーズや課題への最適な対応になり、「稼ぐ力」や「生産性の向上」が実現し、「活力ある地域の創造」に繋がる。活力ある地域の創造によって金融機関や企業双方に、新しい価値がフィードバックされ、それがまた金融機関や企業の発展へと循環される。

この２つの対流を生むことが全体最適な環境を創り出すことになる。

この２つのサイクルを創りだすための「議論・対話」において、金融機関と企業側に重要な役割がある。

まず、金融側における役割は、「事業性評価」という言葉を使っているが、大切なのは事業を理解することである。そのツールとして「金融仲介機能のベンチマーク」というフレームワークがある。これはあくまでもフレームワークでしかない。

金融仲介機能の発揮に向けたプログレスレポートの中で、「金融庁は、“金融育成庁”として、金融行政の究極的な目標達成に必要な『金融システムの安定』と『金融仲介機能の発揮』の両立に向けて多面的・多角的な施策に取り組んでいく」とされ、「地域金融機関を取り巻く厳しい経営環境を踏まえると、変革の必要性をより強く意識した経営なしには、将来にわたって健全

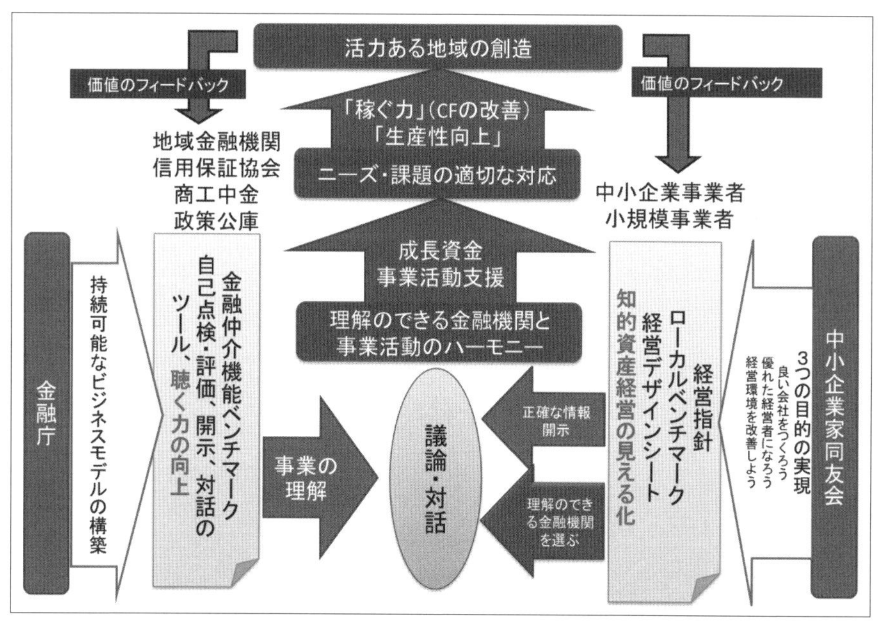

性を確保し続けることはできない」「例えば、地域企業の真の経営課題を的確に把握し、その解決に資する方策の策定、実行に必要なアドバイス、資金使途に応じた適切なファイナンスなどを組織的・継続的に実施することにより、地域企業に付加価値を提供することは、自身の持続可能なビジネスモデルの確保に必要であるとともに、将来的な地域経済の発展（自身の経営基盤の確保）のためにも重要であると考えている」とある。

令和元事務年度の金融行政方針には「金融仲介機能の十分な発揮と金融システムの安定の確保」があり、令和２年においても「地域金融機関（地域銀行及び協同組織金融機関）においては、優秀な人材、地域からの信頼、地域におけるネットワークなどの重要なリソースを、地域社会の抱える様々な課題の解決に生かし、地域と共有される付加価値を創造していく」とある。

継続して、金融機関自身の持続可能なビジネスモデルの確保を求めている。そして、持続可能なビジネスモデルの基礎として、「顧客との共通価値の創造」

が謳われている。

企業に対する「ニーズや課題の問いかけ」、それを受けて「企業の事実情報の収集」と「企業の事実情報の評価情報へ転換」を行い、「評価情報のフィードバック」により企業との「認識の一致」をベースに、「リレーションシップバンキングによる強固な取引関係」などを通じて、「顧客との共通価値の創造」をするのである。

その時のツールとしての共通言語として「ローカルベンチマーク」や「経営デザインシート」があると考えている。

一方、企業側の役割として、中小企業家同友会は３つの目的の実現を掲げている。それは、①良い会社をつくろう、②優れた経営者になろう、③経営環境を改善しよう、である。

「良い会社をつくろう」は、「同友会は、ひろく会員の経験と知識を交流して企業の自主的近代化と強靭な経営体質をつくることをめざします」、

「優れた経営者になろう」は、「同友会は、中小企業家が自主的な努力によって、相互に資質を高め、知識を吸収し、これからの経営者に要求される総合的な能力を身につけることをめざします」、

「経営環境を改善しよう」は、「同友会は、他の中小企業団体とも提携して、中小企業をとりまく、社会・経済・政治的な環境を改善し、中小企業の経営を守り安定させ、日本経済の自主的・平和的な繁栄をめざします」、
であり、経営について中小企業者が一体となって優れた会社作りを目指す組織である。

金融機関と企業の両者が議論と対話を行うにあたり、金融機関側にとって必要なことは金融仲介機能ベンチマーク等を指標としての「聴く力の向上」であり、企業側は正確な経営情報の開示である。そのためには、共通のツールである「ローカルベンチマーク」や「経営デザインシート」などを使った、「知的資産経営の見える化」が有効なツールになる。

第１章

知的資産経営を進めるためのツール

1　知的資産経営を進めるためのツールとその考え方

我が国では2005年に知的資産経営の開示ガイドラインが経済産業省より公表され、翌年から取組みが始まった。

その背景には、少子高齢化により、国内経済規模拡大が困難な状況になっていること、グローバルな競争が激化しコスト競争では新興国には勝てないこと、そして知識社会への移行が進むことで無形資産の価値が増大していることが挙げられる。

ここで勝ち抜くには、自らの固有の力を活かし、商品やサービスの差別化を通じて価値・利益を創造・実現することが不可欠になっている。そこで、他者との差別化、短期のみでなく持続的な利益の実現を可能にする「知的資産経営」が着目されてきた。

「知的資産経営の開示ガイドライン」（経済産業省2005年10月）によると、知的資産経営報告の目的は、

① 企業が将来に向けて持続的に利益を生み、企業価値を向上させるための活動を経営者がステークホルダー（社員、取引先、債権者、地域社会等）に分かりやすいストーリーで伝え、

② 企業とステークホルダーとの間での認識を共有する。

となっている。

また、基本的原則として、

① 経営者の目から見た経営の全体像をストーリーとして示す。

② 企業の価値に影響を与える将来的な価値創造に焦点を当てる。

③ 将来の価値創造の前提として、今後の不確実性（リスク・チャンス）を中立的に評価し、対応を説明する。

④ 株主だけでなく自らが重要と認識するステークホルダーにも理解しやすいものとする。

⑤　財務情報を補足し、かつ、矛盾はないものとする。

⑥　信頼性を高めるため、ストーリーのポイントとなる部分に関し、裏付けとなる重要な指標（KPI）などを示す。また、内部管理の状況についても説明することが望ましい。

⑦　時系列的な比較可能性を持つものとする（例えばKPIは過去２年分についても示す）。

⑧　事業活動の実態に合わせ、原則として連結ベースで説明する。

とある。

筆者は、ご縁をいただき、2006年の開示時期から関わり、今までに2,000社以上の企業に知的資産経営のよさを伝え、構築・運営の支援をしてきた。

知的資産経営はマネジメントシステムの１つである。どのように取り組めば事業価値向上に活かせるか、支援手法の手順の改善や進化に取り組んできた。

知的資産経営を有効に活用するポイントは、違い（とがり）を見つけ（生み出し）、それを繋げ（ストーリー化）、顧客利便価値を実現することだと考えた。

その手順は、

①　社内外の知的資産を洗い出し、

②　顧客の「なりたい明日」（その先の顧客への提供価値）を明確に捉え、

③　他社との遠いや、顧客利便価値に向かう各資産の価値を評価し、

④　その違いを繋げ、とがらせる活動（戦略）を決め、

⑤　それを実践し、見直して次の活動を行うこと、

である。

この手順によって業績が向上した企業がたくさん出ていることを実感している。この手順を「BEN'sメソッド®」やその簡易版である「ええとこ活用経営®」としてフォーマットとともに示し、取組みの手順を以下に解説して

いく。

なお、本章は拙著「“流れ”の整理だけで会社が良くなる魔法の手順～知的資産経営のすすめ～」を既にお読みいただいている読者については、読み飛ばすか、知識の再整理に活用していただきたい。

業績向上のポイントは「流れを整理」すること。「流れ」とは、事業の流れ、業務プロセスの流れ、価値の流れ、企業内部や企業を取り巻く顧客などのステークホルダーとの円滑なコミュニケーションの流れ、である。

「流れているもの」は価値である。見える資産である物的資産や財務資産以外に、人材力や技術力、協力会社との連携力などの「見えざる資産」の価値である。

そして、それらの流れは、顧客へ価値を提供したあと、フィードバックとして顧客から価値をいただくことで循環を描く。

顧客からいただく価値にはキャッシュフロー等の見える資産だけでなく、評価や賞賛、リピート、ご紹介、時には苦情・クレームがある。これらも知的資産であり、企業が継続するために必須の資産である。いただいた価値をどう活かすかも大切な視点になる。

「流れ」は循環している。「流れ」の要素は「知的資産」。どのような「知的資産」がどのように流れているのか、その流れを整理することで事業価値向上に繋がる。その結果、流れをスパイラルアップさせていくことが企業価値向上になると考えている。いわば、価値は輪廻転生しているのだ。

また、経済産業省や金融庁から、事業性を評価（理解）するためのツールとして「ローカルベンチマーク」（略称「ロカベン」）や「金融仲介機能のベンチマーク」が開示され、金融機関や支援機関はその活用が求められている。

「ローカルベンチマーク」構築は2015年より開始された。筆者も委員の一員として関わり、その非財務情報の洗い出し手法に、本章で説明する「ええとこ経営®」のシートが参照され、その有効性が評価されている。

金融機関や支援機関からの評価や理解を待つのではなく、企業自らローカルベンチマーク等を使って事業内容を可視化し理解を求め、共感の得られる金融機関や支援機関を選ぶ時代に入ったとも言える。

2　ええとこ活用経営®のポイント（ストーリー化）

「知的資産経営」という名称は堅苦しく、また「知的財産」と間違われることも多い。関西ではGOODなことを「ええとこ」という言い方をする。そこから名前をとったのが、「ええとこ活用経営®」である。企業が顧客から選ばれる理由は「ええとこ」があるからだ。自分自身では気付かない「ええとこ」を探して、見つけ、磨くことでさらに魅力的になれる。

それをどのように表現すれば相手に届き、相手から選ばれるのか。以下では、その考え方を解説するとともに、顧客へ届ける価値やいただく価値、事業の流れを整理しストーリーで示す基本を述べる。なお、本節では、「ええとこ活用経営®」の考え方を述べ、具体的な活用方法については後述する。

（1）木・花・実の成果は根っこ

QCDという、品質（Quality）や価格（Cost）、納期（Delivery）の「表の力」は、様々な社内の取組みや仕組み、組織風土、関係性などの「裏の力」によって実現できているといえる。また、真の企業価値は財務諸表に計上される資産だけでなく、財務諸表に計上されない「見えざる資産」であり、それが収益の源泉といえる。この見えざる資産が知的資産であり、表の力を生み出しているのである。

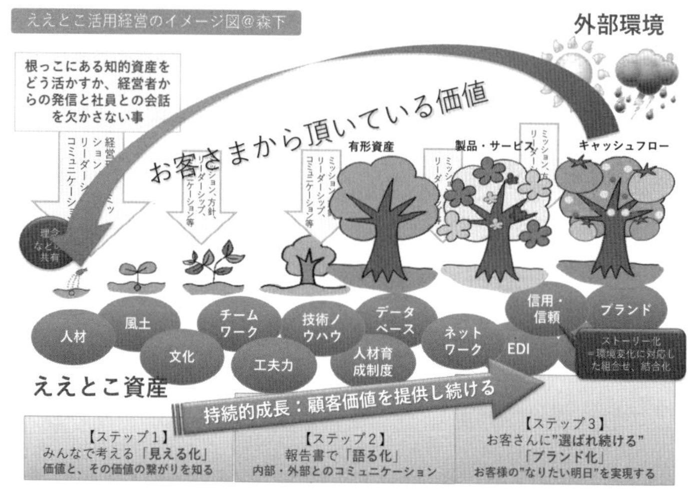

上図は、知的資産経営をイメージしやすくするために樹木に例えたものである。はじめに事業の種をまく、事業の立ち上げである。その種が芽を出すために水や栄養分を与える。事業の立ち上げ時には種が芽を出すまで相当な苦労を要するだろうが、その苦労が報いられてやがて種が芽を出す。新しい芽は栄養分や水を与えることでさらに成長し、立派な樹木に成長する。

樹木が成長すると次は綺麗な花を咲かせたい。そこで花に合う栄養分を与える。やがて綺麗な花が咲く。綺麗な花が咲けば次は丁寧に手入れを行うことでおいしい果実を得ることができる。

このように事業は樹木の成長に例えることができる。立派な樹木は設備や建物などの「有形資産」、花は「製品やサービス」、そして果実は「キャッシュフロー」といえる。

立派な樹木に育てることや綺麗な花を咲かせること、そしておいしい果実を付けるためには、大地の下にある根っこが重要な要素となるのだ。この根っこが知的資産なのである。

外部環境に対応でき、綺麗な花や果実であるキャッシュフローを得るには丈夫な根っこがなければならない。根は大地深く張らねばならない。丈夫な根っこを育てるためには、外部環境に対応できるための栄養分を与えることが重要だ。栄養分にあたるのは、経営理念やミッション、リーダーシップの発揮、そして社内のコミュニケーションによる理念等の共有化だ。それは１回限りではなく、飽きずに継続して発信し続けることが重要なのだ。経営者は継続的に伝えることも大切な仕事である。

実から得られた種は次の事業継続のために活かされる。その種とは売上や利益だけでなく、顧客の評価なのである。その評価は結果としてリピートや紹介、時に苦情・クレームとして表れる。それらの種（顧客からいただいた価値）が事業継続に重要な要素となる。

継続的な発展に繋げるためには、どのような価値を顧客からいただくべきなのかを定義し、指標として評価、検証していくことで事業の羅針盤となる。

根っこは外からは見えないが、企業の強さやたくましさの源になっている。中小企業は大企業と比べて、見える資産である土地、設備、建物などの貸借対照表上に計上される資産は少ない。ゆえにこれらの根っこである知的資産の有効活用が重要なのである。

知的資産を経営に活かすには、大きく３つのステップがあると考えている。

ステップ１

自分たちが保有する知的資産を認識し、それらの知的資産がどのような繋がりで価値が生まれているのか、価値のストーリーを会社全体で認識し「見える化」する。

ステップ２

見えた知的資産価値を知的資産報告書等でドキュメント化し、内部・外部とのコミュニケーションツールとして「語る化」する。社内の全員が自社のことを知り、価値の共有を図ることでベクトルを揃えた事業活動が行えるようになる。そして、充分な理解を以って外部に発信していくのがよい。自分自身が自社のことを理解していないまま外部に発信しても、相手には響かないからである。

ステップ3

顧客に選ばれ続ける「ブランド化」を実現し、顧客の“なりたい明日を実現する”存在になる。この顧客の“なりたい明日”を知ることが強い会社を作る上で重要な要素となる。顧客は、提供される製品やサービスそのものを目的としているのではなく、そこから得られる“明日”を求めているのである。

ステークホルダーは顧客だけでなく、社員からも選ばれる企業であることが継続的な発展にとって大切である。

（2）知的資産の分類

「知的資産」は大きくは、内部にある資産と、外部との関係に関わる資産の２つに分類できる。

内部にある資産としては、まず、「人財資産」がある。人財資産は経営者、技術者、技能者、社員などの人に依存している資産のことである。これらは会社からいなくなると消滅する資産である。例えば、社長のカリスマ性や社長の顔、特定の社員が持っているノウハウなどが該当する。特定の人財資産が会社からなくなることで、資産価値が滅失し、事業の継続が困難になることが予想される。

「組織・技術資産」はビジネスモデル、組織運営力、技術、知財、マニュアル・ルール、仕組み・制度など、人に依存せず、形として会社にある資産である。人がいなくなっても残る資産である。例えば、収益や利益を生み出

資産（ええとこ）の分類

<table>
<tr><th></th><th>資産名</th><th>分類</th></tr>
<tr><td rowspan="21">見えざる資産（内部）</td><td rowspan="4">人財資産（人そのものの　ええとこ）
組織活動において、人に依存している資産
（該当の人がいなくなると無くなる資産）</td><td>経営者</td></tr>
<tr><td>技術者</td></tr>
<tr><td>技能者</td></tr>
<tr><td>人財　など</td></tr>
<tr><td rowspan="5">組織・技術資産（会社が形として持っている　ええとこ）
組織活動において、人に依存していない資産</td><td>ビジネスモデル</td></tr>
<tr><td>組織運営力</td></tr>
<tr><td>技術、知財</td></tr>
<tr><td>マニュアル・ルール</td></tr>
<tr><td>仕組み・制度　など</td></tr>
<tr><td rowspan="4">情報資産（会社が情報として持っている　ええとこ）
組織活動において情報として蓄積されている資産</td><td>データベース</td></tr>
<tr><td>顧客情報（台帳）</td></tr>
<tr><td>情報共有</td></tr>
<tr><td>各情報システム　など</td></tr>
<tr><td rowspan="4">風土資産（会社が空気感として持っている　ええとこ）
組織に根付いている資産</td><td>風土</td></tr>
<tr><td>伝統</td></tr>
<tr><td>礼儀作法</td></tr>
<tr><td>習慣　など</td></tr>
<tr><td rowspan="4">理念資産（会社が根っことして持っている　ええとこ）
組織活動の根本的な方向性やあるべき姿を示した資産</td><td>経営理念、思い</td></tr>
<tr><td>ミッション</td></tr>
<tr><td>方針</td></tr>
<tr><td>ビジョン　など</td></tr>
<tr><td rowspan="10">見えざる資産（対外部）</td><td rowspan="5">関係資産（外部との関わりで持っている　ええとこ）
外部との関係で生み出されている資産
自社の価値に影響を与える資産
変わるための関係資産。変わったあとの関係資産。</td><td>協力会社</td></tr>
<tr><td>販売会社</td></tr>
<tr><td>連携、マッチング</td></tr>
<tr><td>チャネル</td></tr>
<tr><td>ネットワーク　など</td></tr>
<tr><td rowspan="5">顧客利便価値（お客さんに提供している　ええとこ）
お客様に提供している資産、選ばれている理由</td><td>どんなお客さんに</td></tr>
<tr><td>利便性</td></tr>
<tr><td>効率性</td></tr>
<tr><td>感動性</td></tr>
<tr><td>幸福性　など</td></tr>
<tr><td rowspan="4">お客さんから頂いている資産</td><td rowspan="4">顧客から得ている　ええとこ
顧客から頂いている価値であり、組織が持続的成長を実現するために必須の資産</td><td>評判、リピート、ブランド</td></tr>
<tr><td>信用・信頼</td></tr>
<tr><td>苦情、クレーム</td></tr>
<tr><td>利益・お金　など</td></tr>
<tr><td rowspan="8">見える資産</td><td rowspan="4">財務的資産（金銭的な面でもっている　ええとこ）
お金に関わる資産</td><td>資金</td></tr>
<tr><td>売掛債権</td></tr>
<tr><td>在庫</td></tr>
<tr><td>など</td></tr>
<tr><td rowspan="4">物理的資産（物的なもので持っている　ええとこ）
物的な資産</td><td>原材料</td></tr>
<tr><td>設備</td></tr>
<tr><td>店舗・工場</td></tr>
<tr><td>立地　など</td></tr>
</table>

すビジネスモデルや、組織活動を円滑に進むために手順をシステム化させ運用しているものや、人材育成制度などがある。

「情報資産」は各データベースとして顧客情報（台帳）や技術情報、情報共有、各情報システムなど、組織・技術資産の一部ではあるが、企業活動に重要な役割を果たす資産のことである。MERITUMの分類（14頁参照）では「組織資産」の一部であったが、事業価値を考慮した場合、「組織資産」で扱うよりも別の資産として扱ったほうが事業価値がより「見える化」される。

なお、「情報資産」を「組織資産」から切り離して考える理由は、情報資産が事業活動に及ぼす重要性が増えているためである。

「情報資産」には次の４つの大きな機能があると考えている。

① 知的資産を繋げる

② 知的資産を強化する

③ 知的資産を変換する

④ 知的資産経営推進を下支えする

これらが、競争力強化や差別化に繋がる。

「風土資産」は風土、伝統、礼儀作法、習慣など企業組織に根付いている資産である。風土の善し悪しが社員のモチベーションの向上に果たす役割は大きく、よい風土作りがよい企業作りに繋がるといえる。

「理念資産」は経営理念、経営者の思い、ミッション、方針、ビジョンなどであり、組織活動の根本的な方向性やあるべき姿を示した資産である。

一方、外部との関係に関わる資産として、まず「関係資産」がある。

「関係資産」は協力会社、販売会社、チャネル、ネットワークなど外部との関係で生み出されている調達（仕入）状況や情報提供などを示す資産である。中小企業の資産は限りがあるため、自社だけで事業を完結することは困難であり、外部との関わりが欠かせない。どのように外部と関係性を構築するかで企業価値が決まる。

「関係資産」には、自社の価値を生み出すために必要な「関係資産」と、自社の価値を届けるために必要な「関係資産」があるのも特徴である。

価値創造のプロセスでは、何がインプットされるのかを分けて考えると整理されて、戦略ストーリーが描きやすくなる。

「顧客利便価値」は利便性、効率性、感動性、幸福性など、顧客に届けている資産であり、顧客に選ばれている理由でもある。自社が何を届けているかを的確に把握することは､他社との差別化や価値向上の意味で重要である。

また､「顧客フィードバック価値」がある。評判、リピート、信用・信頼、苦情・クレーム、利益・お金など顧客からいただいている価値であり、組織が持続的成長を実現するために必須の資産である。

他に、見える資産として「財務的資産」と「物的資産」がある。

3　BEN'sメソッド®

（1）BEN's メソッドの全体図

知的資産経営について、筆者が2006年から取り組んできた中で、取組みが分かりづらい、理解が難しいという声を聞いた。

それらを一気に解決するために開発したツールが「BEN'sメソッド®」である。

B：Business、E：Effective、N：Notebookの頭文字から成る。

このワークを実施することで、自分たちが気づいて、判断ができ、意思決定に繋がる、いわばセンスメイキングの考え方に基づいている。外部のコンサルタントが自分の経験や知見を元に上から目線で企業にアドバイスを与える仕方ではなく、企業自らが自分の価値に気づき、自分で将来を構築するためのものであり、コンサルタントはその取組みが円滑に進むようにコーディネートやファシリテーションを行う建付けになっている。

BEN'sメソッド®のワークシートは主に次の８枚のシートになっている。

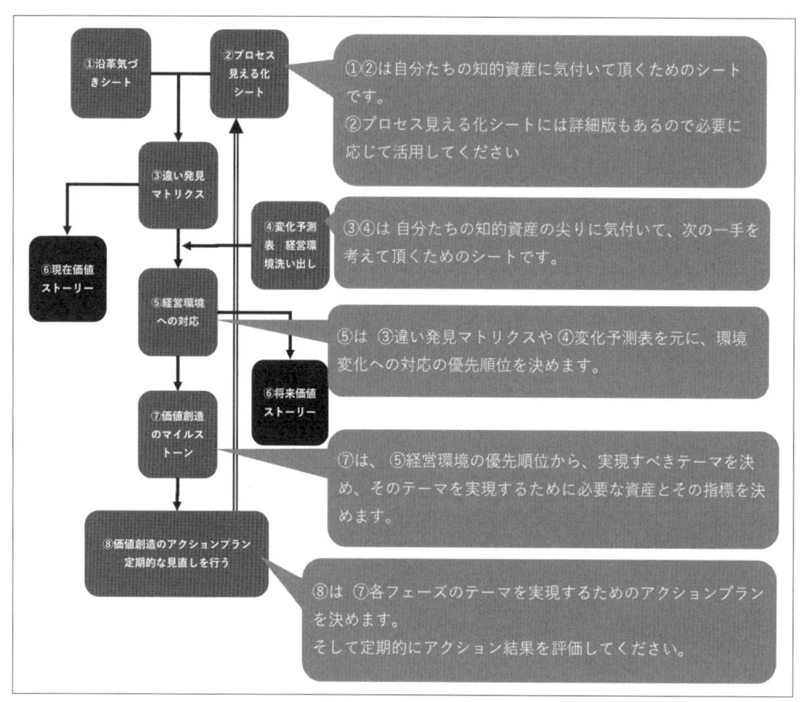

①　沿革気づきシート®

企業沿革を洗い出し、整理する。沿革を整理することで蓄積されてきた知的資産に気付き、その意味を知ることができる。

②　プロセス見える化シート®

事業プロセスを丁寧に洗い出すと隠れていた知的資産や改善テーマなどが明確になる。顧客にお届けしている提供価値と顧客からいただいている価値も検討する。

③　違い（自社らしさ）発見マトリクス®

自社と、ライバルや世間等を比較することで、自社の違い（とがり）を発見できる。違い（知的資産）を活かすことは戦略として重要な要素である。

④　変化予測表～経営環境分析

自社と自社を取り巻く経営環境の変化を分析し、自社の取るべき方向を検討する。

⑤　経営環境への対応～優先順位評価

戦略立案のフェーズで提議された対応を、重要度と緊急度から優先順位を決める。

⑥　価値ストーリー（現在価値ストーリー／将来価値ストーリー）

企業資産の繋がりをストーリー（矢印で繋ぐ）で俯瞰的に示す。経営全体を俯瞰することで、将来展望や多くのメリットを得ることができる。

⑦　価値創造のマイルストーン

将来の方向性を戦略として確実なものにするため、マイルストーンを決めて必要な資産を定義する。

⑧　価値創造のアクションプラン

マイルストーンで明確になったテーマが確実に実行されたかを検証し、見直しをするためのアクションプランを決定する。

（2）ワークシートに詳細を記載する

①　沿革気づきシート®

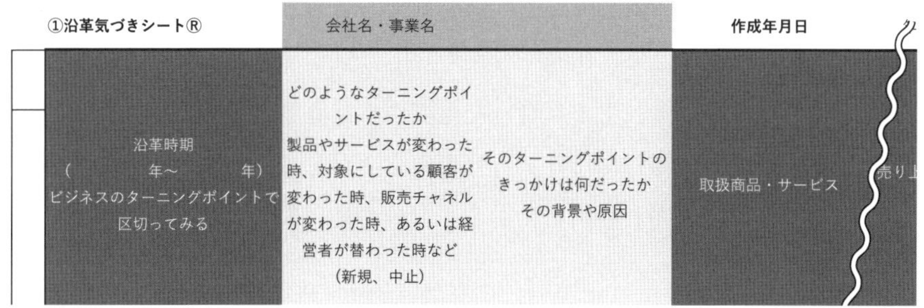

※図表の一部のみを表示しています。図表全体をご覧いただく場合は10頁のリンク先もしくは右記QRコードから表示・ダウンロードをお願いします。

ア．目的

このシートの目的は、沿革を整理し、現在の立ち位置を確認することである。

沿革を知ることで、自社が積み上げてきた資産やDNAは何か、また何を目指しているか、何を目指すべきか、を考えるきっかけにしてもらうための分析表である。「これがあって、今がある」を知るツールである。

イ．記載・活用方法

ビジネスのターニングポイントには、製品やサービスが変わった時、対象にしている顧客が変わった時、販売チャネルが変わった時、あるいは経営者が代わった時、などがある。

その時にどのような舵取り（経営判断）を行ったかを知ることで、将来に向けた対応を検討する機会になり、それによって会社のあり方が変わり、新たな進歩（脱皮）に繋がる。

変化のターニングポイントに気づき、その背景や原因、それらを受けてどのような製品やサービス提供が行われたか、どんな特長があったか、その特長を生み出すための経営者や社員の取組みや仕組み、工夫、投資など、人的・組織・関係・物的・財務的など各資産の活用内容を洗い出す。そしてその時代の顧客は誰か、その顧客への提供価値は何かを考える。その資産の分類にチェックを入れることで、傾向や今後の対応に気づくきっかけになる。

創業間がない場合は、生まれ育った環境から見直すと今の自分を知ることができる。自身の棚卸しになり、自分の何を活かして何をするべきかを考えることで、ガマの油売りの講釈にある「自分の姿に驚いて油を　たらあーりたらーり」の状況になるのである。

顧客提供価値を知るには、①顧客は何のために使い、買ったか ⇒ ②何を満たしたか ⇒③何に価値を感じていたか、等を観察し、顧客の立場に立って考えることである。

そして、市場の状況や競合、自社の市場での位置づけを整理・分析する。これは事業展開の変化点管理といえる。

また、同時代に起きた関連事柄を併記すると、その時代との関わりが見えて自社の取組みの背景が見えることもある。

同時に製品やサービス別の売上推移をグラフ化して見ると、変遷がビジュアルに見えて的確な把握ができる。

経営者と会話を進めながらターニングポイントにおける過去の取組みを尋ねていると、経営者の方が「将来の方向性が見えた」とおっしゃる場合がある。不思議な現象である。

②　プロセス見える化シート®

ア．目的

業務プロセスや事業プロセスの中に事業価値を高めている知的資産が隠れている可能性がある。そのようなGOOD-POINTを洗い出したり、プロセスの滞りがある箇所の改善のきっかけに使うことができる。

業務プロセスの中に宝がある。

1）「工程への合格レベル（評価ポイント）」が業務品質向上、生産性向上にとって重要である。

確実なステップを踏んで次の工程に渡しているか。曖昧なまま渡していないか、次工程が楽になるように何をしているかを確認する。また、プロセスごとに実現すべきものが明確になっているか。レベルも明確にする。

2）プロセスの評価は時間を評価指標に考える。「スピード」「迅速」が重要だ。時間の短いところに知的資産、時間がかかっているところに知的負債があると考える。また、合格レベルなどが曖昧なものがあれば改善テーマを記載しておく。合格レベルに対して実現できていないものが、

業務プロセス	プロセス名
	担当部門・者　（●●●が、）
	具体的に行っていること 実施事項の詳細 （何を、どのように、どれぐらい、数値化、具体化する）
このプロセスで必要な、 技能（ノウハウ）、技術、設備、関係社（者） 人財資産、組織資産、物的資産、関係資産 技能（ノウハウ）：人の頭に入っていて形や紙で示されないもの 技術：形や紙などで示すことができるもの	
次工程への合格レベルや評価ポイント 実現すべきレベルは何でしょうか ex. 次工程やその後の工程をスムーズにさせるため、あるいは お客さんに喜んでもらえるためには、どのようなレベルまで 実施しておくと良いでしょうか。 （ここが曖昧になっていませんか？ ここを押さえないと、プロセスの改善、経営の強化は図れません）	
時間 （迅速さ、スピードを知り、知的資産や知的負債の存在を探る）	
このプロセスに課題はありますか？ 工程に溜まっているもの、待っているものは無いでしょうか。 製品や商品が滞る、書類が溜まる、仕事が溜まる、人が溜まるなど。 仕事を待つ、人を待つ、指示を待つなど。 溜まる事を解消すると工程が円滑になります。 そのような工程の改善箇所があれば記載してください。 改善テーマにとりくむ場合は、将来に向けたストーリーを 妨げる事項を優先して取り上げます。	
どんな特長 GOOD POINT ●顧客に評価されている事柄 ●他社に真似されにくい事柄 ●他社と比べて優れている事柄 ●次の工程が楽になる　など	

特長を生み出している 秘訣 理由 根拠 なぜ？ なぜ？ と深めて考えてください KPI 回数 頻度 人数 時間 割合% 変化%	人財資産 人材 技術者 技能者 経営者　など
	組織・技術資産 仕組み マニュアル ルール 制度　など
	情報資産 情報システム 顧客情報 データベース 情報共有　など
	風土資産 風土 伝統 礼儀作法 習慣　など
	理念資産 経営理念 ミッション 方針 ビジョン　など
	関係資産 協力会社 販売会社 チャネル ネットワーク　など
	その他 生産設備、試験装置 立地 資金、キャッシュ　など

改善テーマと捉えることもできる。

3）工程の特長「GOOD-POINT」を洗い出す。

例えば、

・顧客に評価されている事柄

・他社と比べて優れている事柄

・後工程が楽になる　等

4）その特長を生み出している秘訣や理由、根拠を考える

「人財資産」「組織･技術資産」「情報資産」「関係資産」「風土資産」「理念資産」それぞれに繋がりないかを考える。その時は、「なぜ、なぜ、なぜ」「それで、それで、それで」と深めていく。腑に落ち、納得するまで「なぜ」「なぜ」を繰り返すことが重要である。

5）指標を考える

主な指標は、回数、頻度、人数、割合（%）、変化率、金額、数量等がある。

指標を設定することで、肌感覚を揃えることができ、曖昧さが排除できる。また、比較しやすくなり、迷いや変化を知ることから検証や見直しに繋げていくことができる。

イ．利用方法

プロセスの区分けが分かりづらい場合があるため、最初はワークシートの下にあるプロセス例を参考にして、大きなプロセスから検討していくとよい。

大きなプロセス分析は経営レベルの評価を行うことができる。いわば事業プロセス分析になる。

プロセスの中で、GOOD-POINTがありそうなプロセスについて「なぜ、なぜ」と問いながら検討してみる。納得いくまで「なぜ」「なぜ」で深める。そうすると、的確なプロセス分析が可能になる。人間で例えると「血流改善」である。

プロセスの評価は時間を指標と捉えることで、企業価値を評価し高めるきっかけとする。時間は見えない重要な経営資源なので、大切にするべきものである。時間の短縮は生産性の向上やコストダウンにも繋がる。

プロセスを見る時は、工程に溜まっているものはないか、待っているものはないか、という視点も大切である。例えば、製品や商品が溜まる、書類が溜まる、仕事が溜まる、人が溜まる等はないか。商品・製品・部品を待っている、指示を待っている、情報を待っている、は起きていないか。溜まること、待っていることを解消すると工程が円滑になる。

そのような改善箇所があれば記載し、将来に向けた価値ストーリーを妨げる項目に優先順位を付けて改善テーマとして取り上げ、アクションプランに繋げていく。

一方、現場レベルの詳細な業務プロセス分析は、業務マニュアルとして利用することができる。

時間分析は分母を揃えて比較できるようにするので、全体ができてから検討するとよいだろう。

自分たちが顧客に何を提供しているかを定義することは、プロセスのあるべき姿も定義することになる。そのプロセスで実現すべきものは何なのかを考えて定義する。

1）プロセスの顧客は誰かを定義する

2）その顧客へ提供している価値を定義する

顧客は製品やサービスそのものを買っているのではなく、製品やサービスを受けたあとの変化に価値を感じている。顧客が製品やサービスを得たあと、どのようになっているかを知ることは大切である。

ウ．顧客利便価値を知るための定義

1）顧客が自社を選んでいる理由

2）顧客が「なりたい明日」は何か

3）顧客が自社を選んだ結果、どう変わっているか

顧客利便価値を知るための定義は、上記のとおりである。そして、それぞれのプロセスは顧客利便価値に向かってベクトルは揃っているのか、検証することが大切である。

顧客利便価値が明確になると、次は顧客からいただいているもの（フィードバック資産）は何かを考える。顧客からいただいている価値であり、組織が持続的成長を実現するために必須の資産といえる。

例えば、キャッシュフローはもちろん、評判や信頼、信用、リピートオーダー、時に苦情・クレームもある。これらが自社の価値向上のために活用できているかを検討し、普段の活動に落とし込む必要がある。顧客から評価し

ていただいた事項は、自社にとっての大切な栄養素であり、これがなければ事業は存続できない。

エ．顧客利便価値の活用

顧客利便価値を知ることは、３つの面で有効である。

１）競合が明確になる

顧客利便価値を商品やサービスそのものと考えていると、その商品だけに囚われてしまう。顧客は商品が欲しいのではなく、商品やサービスから得られる満足や期待、いわば「明日なりたい自分」を買っている。顧客利便価値を「製品」や「サービス」と定義した場合、それだけに視点が当たるため、顧客が価値を感じている別の競合が見えなくなる可能性がある。例えば高級車販売会社にとって生活を豪華に楽しみたいという顧客に対する競合は､他社の高級車ではなく別荘かもしれない。また、栄養ドリンクを販売している会社にとっての健康志向の顧客に対する競合は､他社の栄養ドリンクではなく､フィットネスクラブかもしれない。顧客利便価値を知ることで、自分たちが着目すべき競合を明確にすることができる。

２）パートナー先が明確になり、新たな事業展開が容易になる

上記では別荘提供業者やフィットネスクラブを「競合かもしれない」としたが、顧客に同じ価値を提供しているのであれば、パートナーシップを構築することで、ターゲット顧客にさらに高い価値を提供することができるようになる。競合と捉えるかパートナーと捉えるかは、ビジネスモデルを考える上で重要なポイントになる。経営資源に限りのある中小企業にとって、他社と友好的なパートナーシップを構築することは、将来に向けた戦略として重要なテーマとなる。また、関係資産と社内の資産との融合は新しいビジネスモデルを生み出し、１つのイノベーションのきっかけになる。

3）ターゲット市場の絞り込みや選定に正確さが生まれる

顧客利便価値がクリアになれば、どの顧客に提供すると最適性や有効性が実現できるかが明確になり、顧客は誰なのか、あるいは顧客ではない客は誰なのかも見えてくる。そして、ふさわしい顧客に経営資源（知的資産等）を有効に投下することができ、成果を速く手に入れる可能性が高まる。

ここで、興味深い話題がある。

日本の空調メーカーが中国市場に懸命に販売活動を展開していた。日本メーカーは省エネや省スペースを謳い文句にして市場開拓に挑むのだが、まったく売れない。なぜか…不思議なことだった。日本の市場では省エネで小型化しないと売れないが、中国では受け入れられない。

そこで売れている競合の製品を調べたところ、何と室外機の大きいものが売れていることが分かった。その理由を調べてまたしても驚いた。大型が売れているのは、買った人が「見栄を張りたい」ということだったのだ。「我が家はエアコンを買いました」ということを近所にアピールしたかったのである。小型では近所からは見えず、エアコンを買ったかどうかを知ってもらえない、だから大型の室外機が必要だったのだ。中国では「見栄」が重要な顧客価値なのだ。

この「見栄」という顧客価値は、顧客自身からは発しない。状況を客観的に観察することで「見える化」ができる。通り一遍のヒアリングやインタビューでは見つけられないのだ。顧客が買ったあとどう変わったか、何をしているかを客観的に把握することが重要なのだ。

同じようなことが建築の分野でもある。オシャレな自分仕様の庭を造ってもらうのだが、快適さや居心地という表向きの価値だけでなく、隠れて見えない価値もある。これも「見栄」なのである。

近所の人や友人に「こんな庭を造ったよ。どう！」と自慢したいのである。快適さや居心地という表の価値提供だけを目指していたのでは、顧客の深層に響かないこともあるのだ。顧客価値とは見えにくいものであるが、ここで響いた顧客は貴社を手放さない。

このプロセス見える化シート®を横方向に展開し、プロセスを縦方向に整理分析する方法も有効である。

この方法で各プロセス間の繋がりが一層明確になることや、ISOのプロセスアプローチにも役に立てることができる。

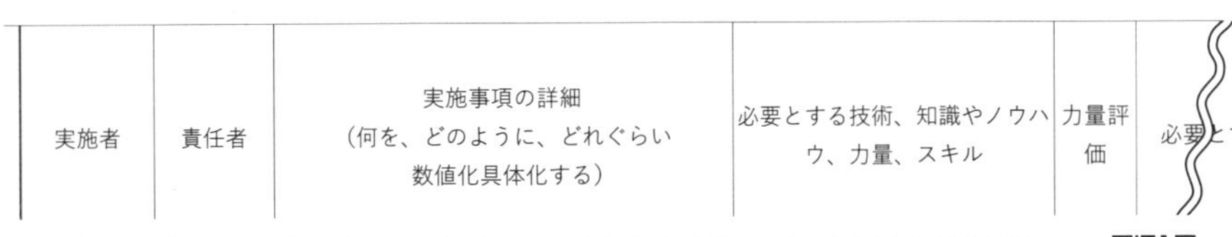

実施者	責任者	実施事項の詳細（何を、どのように、どれぐらい数値化具体化する）	必要とする技術、知識やノウハウ、力量、スキル	力量評価	必要と

※図表の一部のみを表示しています。図表全体をご覧いただく場合は10頁のリンク先もしくは右記QRコードから表示・ダウンロードをお願いします。

オ．抽出項目

各項目は以下のとおりである。

・顧客

・各部門（社内の関連部門）

・購入先

・協力会社

ここまではプロセスの矢印で示す。

次は、

［１］　実施者

［２］　責任者

［３］　実施事項の詳細（何を、どのように、どれぐらい、を数値化・具体化）

［４］　必要とする技術や知識、ノウハウ

［５］　力量評価と必要とする教育訓練

［６］ 関連帳票

［７］ 必要な設備・機器類／機器類の校正の要・不要

［８］ 関連する法規制

［９］ 溜まっているもの、待っているもの

［10］ 起こりうるリスク

［11］ GOOD-POINT

［12］ 次工程以降が円滑に進むためのレベル

［13］ してはいけない事項

［14］ 事業価値を高めるあるいはトラブルを防ぐための取組み

である。

プロセスを１つひとつ丁寧に見ていくと、よいところや改善テーマが明確になる。順番にポイントを解説する。

［１］「実施者」はプロセスを実施する担当者（部門）を入れる。

［２］「責任者」はそのプロセスの文字どおりの責任者であり承認者である。もし、実施者と責任者が同じであれば、プロセスの信頼性は低くなる。さらに重要なプロセスであれば早急に責任者（プロセスオーナー）を決めて実行に移るべきである。

［３］「実施事項の詳細」であるが、ここでは何を、どのように、どれくらいするのかを記載する。プロセスで実施する事項を書き出すのである。数値化できるものであれば、数値化することで客観性を保つことができる。

［４］「必要とする技術や知識、ノウハウ」には、このプロセスを円滑に進めるために必要な内容を記載する。ここをはっきりさせると、必要な知識等がクリアになり、新たに担う場合に何を教育訓練すればよいかが明確になって多能化が進めやすくなるのである。必要な技術等を、次の［５］「力量評価と必要とする教育訓練」に記載し、教育プログ

ラムとして取り入れると効果的で成果に繋げやすくなる。なお、現状の担当者の力量を評価し、円滑に進められているかを評価する欄である。

[６]「関連帳票」はプロセスで使う帳票類やマニュアルなどを記載しておく。「関連帳票」を明確にすることで、プロセスを円滑にできる帳票類の見直しも可能になる。

[７]「必要な設備・機器類」ではプロセスで使用する設備や機械類を明らかにし、設備の古さや新しさも考慮に入れて検討する。また、適正に使えるように「校正の有無」も記載する。このようにすることで設備の更新や校正漏れによる不良品の発生を抑えることができる。

[８]「関連する法規制」は、このプロセスにおけるコンプライアンスを明確にするためのものである。今後、コンプライアンスの比重は大きくなる。

[９]「溜まっているもの、待っているもの」であるが、ここではいわゆるボトルネックがないかを見る。溜まっているものとしては、仕事が溜まる、商品（在庫）が溜まる、人が溜まる等がある。待っているものには、仕事がくるのを待っている、指示を待っている、人を待っている、等があり、プロセスで溜まっているものや待っているものがあれば､それをなくすことで全体の効率化や生産性の向上に貢献できる。普段はあまり意識してないが、溜まっているものや待っているものは意外と多い。これらを明確にし撲滅の計画を立て実践することが、プロセス全体の効率化になり、生産性向上やコストダウンに貢献する。

[10]「起こりうるリスク」では､「実施者」から「溜まっているもの待っているもの」までを見渡して､起こりうるリスクを考える場所である。人材面や設備面、ボトルネックを明らかにすることで、起こりうるリスクを洗い出すのである。

［11］「GOOD-POINT」では、プロセスを円滑に進めているGOODなことを記載する。誇れる場所を再確認することで、モチベーションの向上に繋がる。また、よいことは横展開することで、全社への貢献度を高めることができる。

［12］「次工程以降が円滑に進むためのレベル」の記載だが、検査などの重要なプロセス以外で通常の仕事に合格レベルを設けている場合は少ない。しかし、プロセスごとの合格レベルを明確にして実行すると、次工程以降が格段に円滑になる。いわば幸せを繋げるのである。各プロセスがそれぞれ次工程以降に最適性（幸せ）を提供することで、会社全体が幸せになれると考えるのだ。次工程以降が円滑になるようなレベルを明確にし、全員が取り組むことで成果の実現時間が短縮される。それは生産性の向上やコストダウンに貢献することになる。

［13］「してはいけない事項」にはこのプロセスで行ってはいけないことを記載する。リスクを引き起こす事柄や、停滞を起こす事柄、顧客に悪影響を及ぼす事柄などを取り上げ、ボトルネックに陥らないようにする。

［14］「事業価値を高める、あるいはトラブルを防ぐための取組み」は、プロセスの［1］から［13］までを踏まえて取組み事項を決める。ここで書かれた取組みを目標として捉えて日々実行し、全体の生産性の向上やコストダウンに貢献する。

プロセスを1つひとつ見直すことは時間がかかるが、ぜひチャレンジすることをお勧めする。一度、実施してみると会社や事業が「見える化」され、何が大切で何をどのように活かして将来に備えるかのヒントを得ることができる。

プロセスを丁寧に見直すことで強みや課題が浮き彫りになるであろう。

③　違い発見マトリクス®

沿革気づきシート®やプロセス見える化シート®で洗い出された資産や事業（業務）プロセスなどから得た資産を、このマトリクスの上段の２つの象限にコピー&ペーストして振り分ける。下段の２つの象限は普段の活動や外部資料などから洗い出して記載する。

上段の２つの象限に内容を入れている時に、沿革分析や事業プロセスで気づかなかった違いを見つけることがある。その時は沿革分析や事業プロセスに戻って追記し、再度沿革分析やプロセス分析を見直しする。

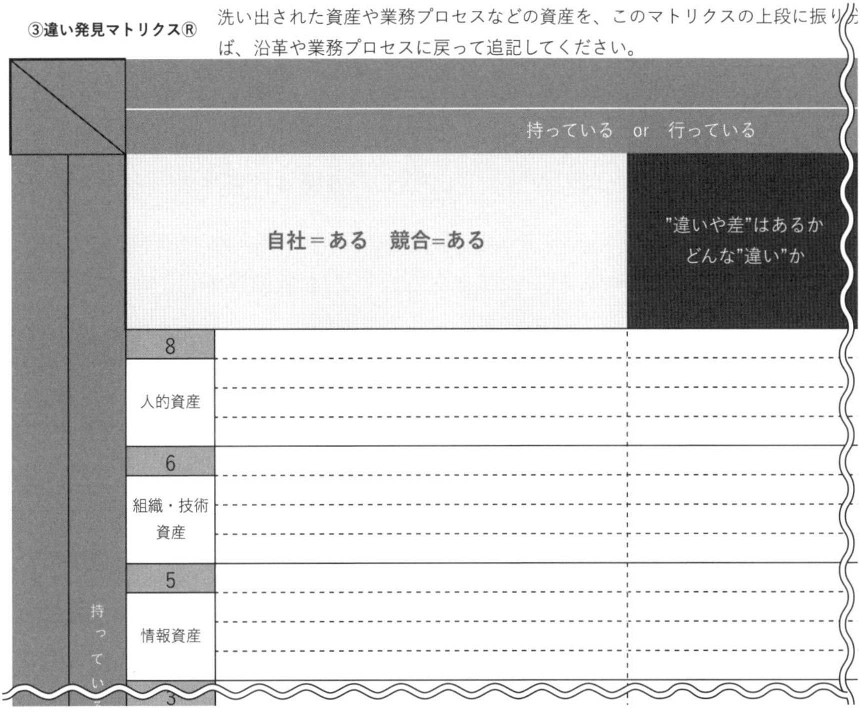

③違い発見マトリクス®
洗い出された資産や業務プロセスなどの資産を、このマトリクスの上段に振り分
ば、沿革や業務プロセスに戻って追記してください。
持っている　or　行っている
自社＝ある　競合＝ある
"違いや差"はあるか
どんな"違い"か
8
人的資産
6
組織・技術資産
5
情報資産
3
持ってい

※図表の一部のみを表示しています。図表全体をご覧いただく場合は10頁のリンク先もしくは右記QRコードから表示・ダウンロードをお願いします。

ア．目的

このシートの目的は、他社と自社の資産や活動を比較することで、現状分析 ⇒ 差別化⇒ 将来ビジョン構築を円滑に整理し、違いを見つけて活かす方向を洗い出すことである。

ライバルや競合との違いを洗い出し、今後の戦略立案の候補を見つけるのである。時には、競合を決めたほうが比較しやすい場合がある。競合が複数ある場合は、それぞれで検討するのがよい。

イ．記載・活用方法

業務プロセス分析で洗い出されたGOOD-POINTや知的資産、取組みなどについて、自社とライバル（あるいは世間一般と）を４つの象限で比較する。

その現状把握から差別化の状態（強さ、弱さ、課題）の「見える化」ができる。この現状分析を行うことで、「違い」や「とがり」をどこで作っていくのかが明確になり、新たなビジネスモデルの構築に資することができる。

ウ．活用方法

左上の象限（自社＝ある、他社＝ある）＜基本価値＞では、

① ともに保有あるいは実施している資産を記載する。その中でも違いがあればその差を記載することで、差別化の要素をおさえておく。

② ともに保有あるいは実施している資産の利益貢献度（価値評価）も記載する。保有あるいは実施している事項の利益貢献度の高さを知ることで、今後、止めてもよいことや継続するものを把握できる。限られた経営資源を有効に活用するためには、成果や評価に繋がっていない事項を捨てることも重要な選択になる。

③ また、工夫をすることで将来的に貢献度が上がる可能性や、貢献度を上げる必要性があれば上げる方法（工夫）を記載しておく。

右上の象限（自社＝ある、他社＝なし）<優位価値>では、

① ここでは、自社は保有するが他社は保有しない資産を記載する。

② 各資産の偏り割合を見て傾向を捉える。

③ 利益貢献度の高さと、模倣されにくさの点数をつける。点数は資産リスト評価と同様に6段階などのランク値を入れると良い（次表を参考）。

利益や業務効率への貢献	模倣困難性
6：圧倒的に大きい	6：絶対真似できない
5：大きい	5：かなり困難
4：少し大きい	4：困難
3：少し小さい	3：少し困難
2：小さい	2：可能性はある
1：かなり小さい	1：簡単に可能

利益や業績への貢献度は、利益や業績への貢献度で評価する。業績の貢献にはプロセスの円滑化（迅速さ）や顧客からの評価などで総合的な評価を行う。

模倣されにくさには、真似はしたくないという忌避度も含まれる。細分化して評価する方法もあるが、あまり細かく評価するよりは自社の価値として総合的な評価を行う。貢献度と模倣点は掛け算され評価指標が出る。その結果、指標が高いものは差別化の要素となり、その違いを活かす方法やさらに高める（とがらせる）方法を考える。それらのとがりをさらに確実にするために必要な資産や資産を生み出す取組みを実施することで、とがりはさらに確実なものになる。

④ 指標が低いものは停止あるいは縮小する検討を行う。企業活動においてイノベーションを起こしたり新しい活動に取り組むためには、成果に繋がらないことを停止や縮小することも必要である。それは、経営資源に限りがあるからである。

左下の象限（自社＝なし、他社＝あり）<差別価値>では、

① ライバルは保有しているが、自社では保有していない事項を記載する。

その事項が意図したものである「持たない価値」なのか、「持てない価値」なのかを明確にする。

② 他社と同じ事項は差別化の要素になりにくく、他社の模倣を行うことで自社の特性や特長を失う可能性（同じ競争の土俵に上がってしまう）があるので、実施しない、あるは持たないこと、行わないことが選択肢として重要である。

③ 評価は実施した場合の利益貢献度や、実施しないことによる利益貢献度も評価し、今後の方向を検討する。

④ 工夫をすることで将来的に貢献度が上がる可能性や、貢献度を上げる必要性があれば記載する。

右下の象限（自社＝なし、他社＝なし）<イノベーション価値>では、

① ともに保有あるいは実施していない事項について考える座標である。イノベーションのきっかけになる。いわば「そんなのありなのか！」を考える座標である。

製品・商品・サービスを変える。やり方・作り方を変える。顧客を変える。販路を変える。販売方法を変える。など、いろいろある。

形を変える、色を変える、大きさを変える、においを変える、手触りを変える、舌触りを変えるなどもある。

② ステークホルダーが「困っていること」や、「普段と違った依頼」があった場合などから新しい改革のヒントにある場合もある。

「こんなのがあると便利」「こんなことに苦労をしている」「〇〇をするのに時間が掛かっている」などからヒントを得る。自社とまったく異なった業種と組んだ場合、「何ができるのか」も考えるヒントになる。

③　提示された事項については、取り組みやすさや利益貢献度の高さ、模倣性について評価を行い、今後の方向性を検討する。

ワークでは、最初から駄目と言わず、ブレーンストーミングとして、まずはたくさん出すことも大切であり、その後定義化を行い、ビジネスとして成功できるものを絞り込む。

違いを整理することから、自社の「とがり」「持ち味」をどこで創っていくのかが明瞭になり、新たなビジネスモデルの構築に繋げていく。

④　変化予測表

ア．目的

このシートでは、この先起こりうる変化や予測を考え、効果や影響を踏まえて今後の対応を検討する。

イ．記載・活用方法

各項目の該当事項を参考にして変化を予測する。

項目には、①顧客、②マーケット、③技術変化、④自社業界、⑤競合、⑥仕入先・協力者、⑦日本・世界、⑧その他の変化、⑨自社、がある。それぞれに検討項目も記載されているので、それらを参考にする。

①　顧客

年代、性別、ニーズ、地域、業種、流通チャネル、製品・サービスの利用方法等

②　マーケット

ニーズ、流行、成長分野、販売流通チャネル、製品・サービスの利用方法等

③　技術変化

ニーズ、革新、新しい製品、新しい技術、捨てられる技術等

④　自社業界

④変化予測表
経営環境洗い出し

「現在」から整理すると分かり易いです。思いついた箇所から埋めて頂くのも良いです。

事象は横方向に流れを揃えて記
記入時は名詞だけでなく、主語述語
した時に分かり易

検討項目 どのような	過去 （現在につながる 過去の事象）	現在	数年後の予測変化
顧客はどう変わるか ex			

年　月　日

↓数段階の値を入れる

、自社はどのように対応するのか	自社の知的資産を活用できるか。取り組み易いか。	取り組んだ場合の業績への効果の大きさ	時間軸の速さ。迅速に対応する必要があるか。	優先順位得点	どんな知的資産や物的資産を活用できるか あるいは、克服するべき障害があるか。あればどのような障害があるか
				0	

※図表の一部のみを表示しています。図表全体をご覧いただく場合は10頁のリンク先もしくは右記QRコードから表示・ダウンロードをお願いします。

ルール、商習慣、常識、流れ等

⑤　競合

製品・サービス・価格、技術・ノウハウ、提供方法、販売促進、納期管理力、新規参入、退出等

⑥　仕入先・協力者

品質、提供方法、価格、ニーズ、社員、経営方針、事業承継等

⑦　日本・世界

政治、経済、法規制、文化、社会、対外国等

⑧　その他の変化

人口、生活関連、インフラ、自然環境等

⑨　自社

経営者・社員、設備・技術、組織・風土・文化等

このまま進むと知的資産がどうなるかの視点で検討する。

大切なのは、変化がもたらす自社への効果や影響である。それらに対してどのように対応すべきかを定義する。

SWOT分析における「機会・脅威」の概念では考えない。対応できて事業に活かすことができれば機会であり、対応できなくて事業活動に悪影響をおよぼす事柄が脅威である。単純に枠に事柄を埋めるのではなく、変化予測表を使って予測される変化から対応を考える。

入力する事項は場所にこだわらず、該当しそうな箇所に入力すればよい。「現在」のところから入力すると取り組みやすい。「現在」の次に「過去」その後「将来」について検討を行うと流れが把握しやすい。

「自社」については、このままの状態で進むと知的資産がどう変わるか、強みとして生かせるかの視点で考える。

今後の対応については、自社の知的資産を活用でき取り組みやすいか、効果や影響の大きさ、時間的に迅速な対応が必要かという視点で数値化し評価する。また、どのような知的資産や物的資産が活用できるかという視点も記載しておくとよい。

経営環境の予測は、定期的に実施することが大切である。

⑤　経営環境への対応～優先順位評価

ア．目的

このシートでは、「違い発見マトリクス®」や「変化予測表」で示された事象を元に、自社が対象とするべき顧客を明確にし、その顧客に何を提供するのがふさわしいかを定義する。対象顧客が異なる場合は、顧客利便価値が違うのでそれぞれのシートを使う。顧客利便価値が重要なアンカーとなるので

⑤経営環境への対応

活動の優先順位評価

顧客が複数ある場合は、それぞれ別のシートを使って検討して下さい。

年 月 日

<時間を短くする>

早く喜べる、早く手に入る、早く解決できる、楽になる

顧客を定義します	
どのようなお客さんに（より具体的に）	
どんなことをしている時（どんな場面）に	
どこで　（チャネル、場所）	
何を提供して	
どのようになってもらうか(どうなっているか)	

そのためにどうするか　↓

		時間軸		
		早く対応する	少し先でよい（　　年頃）	かなり先で良い（　　年頃）
重要度（利益貢献・影響）	大きい			
	中程度			
	小さい			

ある。

イ．記載・活用方法

どのような顧客に、どんな場面（いつどのような場所）で、どうなってもらうかを定義する。

自社の価値を活かし、顧客に価値を提供し続けることが、持続的成長のために必要となる。例えば、今後の取組みや価値創造の優先順位を決める切り口の１つとして「時間がかかっているものを短くする」という視点がある。顧客が「早く喜べる」「早く手に入る」「早く解決できる」などという迅速さを視点として捉えることである。

顧客利便価値を高め自社の継続的な発展のために、実行内容を重要度（利益貢献や影響度）軸と時間軸（緊急度）、取り組みやすさの３つを評価軸として、各マトリクスに定義することで優先順位を決定し、価値創造ストーリーに繋げていく。

⑥－１　現在価値ストーリー

ア．目的

現在価値ストーリーの目的は、自分たちが持っている資産が顧客利便やキャッシュフローに向かって、どのような連鎖（ストーリー）で示されるかを示し、事業価値の見える化をすることである。

イ．記載・活用方法

経営理念やミッションから顧客利便価値までの資産の繋がりをストーリー（矢印で繋ぐ）で示す。

下のように、顧客利便価値から価値の流れを逆算してストーリーに繋げる。

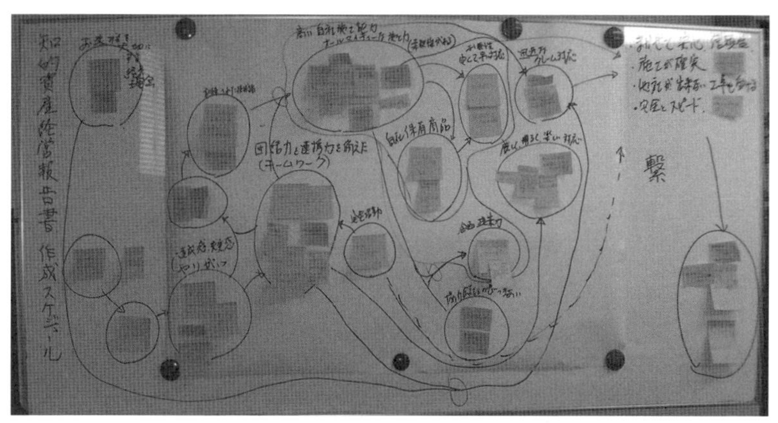

ある建築会社の現在価値ストーリー

※図表の一部のみを表示しています。図表全体をご覧いただく場合は10頁のリンク先もしくは右記QRコードから表示・ダウンロードをお願いします。

最初に直接顧客利便価値を実現している事項「重要成功要因」を定義する。次にその要因を実現している「仕組み」を定義する。さらに、そのような仕組みを実現するために行っている「取組み」、取組みを実現している「方針」や「理念」までの定義を行う。そして、それらの繋がりや価値をKPI（指標）として定義しながら繋げていく。全体がストーリーとして繋げられると、今度は順算で繋がりを検証する。

顧客利便価値は製品やサービスそのものではなく、製品やサービスから得られる価値である。顧客はなぜその製品やサービスを選ぶかを把握することが大切なのだ。そして、その顧客利便価値がどの程度のキャッシュフローになるかも検討する。

参考として掲げた上記の例は、ある企業のサービスで現在価値ストーリーを描く時に実施したワークである。自社の資産をKJ法（付箋紙などにアイデアや意見を書いて、それをグループ化していくことで考えを構造化していく手法のこと。考案者である元東京工業大学名誉教授川喜田二郎氏のイニシャルから「KJ法」と名付けられた。物事を整理しながら、新しい気付きを得る発想法でもある）的に整理し、顧客利便に向かって繋げた。
同じことを言っている事項はまとめて札を付けて、インプットとアウトプットの関係性を矢印で繋げている。順算でストーリーを描いたあとは逆算でストーリーの検証を行う。

⑥－２　将来価値ストーリー

ア．目的

自分たちが持っている資産が、顧客利便創造や新たなキャッシュフローに対して、どのような連鎖（ストーリー）で示されるか、将来に向かう事業価値の「見える化」が目的である。

イ．記載・活用方法

経営理念やミッションから将来に向かう顧客利便創造まで、資産の繋がりをストーリー（矢印で繋ぐ）で示す。

現在価値ストーリーで示されたストーリーをたたき台にする（新たにストーリーを描いてもよい）。

大切なポイントは将来に向かって資産が確実に繋がり、新たな顧客利便価値が実現できるかを指標を使って「見える化」することである。

要領は現在価値ストーリーを描く方法に準拠していく。

⑦　価値創造のマイルストーン

ア．目的

戦略を明確にし、実現に向けてどのような資産がどれぐらい必要なのかをKPIを含めて示す。

イ．記載・活用方法

事業価値向上を確実なものにするため、テーマ（どんな会社になるのか）を決める。まずは、ゴール（次図の第三ステップ）となるテーマを決める。数年先でも、遠い将来でも構わない。

ゴールのテーマは、今まで取り組んできたシート群を踏まえて決めることが重要である。特に、違い発見マトリクス®や変化予測表で明確にされてきた事柄をもとに検討する。

取り組んできた事項をもとにして検討することで、マイルストーンの根拠が明確になり、軸の定まった方向性が確立できる。

そのあと、ゴールを実現するために、手前にあるマイルストーンのテーマ

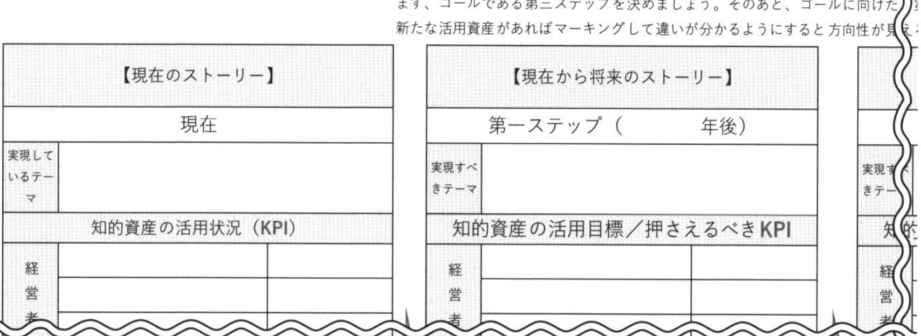

※図表の一部のみを表示しています。図表全体をご覧いただく場合は10頁のリンク先もしくは右記QRコードから表示・ダウンロードをお願いします。

を考えるとゴールに向けた手順が明瞭になる。なお、現在のテーマの箇所は現状の実現できているテーマ（顧客利便価値など）を記載することになる。

次に、そのテーマを実現するために必要な各々の資産とその指標を定義する。知的資産等をどのように変化させるかという視点でKPIを含めて決めていく。

資産を変化させる着眼点が重要であり、将来に向けた活動が「絵に描いた餅」にならないよう注意する。

ステップの数にはこだわらないので、１つの場合や、もっと多くの場合もある。ゴールの内容でステップ数が変わる可能性もあり、ステップの枠を増減しても構わない。

ここでも記載方法は、名詞だけでなく、主語＋述語を明確に書くことを守る。

⑧　価値創造のアクションプラン

ア．目的

役割や成果指標などを明確にし、社内の情報共有、将来目標を実現することが目的となる。

イ．記載・活用方法

アクションプランを記載する。

前項⑦「価値創造のマイルストーン」として記載した、各ステップを実現するための活動を検討し決定する。⑤の優先順位評価シートからも検討する。

狙いは、実現するために確実に実行できるアクションプランを立案することである。

具体的に（５Ｗ２Ｈ）記載することで、アクションが明確になり、共有化が図れる。

アクションには連鎖（価値の繋がり）が必要である。シート中の「いつか

⑧価値創造のアクションプラン

		活動事項	背景・課題	目的・ねらい	誰が	誰に
第一ス	1					
	2					

※図表の一部のみを表示しています。図表全体をご覧いただく場合は10頁のリンク先もしくは右記QRコードから表示・ダウンロードをお願いします。

らいつまでに」欄に【→】で範囲を示して、繋がりが分かるようにする。セルに色を付けても構わない。セルの単位を月単位、年単位等評価しやすい期間に設定する。

継続的に取り組む事柄がある場合でも、定期的な検証時期を決めて、検証や見直しを行うようにすることが大切である。

先行する活動が必要な場合があるので、そのような先行活動も定義して、目標が確実に実現でき成果に繋がるようにする。

ここでも記載は名詞だけでなく、主語＋述語を明確に書くこと。

（3）まとめ

これまでBEN'sメソッド®の使い方を説明してきた。

BEN'sメソッド®では、俗にいうSWOT分析やクロスSWOTを使っていない。またバランススコアカードも使っていない。

その理由は、SWOT分析やクロスSWOT、バランススコアカードは企業の持っている資産に着目していないからである。いわば価値を評価していないのである。

SWOT分析における強みや弱みは、曖昧な定義で考えられる場合が多く、何をもって強みとするか・弱みとするかが不明確なのである。例えば「社員が若い」という場合、若いのでフットワークの軽さが強みと捉えることもあれば、若いので経験がないという弱みになることもある。

顧客に何を届けているのか、何を届けるべきかにアンカーを置けば、実現するための資産が明確になり、強い・弱いが明確になる。外部環境においても環境変化に対して自社の資産が活用できるか否かの視点で判断すれば、機会になるか脅威になるかの判断が明瞭になる。曖昧な視点でのSWOTに基づいたクロスSWOTはさらに曖昧になる。曖昧なままのSWOTは企業の将来への道を誤る可能性があるのだ。

また、資産に着目せず、行動で４つの視点（学習と成長、業務、顧客、財務）を繋げるバランススコアカードも同じである。

価値の概念がないので、単に実行するということになってしまう。実行における資産がなく、実行能力や機能が欠落することになるのだ。

クロスSWOTやバランススコアカードを使ってもうまくいかない場合は、資産の視点が欠けていないか確認するとよい。

4　ええとこ活用経営®（BEN'sメソッド®ミニ版）

「BEN'sメソッド®」は、企業価値を洗い出し、価値を繋げて事業展開を行うためのツールであるが、企業によってはこれを使った作業に時間が取れない場合がある。その場合の代替ツールとしてBEN'sメソッド®の長所を残しながら開発した「ええとこ活用経営®」を設けた。「ええとこ」と関西の方言を使用した表現を使っているのは、「いいところ」という表現よりも深みのある感覚を得て欲しいからである。

（1）ええとこモデル

最初のシートは「ええとこ経営モデル」（次頁図）である。これはBEN'Sメソッド®の②「プロセス見える化シート®」を簡易にしたもので、基本的な

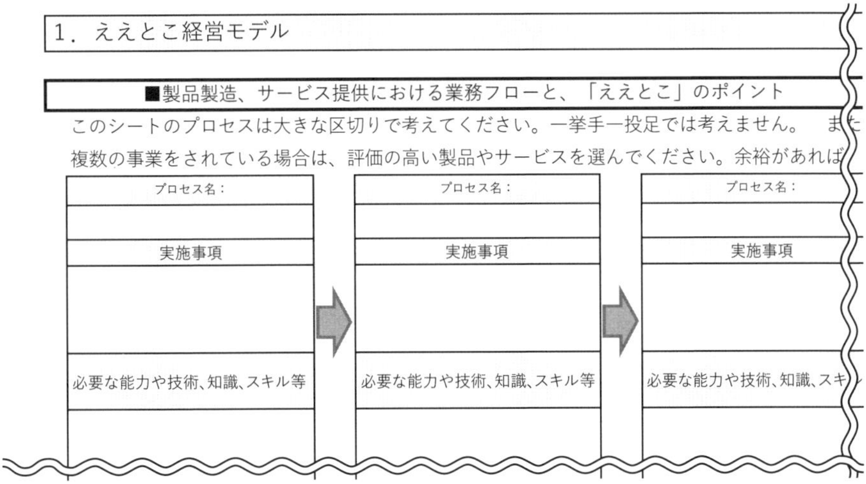

１．ええとこ経営モデル

■製品製造、サービス提供における業務フローと、「ええとこ」のポイント

このシートのプロセスは大きな区切りで考えてください。一挙手一投足では考えません。　また

複数の事業をされている場合は、評価の高い製品やサービスを選んでください。余裕があれば

プロセス名：		プロセス名：		プロセス名：
実施事項		実施事項		実施事項
	⇒		⇒	
必要な能力や技術、知識、スキル等		必要な能力や技術、知識、スキル等		必要な能力や技術、知識、スキ

※図表の一部のみを表示しています。図表全体をご覧いただく場合は10頁のリンク先もしくは右記QRコードから表示・ダウンロードをお願いします。

考え方は同じである。事業や業務の実施事項を見ることで、自社が持っている知的資産に気づくためのシートである。

「ええとこ経営モデル（１）」では、業務フローから自社の「ええとこ」を洗い出す。

仕事の中に、業務がスムーズに進めるポイントや、顧客にとって価値があるものを提供できる秘訣があったりする。

それらの「ええとこ」が生まれてきた根拠や理由を、なぜ？なぜ？どうして？と考えて洗い出していく。普段なぜなぜと考えることが少ないので、洗い出しに苦労をするかもしれないが、この作業で見えにくい資産の「見える化」ができる。自社だけで困難であれば、力量のある支援者に応援を頼むのもよい。ただし、作業を丸投げしては納得のいく資産は洗い出せない。

顧客利便価値では、どのような顧客なのか、その顧客に届けている価値や、顧客からいただいている価値も明確にしておくとよい（顧客はより具体的にしておく）。

顧客に届けている価値は、顧客がどうなりたいか、どうなっているか、などから考えると明確になる。そして、顧客利便価値が明確になると、自分たちは何をするべきかが明確になり、各仕事のあり方を検討し、見直しすることができる。

各プロセスの分析は担当者にとって必要なスキルや能力が明確になるので、教育目標や評価に使える。

複数の事業をしている場合は、評価の高い製品やサービスを選んでもよい。余裕があれば、今後取り組む事業を選んで最適なプロセスを検討する。

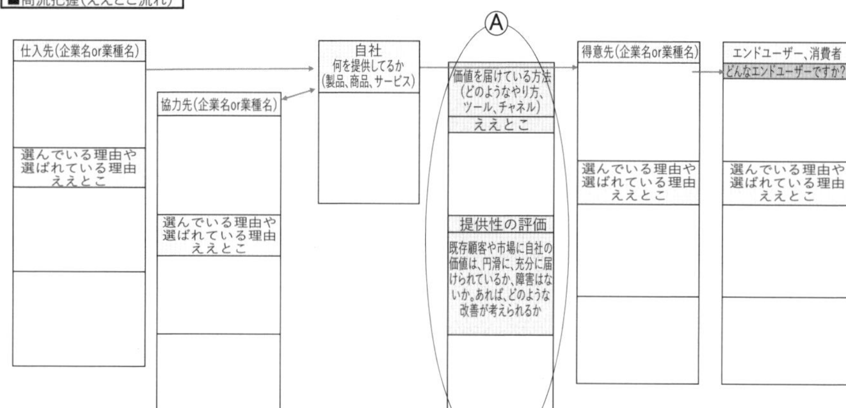

「ええとこ経営モデル（2）」では、仕入先や協力会社、得意先との関係性を整理する。選んでいる理由、あるいは選ばれている理由を明確化し、その関係性において「ええとこ」があれば記載する。

仕入先や協力会社、得意先は企業名を記載してもよいし、業種で記載してもよいが、この商流分析は、外部との関係資産としての価値を定義するためなので、目的が実現できていることが大切である。目的を忘れないように整理する。

上流では仕入先企業や、協力会社を記載する。具体的な企業名でも業種名でも構わない。

下流も同じく顧客やエンドユーザーを記載する。直接エンドユーザーに関わっている場合は、顧客欄は空白にしてエンドユーザー欄に内容を記載する。

記載内容は、どのような理由で選んでいるのか、あるいは選ばれている理由を記載する。「ええとこ」があるので、選んだり選ばれたりしているのだから、その「ええとこ」を記載する。

前頁の図のⒶ「価値を届けている方法」や「提供性の評価」は、いくら素晴らしい製品やサービスがあっても、顧客に届かなければ事業の発展に繋がらない、という課題を考えるための枠である。中小企業の場合、よい製品やサービスがあっても、顧客へその価値が充分に届いていない場合が多い。

まず、どのようなツールや方法で、どのようなチャネルを使って顧客へ価値を提供しているかを記載する。その上で、価値の提供は充分行えているか、評価を行う。

顧客への価値提供は実現できているか、円滑に届けられているか、障害はないか。あれば、どのような改善が考えられるかを考えて記載する。

これらのシートは、経済産業省が構築した「ローカルベンチマーク」の「非財務のシート」の一部として取り入れていただいた。

（2）ええとこ探シート®

「ええとこ探シート®」は自社の商品・製品、サービスから「ええとこ」を探すためのシートである。

まず、自社の製品やサービスから、顧客から評価されているモノを選び「あなたの会社の製品・サービス」欄に記載する。

次に、その製品サービスの特長を記載する。これは顧客から選ばれている

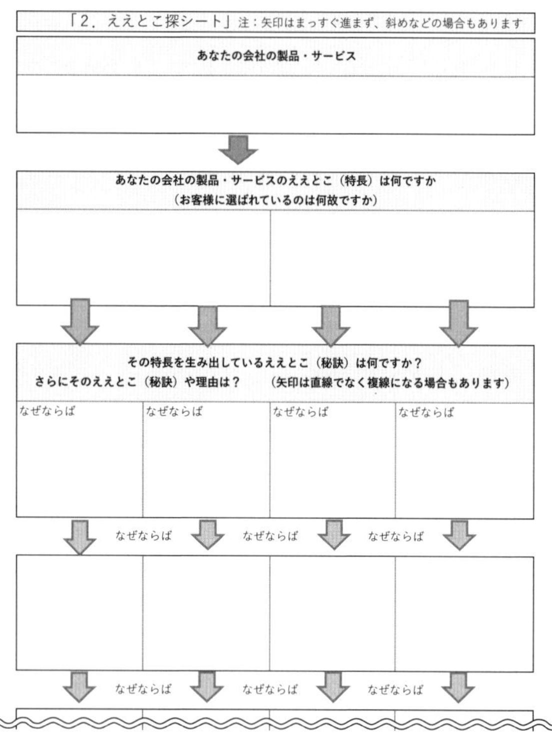
「2．ええとこ探シート」注：矢印はまっすぐ進まず、斜めなどの場合もあります
あなたの会社の製品・サービス
あなたの会社の製品・サービスのええとこ（特長）は何ですか
（お客様に選ばれているのは何故ですか）
その特長を生み出しているええとこ（秘訣）は何ですか？
さらにそのええとこ（秘訣）や理由は？　（矢印は直線でなく複線になる場合もあります）
なぜならば
なぜならば
なぜならば
なぜならば
なぜならば
なぜならば
なぜならば
なぜならば
なぜならば
なぜならば

※図表の一部のみを表示しています。図表全体をご覧いただく場合は10頁のリンク先もしくは右記QRコードから表示・ダウンロードをお願いします。

理由などから考えるとよい。製造業の場合、品質や納期などが該当するかもしれないし、サービス業の場合は快適性やタイムリー性などが該当するかもしれない。これは企業ごとに異なると考えられる。

特長が分かると、次にその特長を生み出している秘訣や理由を考える。なぜ、その特長が生み出されているのか、「なぜならば」という視点を持つ。１つの根拠や理由が明確になれば、さらにその根拠・理由が実現できているそのまた根拠・理由を考える。さらに、さらにと根拠・理由を深めて考えていくのだ。「なぜだろう」「なぜだろう」と考えることで､見えざる資産の「見える化」を行うことができる。チャートでは便宜上矢印が下向きになっているが、時には斜めになったりジャンプしたり、複合的な繋がりがある場合もある。

（3）資産リスト

「ええとこ経営モデル」や「ええとこ探シート®」に記載した資産を「資産リスト」の該当箇所に転記し、資産の具体的な内容や、どのような「ええとこ」や強みがあるかを記載する。

その資産は、他社にもあるのか、あるいは自社のみの独自性のある資産なのかを判断し、該当の箇所に「○印」をつける。「違い」が企業の強みの要素であり、どれだけ顧客に評価される違いがあるかを検証するのである。

また、その資産の価値として、利益や業務効率への貢献度ならびに模倣困難性（真似されにくさ）を評価する。

「利益や業務効率への貢献度」の高さを、６：圧倒的に大きい、５：大きい、４：少し大きい、３：少し小さい、２：小さい、１：かなり小さいと評価し、「模倣困難性」は、６：絶対真似できない、５：かなり困難、４：困難、３：

「2．資産リスト」

「1．ええとこ経営モデル(1)(2)」に記載した資産（ええとこ）を転記し、具体的な内

資産の具体的な内容を整理します

資産が複数ある

その時は計算式

	資産名	分類 (例)	「1．ええとこ経
	人的資産（人そのものの　ええとこ） 組織活動において、人に依存している資産 （該当の人がいなくなると無くなる資産）	経営者 技術者 技能者	

※図表の一部のみを表示しています。図表全体をご覧いただく場合は10頁のリンク先もしくは右記QRコードから表示・ダウンロードをお願いします。

少し困難、２：可能性はある、１：簡単に可能と評価する。模倣困難性には「面倒なので真似したくない」というものも含まれる。

資産全体を俯瞰することで、自社の事業性の評価や理解に繋がり、次の一手を考える資産となる。そして、数値化やグラフ化することで比較がしやすくなり、成果の評価や、見直しにも「見える化」ができ活用ができる。

定性的な資産を指標数値として捉えることで、比較がしやすくなり、成果の評価も「見える化」ができる。また、時系列に評価することで、成長のトレンドも評価しやすくなる。

「資産リスト」によって自社が持っている資産全体を把握できるので、全体を見たマクロの資産バランス（鳥の目）や、ミクロの視点で個別の資産の価値（虫の目）を評価でき、今後の方向性を考える時の有効な検討材料になる。

（4）ストーリー化

「資産リスト」に記載した資産を、顧客価値に向かって繋げてみる。その時は、「ええとこ探シート®」で行った繋がりから考えるとストーリーにしやすくなる。

顧客価値には、顧客に提供した価値と顧客から得た価値があるが、ともに明確にすることで自社の現状の「見える化」が可能になる。顧客から得た価値は企業の事業活動に活かすことで、持続的成長を実現できる。顧客から得ている価値も明確にし、社内にどのようにフィードバックできているかも検証するとよい。

○現

現在の価値のストーリーを描く

ストーリー化の要素　書き出し　　**付箋紙に書いて、模造紙に貼り付けても構いません**

要素	内容
お客様から頂いている価値	
お客様にお届けしている価値	
重要成功要因(CSF) GOODな製品、サービス、(モノ・コト)	
GOODな製品やサービスを生み出す仕組み	

理念

※図表の一部のみを表示しています。図表全体をご覧いただく場合は10頁のリンク先もしくは右記QRコードから表示・ダウンロードをお願いします。

（5）変化予測表とアクションプラン

経営環境の変化を、各事象から検討する。その上で自社にとっての影響や対応方法を立案していく。

その上で自社にとっての効果や影響を、（＋）プラスと（－）マイナスの両面について検討し、その大きさを、大、中、小で評価する。

効果や影響の分析をすることで、効果や影響の大きい事象から優先して、どんなええとこ（資産）をどのように活用するのか、そして５Ｗ２Ｈ（誰が、いつからいつまで、何を、どのように、どれくらいまで）を決め、実施計画を決定する。

実施計画は、実行を行ったあと決められた時期に評価と見直しをする。進捗を検証することで、継続的な発展に繋げることができる。

3. 変化予測表 経営環境洗い出し			事象は
検討項目 「どのような・・・」	現在	数年後の予測変化	自社に （+）プラスと
顧客（業種） ex. 年代、性別 ニーズ 地域性、業種、流通チャネル 製品・サービスの利用方法			
マーケット ex. ニーズ、流行 成長分野 販売流通チャネル 製品・サービスの利用方法			
技術変化、新製品			

※図表の一部のみを表示しています。図表全体をご覧いただく場合は10頁のリンク先もしくは右記QRコードから表示・ダウンロードをお願いします。

（6）戦略レポート

以上のワークを終えれば、ここまでに出てきた事項を戦略レポートにまとめていく。

戦略レポートのあとの箇所は、今まで取り組んできた内容を盛り込む。

沿革では、発生した事実に対して、対応した事柄を含めるとよい。単に事実を記載するよりも事業活動の変遷が見えて、企業のことを理解してもらえることになる。

ここで考えるのがキャッチフレーズである。自社をひと言で表すと何なのか。会社のことを簡単に説明できるワードである。

関係性を作る上で、企業について簡潔に説明し、キャッチしてもらうことはとても重要である。人の第一印象が後々の評価に繋がるのと同じである。キャッチフレーズの考え方は次のように考える。

①　対象を明確にする

誰向けに発信するか。発信する対象を明確にして、その対象が感じる言葉にする。ターゲット像は具体的に、そして明確に設定するようにする。

②　課題解決後のイメージを持たせる

人は、自分の悩みや課題が解決できるのかという点に関心がある。その商品により課題が解決されるイメージを持ってもらう。映像が浮かぶように示すことでどんな将来が生まれるのかを思い描いてもらうことである。

③　損失の回避を訴える（プロスペクト理論）

人は得するよりも損をすることに気持ちが働き、損を避けたいと考える。なので、あえて問題点を指摘することで、対象に「損失」をイメージさせるのだ。製品、サービスを手にしなかったら「損をしますよ」をイメージさせる。

④　数字が持つ具体性を利用する

キャッチコピーに数字を入れることで、具体的にイメージすることができる。具体化されると印象に残りやすくなる。

⑤　便利さが伝わる表現にする

人は手間のかかるものを避けたいと思うものなので、製品やサービスを受けるとこんなに簡単になる、ということを伝える。その時には時間の短縮を訴えるのも効果的である。

⑥　使用前、使用後のギャップの大きさを伝える

製品やサービスを得る前と後の違いを示して、そのギャップの大きさを伝える。そんなに大きく変われるのであれば、「やってみよう」と思わせることができる。

上記の方法は組み合わせて考えると一層効果的になる。また、数多く書き出してみるとよいものが作れる。たくさん「書いてみる」ことがポイントである。書くことで脳は真剣に考えようとするのだ。

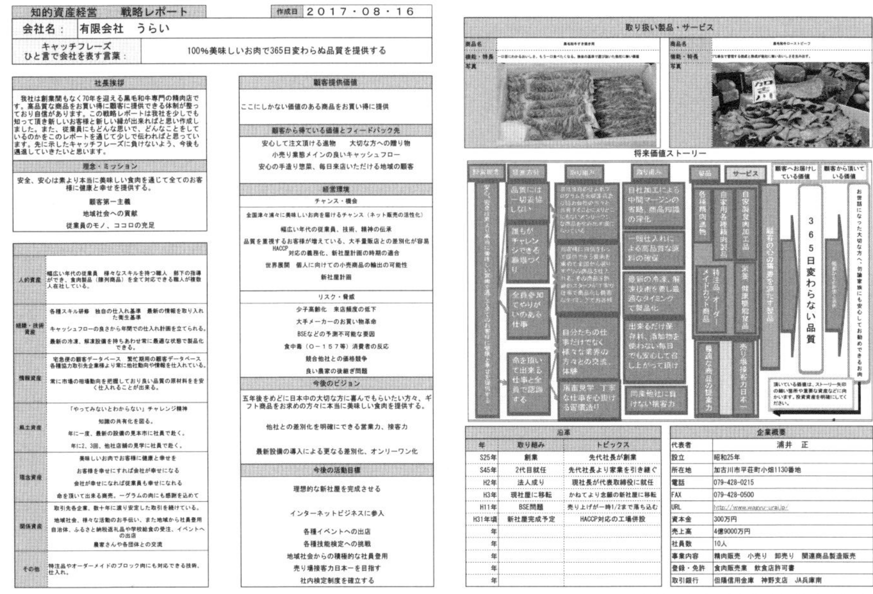

知的資産経営　戦略レポート	作成日 ２０１７・０８・１６
会社名：	有限会社　うらい
キャッチフレーズ ひと言で会社を表す言葉：	100%美味しいお肉で365日変わらぬ品質を提供する

社長挨拶

我社は創業間もなく70年を迎える黒毛和牛専門の精肉店です。高品質な商品をお買い得に顧客に提供できる体制が整っており自信があります。この戦略レポートは我社を少しでも知って頂き新しいお客様と新しい縁が出来ればと思い作成しました。また、従業員にもどんな思いで、どんなことをしているのかをこのレポートを通じて少しで伝わればと思っています。先に示したキャッチフレーズに負けないよう、今後も邁進していきたいと思います。

理念・ミッション

安全、安心は素より本当に美味しい食肉を通じて全てのお客様に健康と幸せを提供する。

顧客第一主義

地域社会への貢献

従業員のモノ、ココロの充足

人的資産	幅広い年代の従業員　様々なスキルを持つ職人　部下の指導ができ、食肉製品（陳列商品）を全て対応できる職人が複数人在社している。
組織・技術資産	各種スキル研修　独自の仕入れ基準　最新の情報を取り入れた衛生基準 キャッシュフローの良さから年間での仕入れ計画を立てられる。 最新の冷凍、解凍設備を持ちあわせ常に最適な状態で製品化できる。
情報資産	宅急便の顧客データベース　繁忙期用の顧客データベース 各種協力取引先企業様より常に他社動向や情報を仕入れている。 常に市場の相場動向を把握しており良い品質の原材料をを安く仕入れることが出来る。
風土資産	「やってみないとわからない」チャレンジ精神 知識の共有化を図る。 年に一度、最新の設備の見本市に社員で赴く。 年に2、3回、他社店舗の見学に社員で赴く。
理念資産	美味しいお肉でお客様に健康と幸せを お客様を幸せにすれば会社が幸せになる 会社が幸せになれば従業員も幸せになれる 命を頂いて出来る商売。一グラムの肉にも感謝を込めて
関係資産	取引先各企業、数十年に渡り安定した取引を続けている。 地域社会、様々な活動のお手伝い、また地域から社員登用 自治体、ふるさと納税返礼品や学校給食の受注、イベントへの出店 農家さんや各団体との交流
その他	特注品やオーダーメイドのブロック肉にも対応できる技術、仕入れ。

顧客提供価値

ここにしかない価値のある商品をお買い得に提供

顧客から得ている価値とフィードバック先

安心して注文頂ける進物　大切な方への贈り物

小売り業態メインの良いキャッシュフロー

安心の手造り惣菜、毎日来店いただける地域の顧客

経営環境

チャンス・機会

全国津々浦々に美味しいお肉を届けるチャンス（ネット販売の活性化）

幅広い年代の従業員、技術、精神の伝承

品質を重視するお客様が増えている、大手量販店との差別化が容易

HACCP対応の義務化、新社屋計画の時期の適合

世界展開　個人に向けての小売商品の輸出の可能性

新社屋計画

リスク・脅威

少子高齢化　来店頻度の低下

大手メーカーのお買い物革命

BSEなどの予測不可能な要因

食中毒（O－157等）消費者の反応

競合他社との価格競争

良い農家の後継ぎ問題

今後のビジョン

五年後をめどに日本中の大切な方に喜んでもらいたい方々、ギフト商品をお求めの方々に本当に美味しい食肉を提供する。

他社との差別化を明確にできる営業力、接客力

最新設備の導入による更なる差別化、オンリーワン化

今後の活動目標

理想的な新社屋を完成させる

インターネットビジネスに参入

各種イベントへの出店

各種技能検定への挑戦

地域社会からの積極的な社員登用

売り場接客力日本一を目指す

社内検定制度を確立する

取り扱い製品・サービス

将来価値ストーリー

365日変わらない品質

頂いている価値は、ストーリー矢印の細い箇所や重要な資産などに向かいます。投資資産を明確にしてください。

沿革		
年	取り組み	トピックス
S25年	創業	先代社長が創業
S45年	2代目就任	先代社長より家業を引き継ぐ
H2年	法人成り	現社長が代表取締役に就任
H3年	現社屋に移転	かねてより念願の新社屋に移転
H11年	BSE問題	売り上げが一時1/2まで落ち込む
H31年頃	新社屋完成予定	HACCP対応の工場併設
年		
年		
年		
年		
年		

企業概要	
代表者	浦井　正
設立	昭和25年
所在地	加古川市平荘町小畑1130番地
電話	079-428-0215
FAX	079-428-0500
URL	http://www.wagyu-urai.jp/
資本金	300万円
売上高	4億9000万円
社員数	10人
事業内容	精肉販売　小売り　卸売り　関連商品製造販売
登録・免許	食肉販売業　飲食店許可書
取引銀行	但陽信用金庫　神野支店　JA兵庫南

うらい知的資産経営戦略レポート

※図表を詳しくご覧いただく場合は10頁のリンク先もしくは右記QRコードから表示・ダウンロードをお願いします。

（7）知的資産経営報告書の作成

「BEN'sメソッド®」や「ええとこ活用経営®」を使って知的資産を整理し、将来に向かう価値創造プロセスが明確になれば、必要に応じて知的資産経営報告書（以下「報告書」）を作成することもある。

報告書に記載する内容は、「BEN'sメソッド®」や「ええとこ活用経営®」の知的資産経営に取り組んだ目的から考えるとよい。また、内容も「BEN'sメソッド®」や「ええとこ活用経営®」の内容から引用することで整合性のある内容で容易に準備することができる。

報告書を作成する時に最初に明確にする必要があるのは、開示対象とその目的である。これが定まっていないと内容に一貫性がなくなり、伝える力が

弱くなる。何のために知的資産経営に取り組んだのかという原点を忘れないことが重要である。

報告書の活用で多いのは、社内活用としては、将来ビジョンの社内周知やベクトル揃えがある。事業承継として利用する場合も多く、社員教育などでも活用されている。

一方、社外活用としては、新規顧客開拓用や既存関係先との関係性強化、人事採用、金融機関向けなどがある。社内と社外を比べた場合、社内向けの活用が多いと感じている。それは、知的資産の取組みによって事業のあるべき姿が明確になり、それを実現するために社内の各部門の活動内容を明確にする必要があるためである。社外に伝える前に社内で周知されていないと、外部への発信力が弱くなるということもある。

報告書の開示対象や開示目的によって、通常の内容に加えて配慮する箇所が何点かある。例えば、社員に向けて事業目的や方針の周知に利用する場合、方向性やそれを実現するための各部門の知的資産の活かし方や、役割、目標の記載が欲しい。後継者に向けて事業の引き継ぎに利用する場合は、自社がどのように知的資産を活かしたビジネスモデルを構築しているか、その資産を明確にすること。また、自社の事業がどのような沿革を経て現在の形になったのか、経営の沿革の中で培われてきた知的資産を明確にしたい。

新規顧客開拓など営業ツールとして外部的に使用する場合は、製品やサービスを生み出している知的資産の「見える化」をすることが大切である。価値を見せていないから、目に見えて分かりやすい「価格」で戦うことになる。

就職希望者向けに作成する場合は、会社の風土、仕事の内容やミッション、人材育成方針、人材活躍の場面として先輩たちの声を記載するとよい。

	開示対象	開示目的	配慮箇所
内部	社員	将来ビジョンの社内周知やベクトル揃え	・事業の方向性 ・各部門や担当者の役割と実現すべき目標
		社員教育	・業務プロセスで必要な知的資産 ・各部門で実現すべき合格レベル
	後継者	事業承継	・引き継ぐべき知的資産 ・沿革に中で培われた知的資産
外部	新規顧客	販路開拓	・製品の特長と、それを生み出している知的資産を示す ・利便性を顧客提供価値という顧客視点で示す
	既存関係先	関係性強化	・関係資産として位置づけの明確化やパートナーとしての協力関係の重要性を伝える
	就職希望者	人事採用	・先輩たちの声など会社の風土を伝える ・仕事が与える社会への貢献 ・人材育成方針
	金融機関	事業性評価	・財務の裏付けとなる知的資産 ・収益を上げているビジネスモデル（顧客や社会などのニーズ）

知的資産経営報告書 準備シート

そして金融機関には、決算書では表れない自社の強みになっている知的資産を説明し、金融機関の担当者が代わっても、継続的に事業を理解してもらうようにする。

国が推進している事業性評価（理解）ツールに「ローカルベンチマーク」がある。ローカルベンチマークは企業がステークホルダーに事業を理解してもらうツールとしての役割があり、その非財務部分は「ええとこ活用経営®」からの引用である。金融機関に自社の事業性を理解してもらい、理解の上でコミュニケーションが取れアドバイスや支援策を取ってくれる金融機関を選ぶことも報告書を作成する目的となる。

作成における目次構成は、知的資産経営報告書の構成サンプル例として次頁の内容で報告書にまとめる場合が多い。

表紙から最後の企業概要まで、各項目内容を示す。なお、メモ欄などを使って、どのような内容にするかを検討しながら進めると分かりやすい。

NO	各項目内容	メモ
1	表紙 事業が分かりやすいように、特徴を示す。 商品や店舗の写真なども良い。見て分かづらい場合は説明を入れる	
2	代表者挨拶 開示対象に向けたメッセージ 報告書の目的、会社の強み、将来ビジョン等	
3	経営理念、方針	
4	事業概要 商品案内　顧客目線の良い点も含める（メリットや特長、評価など）	
5	沿革 会社の変化に影響を与えたターニングポイントごとに、その結果獲得した知的資産を示す。 区間の区別があれば区分名も示す （例えば、創業期・成長期・苦闘期・雌伏期・発展期など）	
6	事業（業務）プロセス 業務の流れとプロセスでのアピールポイントや強みを記載する	
7	現在価値ストーリー 可能であれば指標(活動指標と実現指標)を記載する	
8	各知的資産の具体的な内容を説明する 写真やチャート、指標などを使い、客観性も含めて表現する。(「資産リスト」が参考になる) 人的資産 組織・技術資産 情報資産 関係資産 顧客利便価値 顧客から頂いている価値等 物的資産や財務資産がポイントになる場合はその資産も記載する	
9	外部環境分析（事業機会とリスク） 予測される事象や変化、それらが経営や事業に与える効果や影響 (効果の度合いや影響度や時間軸も考慮する)	
10	経営課題と戦略 9．からの繋がりから、内部環境を含めて立案する。 経営戦略やビジョンや対応策、アクションプラン（9と10を一体的に表現しても良い）（クロスＳＷＯＴ分析を行う場合は、数値的指標を考慮に含める）	
11	将来に向けた価値創造・ビジネスモデル （指標を記載する　KGI、KPI）	
12	将来価値ストーリー 11. からの繋がりで示す。11と一体的に記載しても良い ストーリー図には、追加する価値を色分けする等で現在価値ストーリーに追記する形式でも良い。	
13	アクションプラン（5W2H） 誰が、何を、いつからいつまで、どの程度まで、どのようにするか （検証する時期も忘れずに記載し、その時期がくれば検証を行う） 報告書とは別に、具体的な実施計画として別紙に記載し、運用しても良い	
14	財務実績・主要な財務指標 開示対象や開示目的に合わせて、出せる範囲でも良い	
15	企業概要 代表者、住所、電話、FAX、メールアドレス、URL、創業、設立、資本金、売上等	

知的資産経営報告書 構成サンプル例

なお、冊子にする時は印刷の都合で4頁単位がよいので、4頁単位に収まるように工夫する。

構成は上記のとおりだが、内容を検証するには以下のチェック表を使って、記載の有無を確認するとよい。

開示対象や開示目的に沿って、以下のチェック表を使い記載漏れがないかを確認して完成させていく。

評価項目		報告書で必要とされる表現	チェックポイント	記載の有無(○×)
社長あいさつ	1	社長から開示対象読者に対して、知的資産を開示した想いや目的が表現できている	①報告書の作成目的の記載	
			②開示対象へのメッセージの記載	
			③事業内容の記載	
			④強み（知的資産）の記載	
			⑤今後の方向性の記載	
経営哲学	2	経営理念あるいは、自社のこだわりが表現できている	①理念などの記載	
			②理念などの解説	
事業概要	3	主たる事業の内容、特長が整理され、分かりやすく表現できている。	①事業（取扱い製品）の全体像が明快に記載	
			②各事業（製品やサービス）の説明の記載	
			③事業（製品やサービス）の顧客目線のセールスポイントの記載	
			④市場環境（顧客や市場の声）への対応を記載	
沿革	4	過去から現在までの事業展開の中で、知的資産に繋がる取組みが表現できている。(沿革の掘り下げ)	①知的資産の蓄積に繋がる出来事の記載	
			②事業活動のライフサイクルの区分と説明、自社の位置づけの記載	
知的資産	5	知的資産の特長や知的資産を高めている仕組みや取組み、その根拠が適切に表現できている	①独自性（優位性/卓越性）の記載	
			②顧客利便価値の記載	
			③知的資産の分類等、資産の視点で網羅的に記載	
	6	知的資産の価値について、外部(顧客や第三者など）からの評価を表現できている	①顧客の声の記載	
			②取引先の声の記載	
			③マスコミの評価や公的機関などの評価の記載	

今後の事業展開	7	経営環境の分析（リスクと機会）が幅広く、深くとらえられている。	①外部環境として、マーケットや顧客のニーズ、技術、業界、競合、協力会社、政治・経済、そして自社の変化等の分析の記載	
			②上記分析結果として自社への影響の記載	
			③上記影響から、自社の対応策の記載	
	8	7.経営環境の分析を踏まえ、今後のあるべき姿が定性面と定量面で表現できている	①数値目標の記載（財務指標も含む）	
			②定性目標の記載	
			③期限の設定の記載	
			④環境分析の明確な裏付けの記載	
	9	あるべき姿を実現するための課題や解決策が表現できている	①課題の記載	
			②解決策の記載	
			③知的資産強化の視点の記載	
			④弱みを克服する視点での記載	
			⑤課題の優先順位の記載	
価値創造のストーリーの見える化	10	現在の顧客価値を産み出す知的資産の連鎖（ストーリー）が表現できている	①顧客価値との繋がりに関する記載	
			②知的資産の分類の記載	
			③各知的資産の因果関係などの記載	
	11	今後のビジョン達成のための知的資産の連鎖（ストーリー）が表現できている	①顧客価値との繋がりの記載	
			②知的資産の分類の視点で網羅的に記載	
			③各知的資産の因果関係などの記載	
重要評価指標	12	結果指標が表現できている	①構成比率の視点での数字の記載	
			②趨勢視点での数字の記載	
			③希少性視点での数字の記載	
	13	プロセス指標が表現できている	①取組みの指標に関する記載	
			②取組み指標と結果指標の関連性の記載	
全体像	14	写真やグラフ、イラストなどが適切に配置されており、読み手の理解が進むようなビジュアル面での工夫ができている	①フォントの統一性の有無	
			②読みやすいビジュアル化の工夫の有無	
			③図表と内容の一致	
			④読み手の理解が進む用語の説明の有無	
	15	経営方針、価値創造のストーリー、及び評価指標などに整合性があり、報告書全体に一貫性がある	①社長あいさつと他ページの整合性、一貫性	
			②理念等と知的資産の関連性の有無	
			③過去の事業活動と知的資産の整合性	
			④知的資産の活用と今後の事業活動の整合性の有無	

知的資産経営報告書 チェック表

第２章

価値についての考証

1 価値とは

（1）価値とは

価値を考える時、価値そのものの正体が分からないと、事業の理解も、事業のあり方も分からない。

事業における価値を知るには、まず顧客に届けている価値を定義し、その価値に向かって自社が保有している知的資産や有形資産の連鎖を整理してみることで、価値の存在が見えると考えている。

顧客に届けている価値を知るポイントは、顧客が自社を選んでいる理由である。それを知るには、

①顧客が「なりたい明日」は何か、を考えることであり、そのためには、

②顧客が製品やサービスを選んだ結果、どう変わっているか

③選んだあと、何をしているか

を観察することである。

そして、もう一点重要なことは、価値には循環があることである。価値はサイクルを描く。サイクルを描きながらも以前の位置とは異なったレベルで循環している。

序章1「寄り添う支援」で示した事業活動のサイクルであったり、以降で述べる価値創造のサイクルである。サイクルには日々の活動サイクルや季節ごとのサイクル、年間のサイクル、リスク対応サイクルなどもある。それらのサイクルを循環させながら以前とは違った高い視座を持つこと、サイクルが下がってしまわないことが大切である。

最初のステップである、顧客に届けている価値を知るには「観察」を行う

ことである。価値には顕在化している価値と潜在的な価値がある。本章では、その観察におけるポイントや価値の循環について述べる。

（２）ジョハリの価値

「ジョハリの窓」。これは、心理学者ジョセフ・ルフト（Joseph Luft）とハリ・インガム（Harry Ingham）が発表した「対人関係における気づきのグラフモデル」であり、２人の名前を組み合わせ「ジョハリの窓」と呼ばれている。

内容は、自己には「公開されている自己：解放の窓」と「自分は知らないが他人は知っている自己：盲点の窓」があると共に、「隠されている自己：秘密の窓」や「誰にも知られていない自己：未知の窓」があるというモデルである。

	会社は知っている	会社は知らない
周りは知っている	「解放の価値」 会社も周りも知っている価値	「盲点の価値」 会社は知らないが、周りは知っている価値（当たり前になって気付いていない）
周りは知らない	「秘密の価値」 会社は知っているが、周りは知っている価値（営業秘密あるいは届けられていない価値）	「未知の価値」 会社も周りも知らない価値（新しい価値創造）

対話　信頼　化学変化

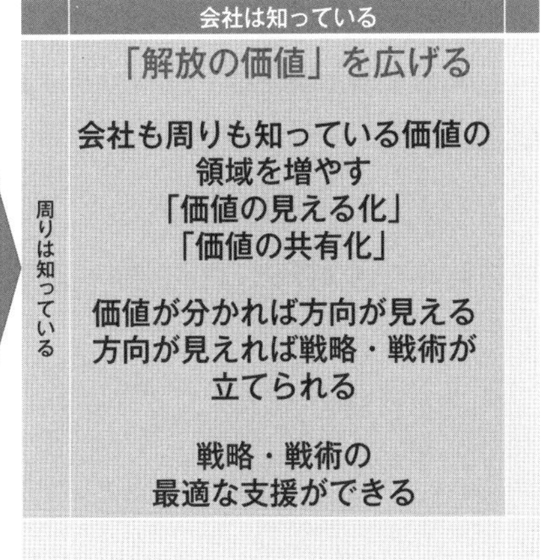

価値もこの気づきと同じ視点で考えることができる。価値を掘り下げる視点として捉えるとよい。

ジョハリの窓と同じように、上図の左上は「解放の価値」である。会社も周りも知っている価値。共通認識されている価値である。

右上は「盲点の価値」である。会社は自身の価値に気づいていないが、周りは認めていたり気づいている価値である。この価値は、会社が当たり前なものとして気づかない価値である。知的資産を掘り下げる時に多く見られる価値である。例えば会社は何の苦もなく行っている技術や活動が、他社から見ると至難の技であったり、風土として会社に溶け込んでいたりする。

左下は「秘密の価値」である。会社は知っているが周りは知らない価値。これには営業秘密もあるが、充分に届けられていない価値もある。届けにくく表現しづらい価値である。たとえば専門分野でその業界関係者でなければ分かりにくい価値などである。信頼関係や理解しようとする気持ちがないと見つけにくい価値でもある。

右下は「未知の価値」である。会社も他社も知らない価値である。なぜなのだろう？ さらになぜなのだろう？ と対話を深めていると化学反応として見つかる価値であり、表面的な対話では見つけることはできない価値である。この発見が価値創造のきっかけになったり、価値の連鎖を繋げる要素になる場合がある。

このように４つの価値の視点で考察することがポイントになるが、対話と対話に基づく信頼、そして深い対話による化学変化によって「解放の価値」の窓を広げることができる。

解放の価値を広げることで事業の価値全体を捉えることができ、方向性が定まり共有化され戦略や戦術が立てやすくなり、最適な支援が実現できる。

（3）違い発見マトリクス®

「ジョハリの価値」は、自社における価値のありかを考えるモデルであったが、「違い発見マトリクス®」は、ライバルや市場全体の位置づけで違いを見つけ整理するツールである。このツールの目的は、競合を決めたほうが比較しやすい場合に、他社と自社の資産や活動を比較することで、現状分析→

差別化→将来ビジョン構築を円滑に整理し、ライバルや競合などとの違いを検討し、今後の戦略立案の候補を抽出することである。

ライバルや競合とは、自社が提供している顧客利便価値と同じ価値を提供している企業や個人などが対象になる。

記載・活用方法は、第１章３（２）③にて詳解したが、業務プロセス分析で見えたGOOD-POINTや知的資産、取組みなどについて、自社とライバル（あるいは世間一般と）を４つの象限で比較する。その現状把握から差別化の状態（強さ、弱さ、課題）の「見える化」を行う。この現状分析を行うことで、「違い」や「とがり」「持ち味」をどこで創っていくのかが明瞭になり、新たなビジネスモデルの構築に資することができる。

なお、作業中に注意点や気付いたところがあれば、忘れずに書き出しておくと良い。書き出すことで今後の方向性や評価を行いやすくなる。

（4）WHYの５段活用®

「WHYの５段活用®」は、有効的な質問方法を考える際や、ビジネスモデルの検討にも使えるツールの１つである（次頁図参照）。この方法はWHYを軸に、残りの４Ｗ２Ｈを掛け合わせる（掛け算する）方法である。

縦軸は観察の軸である。例えば、ある生産工程を見て、

WHY×WHO：「なぜ、○○さん（○○部門）なのでしょうか」

WHY×WHEN：「なぜ、そのタイミング（時期）なのでしょうか」

WHY×WHERE：「なぜ、その場所（チャネル）なのでしょうか」

WHY×WHAT：「なぜ、その商品（サービス）なのでしょうか」

WHY×HOW to：「なぜ、その方法（順番）なのでしょうか」

WHY×HOW many：「なぜ、その生産量（そこまで）なのでしょうか」

と尋ねることができる。

そして、出てきた答えからさらにWHYを掛けて、質問を深めることがで

観察の軸 ↓	WHY？ 考える軸 → 具体的には	理由は	どんな良いこと	でなければ	代わりは	切り口
WHO	具体的な顧客は誰でしょう。	顧客が○○である訳は何でしょう。	顧客が○○だとどのような良いことがありますか。	顧客が○○でなければ、どうなりますか。	○○以外に顧客はいますか。	WHO お客様、部門、担当者、B2B、仕入先、協力会社、一般消費者、性別、年代
WHEN	具体的には顧客はいつ（タイミング、順番、頻度）来ますか。	その時期（タイミング、順番、頻度）なのでしょう。	顧客がその時期（タイミング、順番、頻度）だとどんな良いことがありますか。	その時期（タイミング、順番、頻度）でなければ、どうなりますか。	その時期（タイミング、順番、頻度）以外には、どんな時期（タイミング、順番、頻度）がありますか。	WHEN 時期、季節、時刻、順番、順序、タイミング、納期
WHERE	顧客とは具体的にどのような場所で接しますか。	その場所でする訳は何でしょう。	その場所でするとどんな良いことがありますか	その場所でなければ、どうなりますか。	その場所以外には、どんな場所がありますか。	WHERE 場所、ルート、チャネル
WHAT	顧客にお届けしているものは何でしょう。	それを選んでいる訳は何でしょう。	それによって顧客にとってどんな良いことがありますか。	それでなければ、どうなりますか。	それ以外には、どんなことが考えられますか。	WHAT 製品、商品、サービス、品質、特徴、こだわり、色（合い）、香り、手触り、味、音色、音質、
HOW to	具体的にはどのように提供するのでしょう。	その方法にされる訳は何でしょう。	その方法にされるとどんな良いことがありますか。	その方法でなければ、どうなりますか。	その方法以外には、どんな方法がありますか。	HOW to やり方、手順、方法、段取り、取り組みかた
HOW many	具体的にはどれぐらいされるのでしょう。	そこまで（その量、回数、人数）される訳は何でしょう。	そこまで（その量、回数、人数）されるとどんな良いことがありますか。	そこまで（その量、回数、人数）でなければ、どうなりますか。	そこまで（その量、回数、人数）以外には、どんな方法がありますか。	HOW many 数量、金額、回数、長さ、距離、高さ、幅、広さ、深さ、音量

きる。

観察の軸として深めることができるのである。

一方、横方向では、各４Ｗ２Ｈについて、「具体的には」「理由は」「どんな良いこと」「でなければ」「代わりは」という５段活用で確認するのである。

「具体的には」では、内容を確認することになる。どのような内容なのかを尋ねる。

「理由は」では、なぜそのようになっているか、理由や訳を確認することになる。

「どんな良いこと」では、具体的な内容で理由から、それであればどんな良いことがあるかを尋ねる。内容や理由から良いこと、いわばメリットを改めて考えてもらうことである。そのことで強みを知ることや知的資産の存在を知ることになる。

「でなければ」では、もし上記の内容でなければ、どのようなことがあるかを考えてもらい、次の「代わりに」の質問に繋がってくる。

例えば、WHOを例に取ると、下記のようになる。

ある生産工程を見て、

「なぜ、○○部門なのでしょう。具体的にはどのようなことをしていますか。」

「○○部門がする理由は何でしょう。」

「○○部門だとどのような良いことがありますか。」

「○○部門でなければ、どうなりますか。」

「○○部門以外にはどのようなところがありますか。」

となる。

これらの質問を行うことで、さらに事業活動の価値を高める方法を考えてもらうのである。このツールは埋めるための質問をするのではなく、５段階を順番に聞く必要もない。全体として網羅的に把握できているか、重要な事項が漏れていないかを確認するためのものである。自社の事業プロセスを整理していく中で、相手に多くの気づきを与えることが大切である。多くの気づきは新しい発想と新しい発見に繋がってくる。

それぞれの「切り口」を参考にして、WHO以外に、WHEN、WHERE、WHAT、HOW to、HOW manyも同じように考えると、企業価値が大きく飛躍する可能性がある。

この「WHYの５段活用®」は、ヒアリングの手法で利用するだけなく、ビジネスモデルの検証チェックにも活用ができる。現在のビジネスモデルの再確認と再構築に応用できるメリットがある。まずは、事業プロセスの１つひとつに当てはめて検証チェックすると、新たな気づきや革新、イノベーションを生み出す。

2　価値の循環

（1）後藤新平の言葉

仙台藩家臣で明治の元勲、後藤新平の言葉に次のようなものがある。

「金残すは下、事業残すは中、人残すは上」

人を残すことが最高の価値である、という意味だと考えられる。

事業は人で成り立つ、人無くして事業は発展しない。人財があってはじめて事業は発展できる。その通りである。

しかし、後藤新平は続けて次のようにも言っている。

「されど、金なくして事業成りがたく、事業なくして人育ちがたし」

人を育てるためには、事業が必要であり、事業を行うには資金が必要である、という意味である。

事業は人を残すことで、次の事業の発展を担うことができるが、その事業を行うには資金が必要である。

いわゆる経営資源の「ヒト・モノ・カネ」のスパイラルな向上で価値を高めること述べていると考えられる。価値循環の必要性を述べているのである。

この３つの要素が１つ欠けても事業の持続的発展は担保できない。この価値循環を高めるには「人」や「事業」の根っこにある知的資産を明らかにすることで、持続的発展が期待できると考えている。

金融機関はこの「金」の部分を担える。「金」の部分を担いながら「事業」をさらに発展させる可能性を持っている。企業の事業を理解し知的資産を含めた経営環境を明らかにすることで、有効な支援を行うことができる。「金」

と「事業」の両方に関われるのは金融機関がもっとも近い組織であり、優位性があるといえる。その意味において金融機関への期待は大きい。

「事業」を理解し必要な「金」を提供することで「人」を育てることができる。人財育成ができれば次の事業発展に繋がってくる。金融機関の役割は大きい。

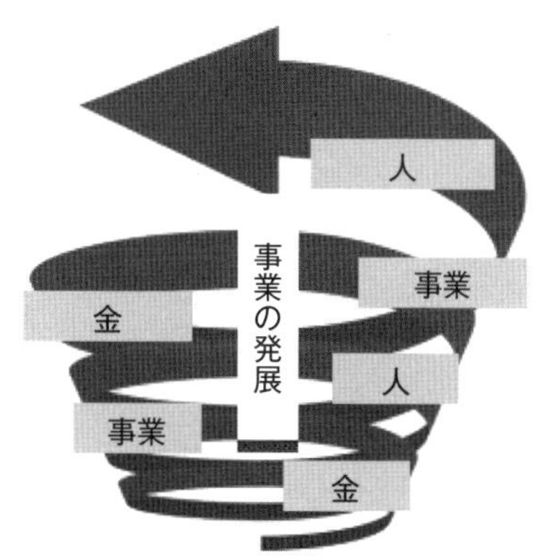

（2）KPIの考え方（KAI-KRI）

知的資産経営はマネジメントツールである以上、KPI（Key Performance Indicator）を設定することが求められる。

KPIは「重要経営指標」や「重要業績指標」とも言われている。事業活動の成果を測るための指標とも言える。

2005年に経済産業省から「知的資産経営の開示ガイドライン（以下、ガイドライン）」が開示され、2007年には中小企業基盤整備機構から「中小企業のための知的資産経営マニュアル（以下、マニュアル）」が開示されている。当マニュアルの事例企業である昭和電機で、ガイドラインにあるKPIについて検討を行ったが、中小企業で測定できるKPIは数少なく、知的資産経営を進める中で、企業ごとにKPIを設定してきた。

そのような状況の中で、KPIには活動指標（Key Action Indicator＝KAI）と結果指標（Key Result Indicator＝KRI）があることなど３点について気づいた。

1．KPIにはKAIとKRIがある。価値の繋がり（関連性）を２つの指標のセットとして捉えることが必要
2．KPIの評価は、一時期だけでなく時系列分析が必須

3．指標を評価する時は、模倣困難性も評価することで持続的成長を担保することが可能になる

以上の３点である。

まず、１．のKAIとにKRIについて解説する。

価値の連鎖（ストーリー）については、知的資産経営における重要な要素であることを述べてきたが、KPIにも指標としての繋がりがある。それがKAIとKRIの組み合わせである。

例えば、KRIとして「技術者の人数」とした場合、KAIは「教育研修の回数」や「教育投資費用」などがある。

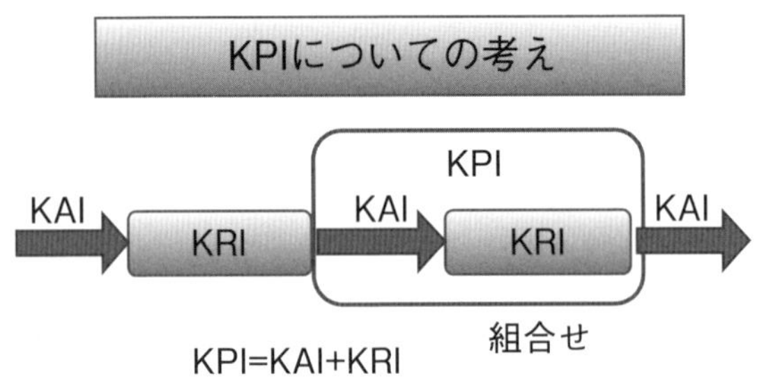

ともすればKPIは結果だけを指標として捉えてしまう傾向がある。しかし、結果を生み見出す「活動」をペアとしてセットにして捉えることで企業価値を高めるストーリーが明確になる。

そして、KRIは次の活動すなわちKAIによって、次のKRIに引き継がれていく。それらの結果がKGI（Key Goal Indicator＝重要業績評価指標）となる。

しかし、知的資産経営はKGIだけで終了ではなく、KGI以外に顧客利便価値や顧客フィードバック価値として循環を描くことで、事業価値を高めていくのである。

具体的な考え方は、第３章１（２）で「ええとこSTEP®」で述べる。

そのような価値の循環を描くことから、時間の一瞬を切り取ってKPIを設けるだけでなく、時系列な時間の経過によるKPIの変化も考慮する必要がある。このことは第３章３「将来ビジョンの確立」で、将来ビジョンを描く際のマイルストーンとして検討する。

一方、各指標の模倣困難性も評価する必要もある。いくら高い価値を有していても、すぐに真似をされるようでは持続的な成長は期待できないからである。これは、第３章２の「知的資産の価値評価」で改めて述べる。

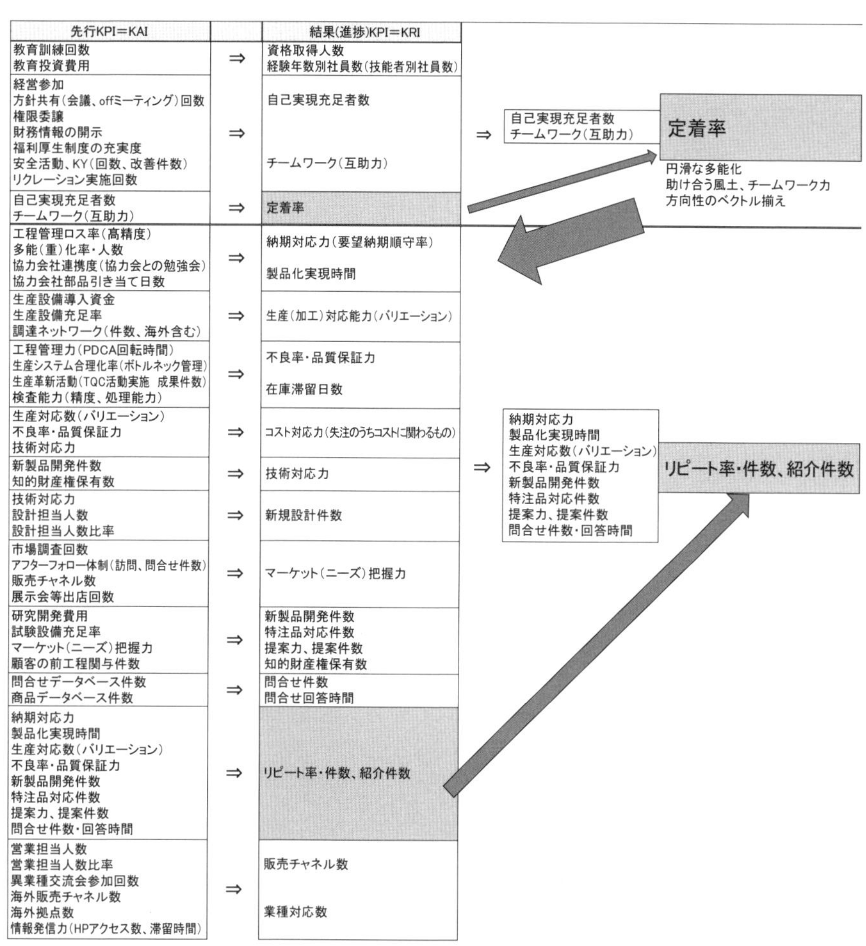

先行KPI＝KAI		結果(進捗)KPI＝KRI
教育訓練回数 教育投資費用	⇒	資格取得人数 経験年数別社員数(技能者別社員数)
経営参加 方針共有(会議、offミーティング)回数 権限委譲 財務情報の開示 福利厚生制度の充実度 安全活動、KY(回数、改善件数) リクレーション実施回数	⇒	自己実現充足者数 チームワーク(互助力)
自己実現充足者数 チームワーク(互助力)	⇒	定着率
工程管理ロス率(高精度) 多能(重)化率・人数 協力会社連携度(協力会との勉強会) 協力会社部品引き当て日数	⇒	納期対応力(要望納期順守率) 製品化実現時間
生産設備導入資金 生産設備充足率 調達ネットワーク(件数、海外含む)	⇒	生産(加工)対応能力(バリエーション)
工程管理力(PDCA回転時間) 生産システム合理化率(ボトルネック管理) 生産革新活動(TQC活動実施　成果件数) 検査能力(精度、処理能力)	⇒	不良率・品質保証力 在庫滞留日数
生産対応数(バリエーション) 不良率・品質保証力 技術対応力	⇒	コスト対応力(失注のうちコストに関わるもの)
新製品開発件数 知的財産権保有数	⇒	技術対応力
技術対応力 設計担当人数 設計担当人数比率	⇒	新規設計件数
市場調査回数 アフターフォロー体制(訪問、問合せ件数) 販売チャネル数 展示会等出店回数	⇒	マーケット(ニーズ)把握力
研究開発費用 試験設備充足率 マーケット(ニーズ)把握力 顧客の前工程関与件数	⇒	新製品開発件数 特注品対応件数 提案力、提案件数 知的財産権保有数
問合せデータベース件数 商品データベース件数	⇒	問合せ件数 問合せ回答時間
納期対応力 製品化実現時間 生産対応数(バリエーション) 不良率・品質保証力 新製品開発件数 特注品対応件数 提案力、提案件数 問合せ件数・回答時間	⇒	リピート率・件数、紹介件数
営業担当人数 営業担当人数比率 異業種交流会参加回数 海外販売チャネル数 海外拠点数 情報発信力(HPアクセス数、滞留時間)	⇒	販売チャネル数 業種対応数

（3）顧客から頂く価値（顧客フィードバック価値）

顧客に価値を届けたあと、顧客からフィードバックしてもらう価値に、何を頂けば良いのか。

KGIである財務的な資産、すなわち売上、特に利益は、後藤新平の言葉の通り必要な価値である。売上や利益が循環されて次の投資資金と事業活動に生かすことができる。

それ以外に頂かねばならない価値、社内にフィードバックするべき価値が循環し、スパイラルに向上させることで事業は発展する。

その価値は、顧客利便価値に対する評価である。

では、顧客利便価値とは何か、顧客は製品やサービスそのものを求めているのではない、何かを実現したいために、その手段として製品やサービスを求めているのである。

いくら精度の高い製品を作っても、顧客が求めているものが速さであれば、高い精度は意味がなく、速さを提供する別の製品に取って代わる。

前節（1）「価値とは」、で述べたが、顧客利便価値は観察から見つけるのである。顧客の反応であったり、買ったあとどうしているか、どう変わっているかを観察することである。そこから顧客利便価値を知ることができる。

その時の切り口として、B2Bでは、楽になる、役に立つ、都合が良くなる、利便性向上、時間短縮、不良なし、生産性向上などがあり、B2Cでは、ワクワク、ウキウキ、ドキドキ、元気、健康、優越感、見栄、笑顔、などが切り口となる。地域の視点では、住みやすさ、安心感、安全等があり、SDGsも視野に入れて考える。これらの切り口からさらに深めて考察すると顧客利便価値が見えてくる。

顧客利便価値が定義できると、そこから逆算を行うことで何を行うべきかが見えてくる。

顧客利便価値が定義できると、その価値がどの程度の評価になっているか、いわゆる有効性の評価を測ることで次に何を行うべきかが見えてくる。

顧客からの評価の内容を把握し、何に満足をしているか、何が実現できているか、顧客が何をしているか、また何が不足しているのか、何が不便になっているのかを知り、その内容を社内にフィードバックをすることである。

そのフィードバックを社内の必要な部門に知らせることで情報の共有化を図ることが重要なのである。

自分に与えられた仕事を、ただただ毎日行うだけでなく、自分が関わった製品やサービスが、どのように顧客に届けられ、どのような評価を受けているかを知ることは、仕事に対する認識や姿勢を高めることに繋がる。

高い評価はさらに高く、低い評価は改善の機会になる。

あるいは、顧客の評価から求めているものが理解できることで、従来にない製品やサービスを考えることも可能になる。顧客の評価が新たなビジネスを考えるきっかけになることもある。

例えば、顧客利便価値をキーに新しいビジネスモデルを構築した例として、横浜DeNAベイスターズの例がある。

横浜DeNAベイスターズは、前身の横浜ベイスターズ時代となる2005年当時97万人だった年間動員数を2018年には202万7,922人まで増やし、球団史上初めて200万人突破に成功した。

ホームゲーム72試合のうち、大入り満員は69回、チケット完売は52回を記録し、稼働率97.4%を実現させた。

横浜DeNAベイスターズは前進の横浜ベイスターズから2012年に経営を引き継いだ。

その時に掲げた構想が、「コミュニティボールパーク」である。このプロジェクトは、横浜スタジアムを地域のランドマークとして、“野球”をキッカケにさまざまな人々のコミュニケーションを育む公共空間の創造として捉え、サービスの充実を進めるものである。

従来の「野球を観せる」から「コミュニケーションの場」への転換を図ってきたのである。

例えば、まずトイレを綺麗にし、手洗いスタンドをセンターに設置し、守備交代時に集中する混雑を緩和した。

また、試合時間が長時間になる場合や、ナイターでの試合が多いためアルコールやフードへのニーズが高くなる。そこで飲食にも力を注ぎ、オリジナル醸造ビールなどの開発にも注力した。また、子ども連れや女性、子どもに向けたアミューズメントの充実も図った。

その結果、仕事帰りに同僚を伴ったり、休日に家族連れで訪れる観客が増加したのである。

特に、女性客の増加は目覚ましく、現在では男女比がおよそ6:4になっている。

NHK番組「突撃！カネオくん」で取り上げられた時、登場した女性が「ルールは知らないけど、雰囲気が楽しい」と語ったことが重要なキーワードである。顧客利便価値は「雰囲気の楽しさ」「コミュニケーションの場」なのである。

そして「雰囲気の楽しさを味わいたい」という顧客フィードバックから、自分たちは何をするべきか、何ができるかを定義し、計画し、「コミュニケーションの場」を実現させていったのである。

顧客利便価値を知ること、顧客フィードバック価値を社内で共有化を図ることで、新たな事業を生み出すことに繋がるのである。

第３章

知的資産経営の取組手法

1 自社ならではの知的資産を見つける３つの手法

国内で知的資産経営の取組みが始まった2006年から、知的資産経営をマネジメントツールとして、どのように支援に繋げると良いかを練り続けてきた。

専門用語は避け、極力分かりやすい表現で、企業が取り組みやすい手順であるように、という視点で、「Ben'sメソッド®」や「ええとこ活用経営®」として整理してきた（これらのツールについての詳細は第１章を参照）。本章では、知的資産経営の取組手法として、これらのツールをさらに実践的な知的資産経営に活用する術について、（１）業務プロセス、（２）製品・サービス、（３）沿革、のそれぞれのアプローチから解説する。

その前に、資産分類について説明を行う。

序章の「MERITUMプロジェクト」（14頁参照）で知的資産を３つに分類していることをお伝えしたが、現場で活用するには、少し粗い面もあるので、以下のように、ええとこ分類（商標登録中）で「人財資産」「組織･技術資産」「情報資産」「風土資産」「理念資産」「関係資産」「顧客利便価値」「顧客フィードバック価値」の８つに分類している。

その中で「組織資産」を「組織・技術資産」に変えている。これは製造業などが保有している「技術」が「組織資産」に、企業の方が結びつけづらいため合体させ、「組織・技術資産」とした。また「情報資産」は「組織資産」に含まれるものであるが、情報の重要度が増していることや価値ストーリーを描く時に、情報の活用が連鎖の重要ポイントを担うことが多いため「情報資産」として示した。「風土資産」や「理念資産」は企業経営において風土のもつ意義が大きく寄与しているために、別途示すことにした。

「顧客利便価値」や「顧客フィードバック価値」についても、価値ストーリーで価値循環を表し、企業価値の向上ステップを示すことが重要なため、価値として示している。

	資産名	分類 「○○な」「○○い」(形容詞)を 頭に付けると考えやすいです	形容詞の例 資産と組み合わせて 最適な表現を考えて下さい
見えざる資産（内部）	人財資産(人そのものの　ええとこ)	○○な経営者	誠実な、慎重な、素直な、協調性のある、コミュニケーションのとれる、意思決定の早い、チャレンジ精神のある、先見性のある、前向きな、数字に強い、目標達成志向のある、技術のある、使命感の高い　など
	組織活動において、人に依存している資産 (該当の人がいなくなると無くなる資産)	○○な管理者	
		○○な技術者	
		○○な社員　など	
	組織・技術資産 (会社が形として持っている　ええとこ)	○○なビジネスモデル	使いやすい、判りやすい、高度な、高性能な、安全な、巧みな、応用できる、5S活動による、一気通貫の、精緻な、豊富な、明確な、ニッチな、真似のできない、特殊な、便利な、やる気の出る、人気のある、成果の出やすい、充実した、多彩な、人に優しい、安い、高い、必要な、楽な、など
	組織活動において、人に依存していない資産	○○な組織運営力	
		○○な技術、○○な知財	
		○○なマニュアル、○○なルール	
		○○な仕組み、○○な制度　など	
	情報資産 (会社が情報として持っている　ええとこ)	○○なデータベース、○○なシステム投資	大量の、細やかな、共有しやすい、使いやすい、迅速な、効率の良い、検索しやすい、集めやすい、積極的な、最新情報がある、など
	組織活動において情報として蓄積されている資産	○○な顧客情報(台帳)	
		○○な情報共有	
		○○な情報システム　など	
	風土資産(会社が空気感として持っている　ええとこ)	○○な風土	風通しの良い、助け合う、アットホームな、自発的な、チャレンジできる、迅速に取り組む、ベクトルの揃った、結束力のある、など
	組織に根付いている資産	○○な伝統	
		○○な礼儀作法	
		○○な習慣　など	
	理念的資産(会社が根っことして持っている　ええとこ)	○○な経営理念、○○な思い	お客さま第一主義、物心両面の幸福、社会に貢献、三方よし、顧客の幸せを考え、安心を提供する、など
	組織活動の根本的な方向性やあるべき姿を示した資産	○○なミッション	
		○○な方針	
		○○なビジョン　など	
見えざる資産（対外部）	関係資産(外部との関わりで持っている　ええとこ)	○○な協力会社	協力的な、コミュニケーションの取れる、アイテムの豊富な、新鮮な商品を持っている、品質の良い、提案力のある、ネットワークの豊富な、独自ルートのある、迅速な対応力のある、など
	外部との関係で生み出されている資産 自社の価値に影響を与える資産 変わるための関係資産。変わったあとの関係資産。 いわゆる「ご縁」	○○な販売会社	
		○○な連携、○○なマッチング	
		○○なチャネル	
		○○なネットワーク　など	
	顧客利便価値 (お客さんに提供している　ええとこ)	どんなお客さんに	＊B2B：楽になる、役に立つ、都合が良くなる、利便性向上、時間短縮、不良なし、生産性向上 など。 ＊B2C：ワクワク、ウキウキ、ドキドキ、元気、健康、優越感、見栄、笑顔、など ＊地域：住みやすさ、安心感、安全、など。 SDGsも視野に
	お客様に提供している資産、選ばれている理由	○○な利便性	
		○○な効率性	
		○○な感動性	
		○○な幸福性　など	
お客さんから頂いている資産	顧客フィードバック価値 (顧客から得ている　ええとこ)	○○な評判、○○なリピート、○○なブランド	次の投資になる、価値を高められる、モチベーションの上がる、改善につなげられる、違いが分かる、など
	顧客から頂いている価値であり、組織が持続的成長を実現するために必須の資産	○○な信用、○○な信頼	
		○○な苦情、○○なクレーム	
		○○な利益、○○なお金　など	
見える資産	物理的資産 (物的なもので持っている　ええとこ)	○○な設備(機械、什器)	最新の、効率の良い、最適な、豊富な、整った、行きやすい、新鮮な、明るい、広い、駅に近い、人の集まる、など
	物的な資産	○○な在庫、○○品揃え	
		○○な店舗、○○な工場、○○な倉庫	
		○○な立地　など	
	財務的資産 (金銭的な面でもっている　ええとこ)	①売上高増加率(売上持続性)	適切な、積極的な、豊富な、安定した、多い、少ない、高い、低い
	お金に関わる資産 ローカルベンチマークの6つの指標です	②営業利益率(収益性)	
		③労働生産性(生産性)	
		④EBITDA有利子負債倍率(健全性)	
		⑤営業運転資本回転期間(効率性)	
		⑥自己資本比率(安全性)	

あとは、見える資産である「財務的資産」と「物的資産」である。

なお、各資産を表す時、頭に形容詞を付けると資産が具体化されるので、形容詞の例も示している。この形容詞の例があるので、資産を考察する場合の手がかりとなり、知的資産経営の取組みが円滑になる効果がある。

さて、自社ならではの知的資産を見つける手法である。

この手法は３つあると考えている。１つは業務プロセスからのアプローチであり、２つ目は製品・サービスからのアプローチ、そして３つ目は沿革からのアプローチである。

まず、業務プロセスからのアプローチについて述べる。

（1）業務プロセスからのアプローチ

業務プロセスを整理しながら、知的資産を見つける。

企業には様々な業務プロセスがある。それらのプロセスを円滑に進めるためには、各プロセスの流れが円滑であること、かつ、ゴールの目標に向かってプロセスの連携が一貫性があるかが重要である。

業務プロセスを見るには、各プロセスの「いいところ」や「持ち味」いわゆる知的資産を掘り起こすプロセスが重要であり、次の項目を検討する。

① まず、各プロセスの「いいところ」や「持ち味」いわゆる知的資産を掘り起こす。特に円滑に進んでいるプロセスには価値ある知的資産が潜んでいる可能性がある。ここで重要なことは、回答をもらうだけでなく、もらった回答に対してさらに深く尋ねることである。ドッジボールではなくキャッチボールを意識することが重要である。

「どのような『いいところ』（持ち味、秘訣、工夫）がありますか？ 具体的に教えてください」と尋ねながら、

ア．人財資産にええとこがあるからでしょうか？

イ．制度や仕組みにええとこがあるからでしょうか？

ウ．行動や活動にええとこがあるからでしょうか？

エ．分かりやすい方針があるからでしょうか？

オ．外部との良い連携があるからでしょうか？

カ．理念やビジョンにええとこがあるからでしょうか？

キ．何か工夫や特別なことをしていますか？ どのようなところにええとこ（持ち味、秘訣）があるでしょうか？

など、持ち味、秘訣を深く幅広くキャッチボールをしながら、知的資産を掘り起こす。ここでの作業が見えざる資産を見える化する重要な箇所になる。

②　２つ目は、各プロセスが、次工程以降を円滑に進めるため、あるいは顧客にとって価値あるものを提供する「合格レベル」（実現すべきレベル）は何かを定義する

この作業で、各プロセスの「あるべき姿が明確」になり、担当者にとっても自分の仕事の価値も明確になることで自身の仕事の目標も明示されることになる。知的資産経営に取り組んでいたら社員が変わったと言われるのは、この自分の仕事が自分事になるからである。

1．ええとこ経営モデル（1）　プロセス見える化シート®

■製品製造、サービス提供における業務プロセスから「ええとこ」のポイントや「ボトルネック」を考えます

このシートのプロセスは大きな区切りで考えてください。（右下の表を参考に）一挙手一投足では考えま

複数の事業をされている場合は、評価の高い製品やサービスを選んでください。残りのすべての事業につ

プロセス	プロセス名：	プロセス名：
	実施事項	実施事項
担当部門（担当者）		
○○を○○します。 ○○を○○して、○○にします。 ○○から○○して○○します。		
プロセスの「ええとこ（持ち味）」は何でしょう	「ええとこ」や指標	「ええとこ」や指標

どこにええとこ（持ち味、

※図表の一部のみを表示しています。図表全体をご覧いただく場合は10頁のリンク先もしくは右記QRコードから表示・ダウンロードをお願いします。

③　次に、当該プロセスを実行する時に必要な能力や技術、知識、スキル、設備は何かを定義する

プロセスの合格レベルを実現するために、必要な能力が技術などが明確になれば、そのスキルを得るために必要な教育訓練などが分かり、教育訓練の計画づくりや実施したあとの成果の評価も正確に行えるようになる。効率のよい人材育成が可能になる。

④　さらに、工程を分析しているとボトルネックを見つけることがある。

ボトルネックは「溜まっている」ものや「待っている」ものにある。「溜まっている」ものは、仕事が溜まる、商品が溜まる、人が溜まる等があり、「待っている」には、仕事を待っている、指示を待っている、人を待っている、等がある。

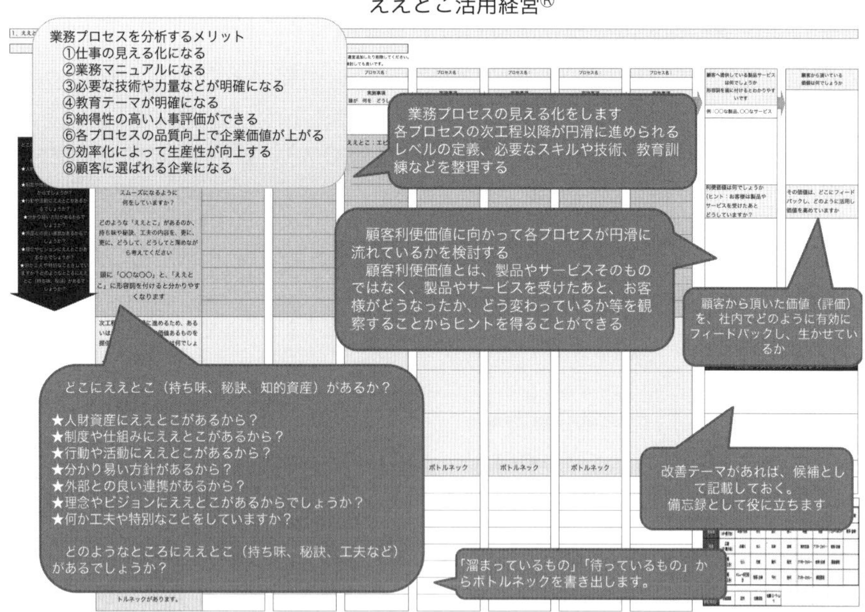

※図表を詳細にご覧いただく場合は10頁のリンク先もしくは右記QRコードから表示・ダウンロードをお願いします。

「溜まっている」事象は自工程がボトルネック、「待っている」事象は前工程にボトルネックがある。

また、業務プロセスを分析するメリットには、 プロセスを丹念に分析することで、各工程で、

ア．仕事の見える化になる

イ．業務マニュアルになる

ウ．必要な技術や力量などが明確になる

エ．教育テーマが明確になる

オ．納得性の高い人事評価ができる

カ．各プロセスの品質向上で企業価値が上がる

キ．効率化によって生産性が向上する

ク．顧客に選ばれる企業になる

などという効果を生み出している。

（2）製品・サービスからのアプローチ

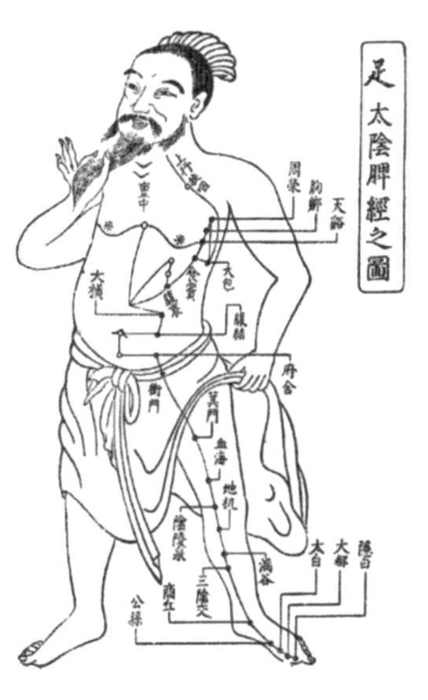

事業は全体として捉える必要がある。医学に例えると、西洋医学は、疾病があればその疾病を除去する、あるいはその疾病に関する予防を行う医学であり、対象は疾病である。一方､東洋医学は身体全体のバランスを診る。身体は全体として繋がっていてツボを押さえることで全体のバランスを整える。左図は身体の経絡を示した図である。例えば、胃の具合が芳しくない場合、胃そのものを診るのではなく、胃に繋がるツボに施術を行う。

同様に、例えば情報化が他社と比べて遅れ

ている場合、情報化を進めるために会社全体の価値ストーリーを見える化することで、何をどのように、どれぐらい活動すべきかが明確になる。

企業全体の価値ストーリーを描きバランスを整え、体質を強化することが価値ストーリーの効果といえる。価値ストーリーを描くことは、身体全体のバランスを図る東洋医学の考え方と似ている。

そして、価値ストーリーを描くことは、経絡図を描くことであり、価値がどの要素とどの要素が繋がっているかを可視化し、価値の流れを見える化することで円滑性を評価し、改善することで、外部環境に対応できる。

したがって、製品・サービスからのアプローチの方法は、価値についてインプットとアウトプットの関係を整理し、価値の階段（ええとこSTEP®）として示すことができる。

「GOODな製品やサービス（形容詞を付けると分かりやすくなる）」から下に向かって階段（ストーリー）を深める。行ったり来たりして、繋がりの確かさを確認する。

最下段の「理念・ミッション」まで下がったあとは上に向かってSTEPをあがっていくのである。

「業務プロセス」や「資産台帳」にすでに抽出されているものがある場合は、確認を行い、漏れている事項があれば戻って追記をする（一貫性が重要）。

全体が埋まれば逆算で検証をして、階段（ストーリー）に誤りがないかを確かめ、不足があれば追加し完成させることになる。

詳しく説明すると、まず、企業にとって分かりやすい製品やサービスから始め、下に向かって階段（STEP）を降りていく。形容詞をつけると特徴が定義しやすいので、顧客にとってどのようなGOODな製品、サービス、（モノ・コト）を提供しているか。顧客が求める機能面、品質面、スピード面、サポート面、コスト面等の良さなどから形容詞をつける。

次に、上記のGOODな製品やサービスを作るための仕組みや仕掛けは何か

現在の価値のストーリーを描く
（ええとこ STEP®）

ストーリー化の要素　書き出し

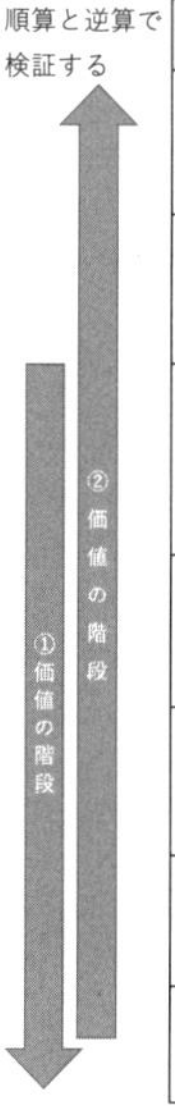

付箋紙に書いて、模造紙に貼り付けても構いません

順算と逆算で検証する

②価値の階段　①価値の階段

	要素	内容
顧客から頂いている価値	**お客様から頂いている価値は何か、何を頂けば良いか それをどのように社内にフィードバックしているか**	
顧客利便価値	**お客様にお届けしている価値は何か**（お客様が楽になる、役に立つ、都合が良くなる、早くなる、笑顔になる、楽しい、ウキウキ、ワクワク、言いたくなる、見栄をはれる、etc、etc）	
GOODな製品・サービス	**お客さんにとってどのようなGOODな製品、サービス、（モノ・コト）を提供しているか。**（お客様がもとめる機能面、品質面、スピード面、サポート面、コスト面等の良さなどや他社とどこが違うのか）	
仕組み・仕掛け	**上記のGOODな製品やサービスをつくるための仕組みや仕掛けは何か。**（一貫生産体制、他社にない高度な技術力、気働きのできる接客 etc,etc）	
取組み・活動	その仕組みや仕掛けを作るため、**実現させるための取組みや活動**は何をしているか（**多能化の実施、充実した社員教育、積極的な設備投資、etc、etc**）	
方針	それらの取り組みや活動がうまくいくようにするための方針は何か、ビジョンは何か（事業計画書、年度方針、年間計画など）	
理念・ビジョン	方針の根本になっている経営理念やミッションは何か。	

行ったり来たり
行ったり来たり
行ったり来たり
行ったり来たり
行ったり来たり
行ったり来たり

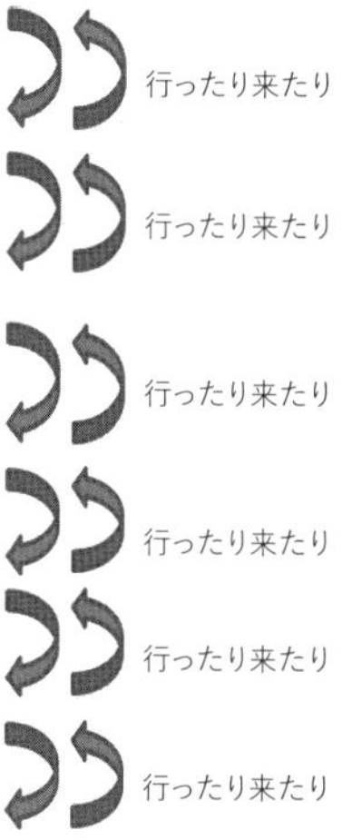

を考えてもらう。いわゆる重要成功要因を定義する。

例えば、一貫生産体制 、他社にない高度な技術力、気働きのできる接客、などである。

次は、その仕組みや仕掛けを作るための取組みや活動は何かを定義する。ここでは、多能化の実施、充実した社員教育、積極的な設備投資などがある。

さらに、それらの取組みや活動がうまくいくようにするための方針があり、事業計画書、年度方針、年間計画、ビジョンなどが該当する。あるいは旗印として分かりやすい指針もある。

そして方針の根本になっている経営理念やミッションは何か、を順に考えていく。

これらのステップを行ったり来たりしながら円滑度を検証し、確かさを確認し、不完全な箇所や繋がりが不充分な箇所があれば課題として検討を行うことになる。

最下段の経営理念に届くと、次は上に向かってSTEPを登っていき、製品や顧客利便価値や顧客からのフィードバック価値まで円滑に繋がっているかを検証する。

GOODな製品・サービスからは、その製品が顧客に提供している価値（利便性）を定義する。顧客に提供している価値は、製品やサービスそのものではなく、それら製品やサービスから得られる顧客利便価値である。

そして、顧客から頂くフィードバック価値を明確にする。フィードバック価値は社内に循環させることで、新しい価値の創造に繋がり事業価値の向上を実現し続けることができる。

（3）沿革からのアプローチ

３つめは、沿革を分析することで、現在の価値を生み出した企業のDNAを探る方法である。沿革からのアプローチについては「沿革気づきシート®」を活用する。第４章２の丸亀製麺のビジネスの検証の項にて具体的に説明するが、手順は以下のとおりである。

企業は常に順風満帆に事業を行っているわけではなく、波風を受けながら成長してきている。その波風（ターニングポイント）や、社歴が浅い場合は経営者の会社設立前に起きたことや設立のきっかけになった事柄、会社の歩みからDNAを見つけるのである。

考える手順は年を追いながら、

① 発生事項（こんなことがありました。こんなことが起きました）

② 影響（そのために、こんなことになりました）

③ 気づき（そこでこんなことを感じました。思いました。考えました）

④ 実施事項・方針（そこで、こんなことをしました）

⑤ 変化、改革（そしたら、こないなりました）

⑥　生まれてきた知的資産（そんなこんなで、こんな「ええとこ」があることに気づきました。「ええとこ」ができました）

の順に考えていく。

ターニングポイントでの対応は、今の会社を作り上げてきた基礎があり、その基礎（知的資産）に気付くことで将来に向かう方向を知る。

過去を整理すると自分自身の知的資産が分かり、将来取り組むべき事柄に気付くことがある。これは脳のもつ機能と言われている（「脳をやる気にさせるたった1つの習慣」茂木健一郎（ビジネス社刊）より）。

沿革きづきシート®

経営者等の、生まれてから学生時代、社会人となった沿革を掘り起こすことで「ええとこ（DNA）」を洗い出します

	年	発生事項	影響	気づき	実施事項	変化、改革	生まれてきた知的資産
		こんな事があった こんな事が起こった	そのために、 こんなことになった	そこでこんな事を感じました 思いました。考えました	そこで、こんな事をしました してみました	そしたら、 こうなりました	そんなこんなで、こんな「ええとこ」があることに気づきました。「ええとこ」ができました。
1							
2							
3							

それでは以下に、幕末の佐賀藩主、鍋島直正公の沿革を例に、沿革アプローチを行ってみる。

	年		発生事項	影響
	年	年齢	こんな事がありました。 こんな事が起こりましてん。	そのために、こんなことになりました。
1	1830年	17	第十代藩主となり佐賀に国入りするが、売掛金を払えない藩士がいて、商人が引き留めている	品川宿を出発できない
2	1835	22	二の丸全焼	すべてが燃えた
3				
4	1840年	27	アヘン戦争	清国がイギリスの植民地
5				

※図表の一部のみを表示しています。図表全体をご覧いただく場合は10頁のリンク先もしくは右記QRコードから表示・ダウンロードをお願いします。

鍋島直正の幕末の活躍の根幹にあるものは、17歳で藩主となり、初めてお国入りする時のエピソードにある。

沿革アプローチのステップに沿うと下記のような内容になる。

① 発生事項

第十代藩主となり佐賀に国入りするが、売掛金を払えない藩士がいて、商人が引き留めている。

② 影響

品川宿を出発できない。

③ 気づき

屈辱感。我が藩の財政事情はそんなに逼迫しているのか！

④ 実施事項（方針）

藩財政を立て直そうと考えた。

⑤ 変化・改革

しかしながら、古い重臣たちの反発。思うように財政立て直しが進まない。

⑥ 生まれてきた知的資産

何としてでも立て直す決意。

となる。

直正公が17歳で初めて佐賀にお国入りする時に起きた事件が、彼のその後に行う改革の始まりである。

以降、22歳時の二の丸炎上、27歳時のアヘン戦争、31歳時のオランダ戦艦乗船、35歳時の大砲鋳造の反射炉建造、その後の大砲鋳造の失敗続き、40歳時のペリー、プチャーチンの来港、42歳時の長崎海軍伝習所設立、幕末混乱期を経て54歳時の大政奉還、58歳での逝去までの約40年間を沿革に沿って同じように整理すると、培われてきた知的資産が掘り起こされるのである。

そして、掘り起こされた知的資産を、理念から価値提供まで価値ストーリーで繋げてみると、鍋島直正公の人物像が見えてくる。

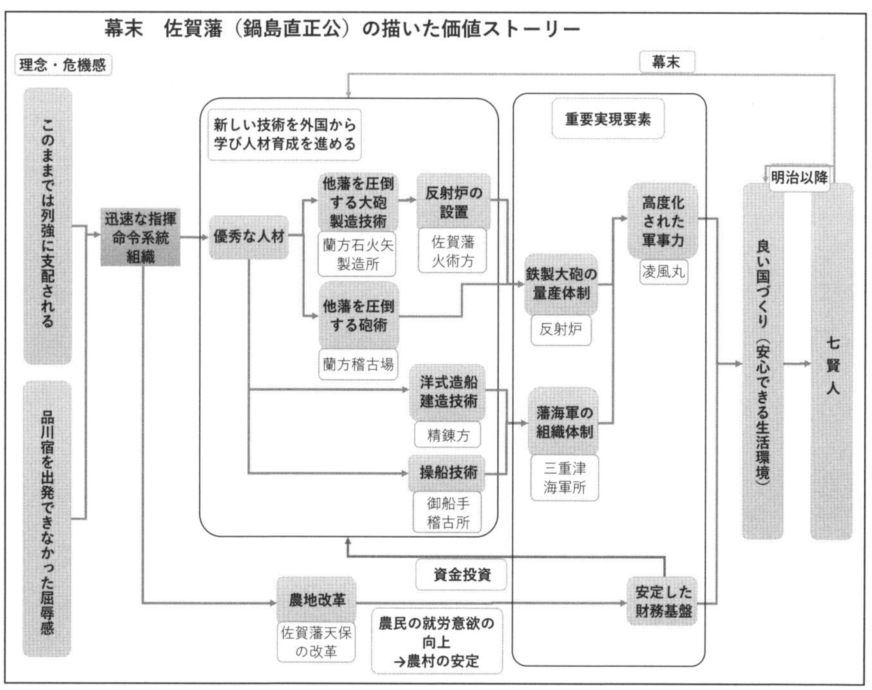

以上、知的資産を掘り起こす手順を３つ紹介した。

それぞれ関連性はあるので、どの手順を行っても良い。置かれた環境や条件によって選択し、時間が許せば３つとも実施すると、さらに深めることができる。

2　知的資産の価値評価

前項の方法で知的資産が確認されたあとは、知的資産を台帳に整理し、企業資産の一覧を作成する。その上で各知的資産の評価を行う。この評価で企業にとって重要な資産の見える化ができる。

資産の評価は「違い」を知ることである。「違い」は優位性の大切な要素であり、差別化に繋がる。当該知的資産が他社にもあるのか自社独自なのかを確認する。

次に、定性情報の定量化を行う。資産ごとに定量化を行うことで評価が可能になる。その評価指標は、資産単位に「利益や業務効率への貢献×模倣困難性（模倣忌避性）」で評価する。

「利益や業務効率への貢献」の点数レベルは、

6：圧倒的に大きい

5：大きい

4：少し大きい

3：少し小さい

2：小さい

1：かなり小さい

とし、「模倣困難性（模倣忌避性）」については、

6：絶対真似できない

5：かなり困難

4：困難

3：少し困難

2：可能性はある

1：簡単に可能

と点数化し、ともに6点満点とする。

また資産グループ単位にも合計し、どの資産グループが高いか低いかの傾向を把握できる。評価は点数化されているため時系列で見ることもでき、進捗管理にも応用できる。

「2．資産台帳」

「1．ええとこ経営モデル(1)(2)」に記載した資産（ええとこ）を転記し、具体的

資産の具体的な内容を整理します
自社の資産台帳になります。

	資産名	分類（例） 「○○な」と頭に形容詞を付けると分かりやすくなります
	人財資産（人そのものの　ええとこ）	○○な経営者

※図表の一部のみを表示しています。図表全体をご覧いただく場合は10頁のリンク先もしくは右記QRコードから表示・ダウンロードをお願いします。

3　将来ビジョンの確立

さらに企業の将来ビジョンの確立を行う。切り口は企業が考えやすいように、①顧客、②マーケット、③技術、製品、商品、サービス、技術や商品等の入れ替わり、④自社業界、⑤競合、新規参入、退出、⑥仕入先・協力者、⑦日本・世界、⑧その他の変化、⑨自社がここまま事業が進むとどのような変化が起きるか、という切り口で、

① 状況について、現在起きていること、行っていること、そして何か課題や困りごと、手間や時間の掛かっているものがないかを観察し、また起きている変化を書き出す。観察の視点が重要である。

② それらの観察を踏まえて、数年後の予測変化を検討する。その際は「どのような○○が、どのようになる」という考え方で検討すると書き出しやすくなる。

③ そして、この数年後の変化について、自社にとっての効果や影響、(＋)プラスと（－）マイナスの両面を検討し書き出す。

④　自社への影響について、その大きさを評価する。

⑤　その中の大きな変化を踏まえて、将来ビジョンとして「継続的な新たな価値創造」を検討する。具体的には、経営環境の変化に対して、顧客利便価値を踏まえ、自分たちが持っている資産を活用して、顧客（新しい顧客を含め）に向けて新たに取り組むビジネスにはどのようなものがあるかを考える。

例えば、第２章２（３）「顧客から頂く価値（フィードバック価値）」で述べた、Ｂ２Ｂでは、楽になる、役に立つ、都合が良くなる、利便性向上、時間短縮、不良なし、生産性向上などが切り口となる。また、Ｂ２Ｃでは、ワクワク、ウキウキ、ドキドキ、元気、健康、優越感、見栄、笑顔など切り口となる。地域では、住みやすさ、安心感、安全等があり、SDGsも視野に入れて検討を行う。

その結果、「継続的な新たな価値創造」のために自分たちの知的資産（資産台帳等参照）を活用して何を行うのか、どのような利便性を実現できるのかについて、優先順位を考慮して検討する。ただし、全ての検討項目を埋め

3. 変化予測　経営環境の検討表		
検討項目（引出し） ***「このようなOOOが、どういう風になる」***	**現在の状況** 現在起きていること、 行っていること、 そして何か課題や困り事、 手間や時間の掛かっているものがないかを **観察する。** また起きている変化を書き出します	**数年後の予測変化** 「どのようなOOOが、どのようになる」

※図表の一部のみを表示しています。図表全体をご覧いただく場合は10頁のリンク先もしくは右記QRコードから表示・ダウンロードをお願いします。

る必要はなく、限られた経営資源を踏まえ、実行できる事項や効果の大きい事項に絞り込むことも考慮する。

4　経営デザインシートにまとめる

内閣府から「経営デザインシート」が開示されている。この狙いは、需要が供給を上回りモノが重視される工業社会から、供給が需要を上回りコトが重視されるサービス社会への変化が起きており、その変化に対応するには「デザイン思考」の経営が求められる時代になったことにある。

詳細は、内閣府の知的財産戦略本部のHPを参照していただくとして、ここでは具体的に経営デザインシートの活用方法について述べる。

経営デザインシートの目的については、「環境変化に耐え抜き持続的成長をするために、自社や事業の存在意義を意識した上で、『これまで』を把握し、長期的な視点で『これから』の在りたい姿を構想する。それに向けて今から何をすべきか戦略を策定する」とされている。

したがって、「未来からバックキャストして考える」のがポイントである。

筆者はこれまで、中小企業、小規模企業において経営デザインシートを使って企業価値を描くお手伝いをしてきたが、中小・小規模企業経営にとってどこまでバックキャストするのか、バックキャストの位置づけが理解され難いことを実感している。

あまりに飛び跳ねた発想では、中小・小規模事業者にとって距離が離れ過ぎているため考えつかない事態に陥る。そのため経営デザインシートが絵に描いた餅になってしまう懸念を感じた。

そこで、バックキャストのポイントを「顧客利便価値」に置いたほうが、中小・小規模事業者にとって理解しやすく、実効性も高いと考え、下記のようなフォーマット（Ben'sデザインシート）に変更して使っている。顧客利便価値は商品･製品、サービスそのものではなく、それらが提供された結果、顧客などが得ている価値のこととご認識いただきたい。

商品・製品、サービスに視点があると、手先の改善で終わってしまうが、その先の顧客の視点に視座を移すことで、顧客目線、あるいは市場目線の戦略将来指向に繋がる。

そこで下記のように、顧客利便価値について現状と将来を並べた形式にした。

この形式にすることで、将来ビジョンが立てやすく、理解しやすく、実効性が高まることを確信できた。顧客利便価値を踏まえて将来ビジョンを考える時には、環境変化を押さえることも必要であり、顧客利便価値の定義化には環境変化を加味することも検討する。

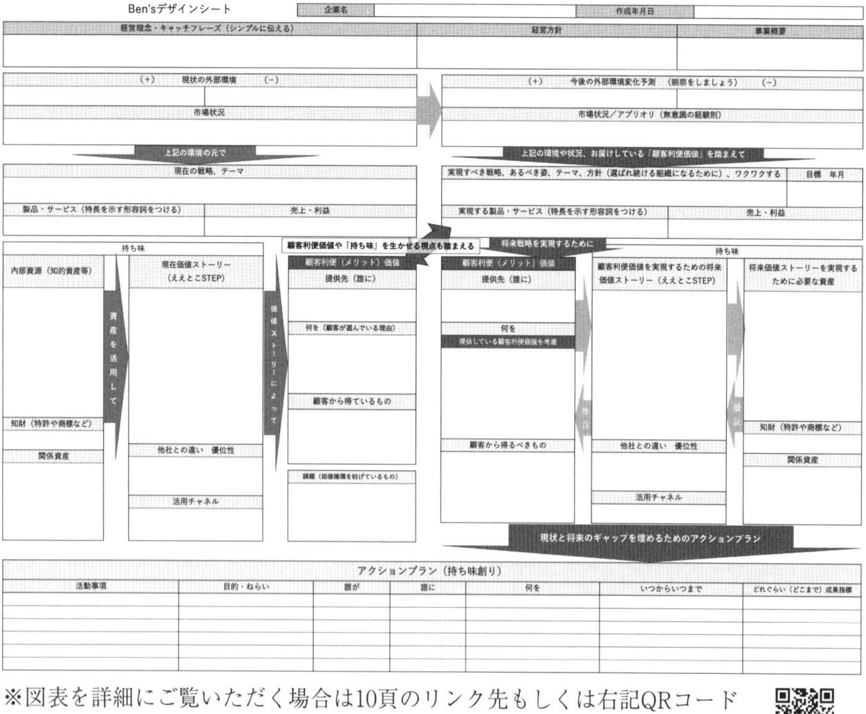

Ben'sデザインシート

企業名　　作成年月日

経営理念・キャッチフレーズ（シンプルに伝える）　｜　経営方針　｜　事業概要

（+）　現状の外部環境　（−）
市場状況

（+）　今後の外部環境変化予測　（観察をしましょう）　（−）
市場状況／アプリオリ（無意識の経験則）

上記の環境の元で
現在の戦略、テーマ
製品・サービス（特長を示す形容詞をつける）　｜　売上・利益

上記の環境や状況、お届けしている「顧客利便価値」を踏まえて
実現すべき戦略、あるべき姿、テーマ、方針（選ばれ続ける組織になるために）、ワクワクする　｜　目標　年月
実現する製品・サービス（特長を示す形容詞をつける）　｜　売上・利益

持ち味
内部資源（知的資産等）
知財（特許や商標など）
関係資産
資産を活用して
現在価値ストーリー（ええとこSTEP）
他社との違い　優位性
活用チャネル
価値ストーリーによって

顧客利便価値や「持ち味」を生かせる視点も踏まえる

顧客利便（メリット）価値
提供先（誰に）
何を（顧客が選んでいる理由）
顧客から得ているもの
課題（価値循環を妨げているもの）

将来戦略を実現するために

顧客利便（メリット）価値
提供先（誰に）
何を
提供している顧客利便価値を考慮
顧客から得るべきもの

持ち味
顧客利便価値を実現するための将来価値ストーリー（ええとこSTEP）
他社との違い　優位性
活用チャネル
将来価値ストーリーを実現するために必要な資産
知財（特許や商標など）
関係資産
検証

現状と将来のギャップを埋めるためのアクションプラン

アクションプラン（持ち味創り）

活動事項	目的・ねらい	誰が	誰に	何を	いつからいつまで	どれぐらい（どこまで）成果指標

※図表を詳細にご覧いただく場合は10頁のリンク先もしくは右記QRコードから表示・ダウンロードをお願いします。

デザインシートの左側は既に実施した価値ストーリーや顧客利便価値を記載する。

以下では、同シート右側にあたる将来の箇所について解説する。右側のそれぞれの項目について、パーツを切り取って解説する。

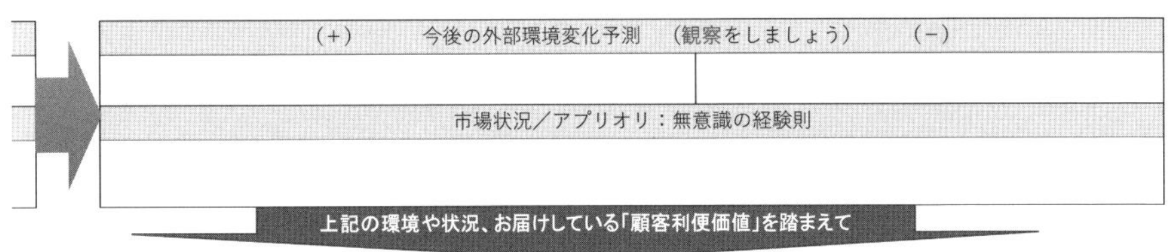

まずは、「環境の変化」を踏まえる箇所である。ここには、「ええとこ活用経営®」の変化予測表に記載された内容からサマリーやエッセンスを取り出して記載する。

経営デザインシートは、必要な要素を凝縮することもポイントである。削ぎ落とすことで重要な要素を明確にすることができる。

環境変化のまとめとして「市場状況」を記載してもらうが、アプリオリ（無意識の経験則）も考慮にい入れても良いと考えている。

環境の変化については、「論理的に説明できないものは考慮に入れない」という考えがあるが、優秀な経営者は様々な経験から無意識のうちに方向性を捉えている場合が多く、非論理を排除することには危険性を感じている。いわゆる“閃き”である。言葉では説明できないものの、経営者が皮膚感覚として捉えている事象について尊重するのである。その時には、質問を行ってなぜその閃きに至ったのかを解きほぐすのが良い。解きほぐすことでさらに明確になるからである。

次に、環境変化が把握できれば、次は「実現すべき戦略、あるべき姿、テーマ、方針（選ばれ続ける組織になるために）、ワクワクするもの」を定義する。

上記の環境や状況、お届けしている「顧客利便価値」を踏まえて

実現すべき戦略、あるべき姿、テーマ、方針（選ばれ続ける組織になるために）、ワクワクする

目標　年月

売上・利益

実現する製品・サービス（特長を示す形容詞をつける）

売上・利益

顧客利便価値や「持ち味」を生かせる視点も踏まえる

将来戦略を実現するために

持ち味

顧客利便（メリット）価値

提供先（誰に）

顧客利便（メリット）価値

提供先（誰に）

顧客利便価値を実現するための将来価値ストーリー（ええとこSTEP）

将来価値ストーリーを実現するために必要な資産

実現すべき戦略やあるべき姿などを定義する時には、ワクワクすることも大切である。ワクワクするから楽しみながら実行できる。「人のために何かしよう、したら喜んでくれるかな、喜ぶ姿を見たいな」などと思いながら取り組めるから継続することができるのである。苦行だけでは継続できない。

この実現すべきテーマの定義は、今まで自社が提供してきた顧客利便価値も加味する。本章３「将来ビジョンの確立」において実施した「継続的な新たな価値創造」の箇所にあたる。その時に定義した内容を記載する。また、その時の製品やサービスも定義する。

実現するべきテーマなどが決まれば、将来に向けた顧客利便価値を、「誰に」「何を」提供するのかを定義する。その際同時に顧客から得るべきものも定義する。これが不明確だと価値の循環が曖昧になり、成長のきっかけを失う。

将来に向けた顧客利便価値を実現するために、どのような将来価値ストーリーを描くのか、またその将来価値ストーリーを実現するために必要な資産は何かを、現在価値を考える時の逆にたぐっていくのだ。

その時には他者との違いも明確にすることが大切である。違いが競争優位性や価値を生むからである。

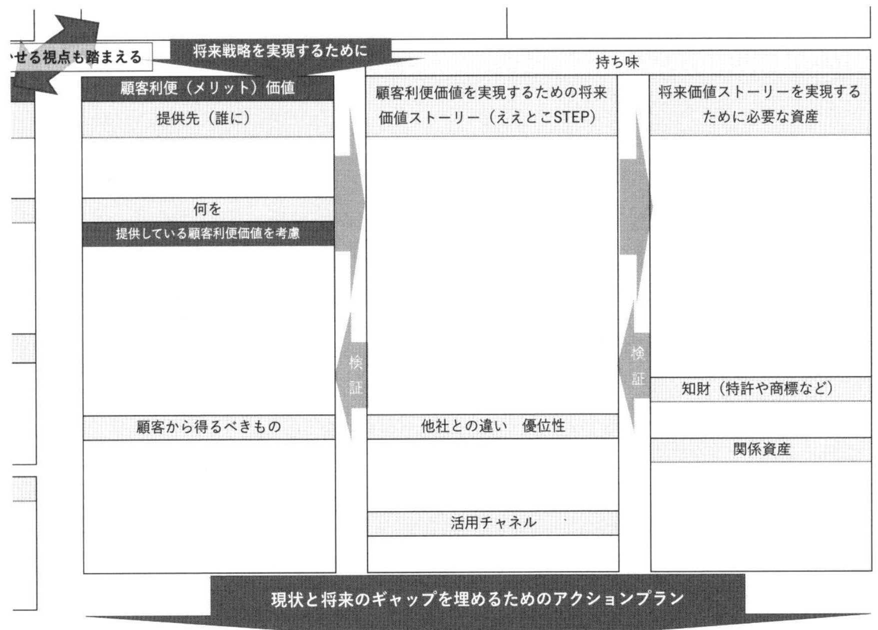

将来価値ストーリーや必要資産が明確になれば、現状とのギャップを埋めるためのアクションプラン、いわば持ち味づくりを行う。

現状と将来のギャップを埋めるためのアクションプラン

アクションプラン（持ち味創り）						
活動事項	目的・ねらい	誰が	誰に	何を	いつからいつまで	どれぐらい（どこまで）成果指標

ここでは、活動事項、目的･狙い、誰が、誰に、何を、いつからいつまで、どれぐらい（どこまで）成果指標、を明確にする。

いつ、実施事項を見直すのかも定義し、価値循環が起きるようにすることが大切である。

経営デザインシートはサマリーされているので、詳細な実施計画やアクションプランは、以下にて実行していく。

5　知的資産経営をマネジメントツールとして活用する

（1）マイルストーン

「継続的な新たな価値創造」が定義できれば、「現状の姿」とゴールである「実現すべき姿」における資産を比べ、そのギャップを埋めるために、どの知的資産をどのように伸ばすか、中間のマイルストーンを設け、実行項目の検討を行う。

現状で実現できているテーマと、将来実現するべきテーマから、それぞれ必要な資産を定義し、現状と将来の間隙を埋める計画を資産に基づいて計画を立てる。

価値創造のマイルストーン

【現在のストーリー】	
現在	
実現しているテーマ	
サービス・製品	
KGI（売上・利益など）	
算定の根拠（概算） ex.売上＝単価×個数 利益＝粗利益×個数－固定費	
追い風（チャンス）	

各ステップで何を実現するかを明確にする
そのためには、何が必要かを考える

【現在から将来のストーリー】	
第一ステップ（　　　年後）	
実現すべきテーマ	
サービス・製品	
KGI（売上・利益など）	
算定の根拠（概算） ex.売上＝単価×個数 利益＝粗利益×個数－固定費	
追い風（チャンス）	

※図表の一部のみを表示しています。図表全体をご覧いただく場合は10頁のリンク先もしくは右記QRコードから表示・ダウンロードをお願いします。

（2）アクションプラン

そして、マイルストーンができれば、実行計画に落とし込む。

①活動事項、②背景・課題、③目的・狙い、④誰が、⑤誰に、⑥何をいつからいつまでに（ →で範囲を示す）、⑦どれくらい（どこまで）、⑧検証時期、⑨成果指標（KGI）の順に整理する。このシートを使い、進捗を管理する。

価値創造のアクションプラン　　　　年　月　日

		活動事項	背景・課題	目的・ねらい	誰が	誰に	何を	いつからいつまでに（→で範囲を示す）	どれくらい（どこまで）	検証時期（年月日）	成果指標（KGI）
第一ステップ	1										
	2										
	3										
	4										
	5										
第二ステップ	1										
	2										
	3										
	4										
	5										
第三ステップ	1										
	2										
	3										
	4										
	5										

6　15分で取り組んだ「ええことSTEP®」演習事例

筆者は2021年２月６日、埼玉県中小企業診断協会主催で行われた知的資産経営WEEKで、「選ばれ続けるために」と題して主にローカルベンチマークと経営デザインシートを組み合わせた企業支援手法についてお話をさせて頂いた。

その中で知的資産を掘り起こす３つの手法のうちの１つである「ええとこSTEP®」を使った手法の実演をさせて頂いた。

「ええとこSTEP®」の考え方は、価値は一方通行なものではなく循環していること。そして、その価値が円滑に流れているか、滞りがないか、速く回せているかを見える化することで評価を行い、事業価値の向上に活用するた

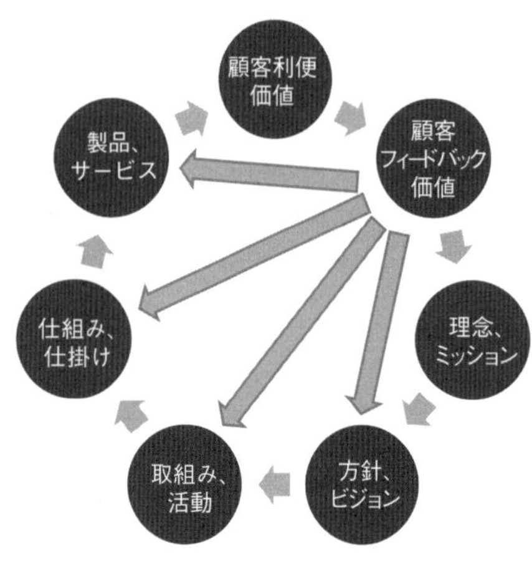

めのものである（左図参照）。

循環すべき価値は「経営理念・ミッション」「方針・ビジョン」「取組み・活動」「仕組み・仕掛け」「製品・サービス」「顧客利便価値」「顧客フィードバック価値」であり、「顧客フィードバック」を「方針、ビジョン」「取組み、活動」などに活かしていくという考え方である。特に「顧客フィードバック価値」は、事業価値の評価指標になることや、フィードバックを社内に循環させることで、循環の円滑性に貢献することになる。

演習が始まるまで、どなたが受けて下さっているかは知らされておらず、その場のぶっつけ本番で行った。

お相手をして下さったのは、香川県在住の中小企業診断士・中井由郎氏であった。

ええとこSTEP®の結果は次頁の表であるが、対話の流れに沿って説明を行う。

まずはどこから始めると良いかであるが、多くの場合、「製品・サービス」から始めると良い。それは製品やサービスとして見えるので答えやすいからである。

そして、その製品・サービスには形容詞を付けることで、その製品・サービスの特徴をつかむことができる。

その特徴から循環を逆算して掘り起こしていく。

入力を終えた「ええとこSTEP®」を参照しながら、状況を把握して頂ければと思う。

現在価値のステップを描く（ええとこSTEP®）		
順算と逆算で検証する ①価値のSTEP ②価値のSTEP	＜ストーリー化の要素　書き出し＞ 「GOODな製品・サービス」から始めると取り組み易いです。そのあとは、STEPを下ります。理念に降りたら、そこから上がっていきます。 STEPは円滑に流れていますか？　確認してください。 頭に特長を示す形容詞をつけると分かり易くなります。	
	要素	内容
顧客から頂いている価値	お客様から頂いている価値は何か、何を頂けば良いか それをどのように社内にフィードバックしているか	売上、利益 「良かった」の声　優しそうな方で良かった。
顧客利便（メリット）価値	お客様にお届けしている価値は何か （お客様が楽になる、役に立つ、都合が良くなる、早くなる、笑顔になる、楽しい、ウキウキ、ワクワク、言いたくなる、見栄をはれる、etc、etc）	安心できる お金の問題が解消できる 方向性の確認、自信を持って仕事に取り組める
GOODな製品・サービス	お客さんにとってどのようなGOODな製品、サービス、（モノ・コト）を提供しているか。 （お客様がもとめる機能面、品質面、スピード面、サポート面、コスト面等の良さなどや他社とどこが違うのか）	数値的に詳細な経営改善計画
仕組み・仕掛け	上記のGOODな製品やサービスをつくるための仕組みや仕掛けは何か。 （一貫生産体制、他社にない高度な技術力、気働きのできる接客セッキャクetc,etc）	①売上の内容を分析する ①毎回プロジェクタを使って画面でシミュレーションをする ②お客さんの考えを理解できる
取組み・活動	その仕組みや仕掛けを作るため、実現させるための取組みや活動は何をしているか （多能化の実施、充実した社員教育、積極的な設備投資、etc、etc）	①データを一覧表にする 診断士で勉強 会計事務所での経験で売り上げの分析ができる ②コーチングの練習
方針・ビジョン	それらの取組みや活動がうまくいくようにするための方針は何か、ビジョンは何か （事業計画書、年度方針、年間計画、旗印など）	年間売上目標 ①・・・・・・。 ②コーチングの研修計画
理念・ミッション	方針の根本になっている経営理念やミッションは何か。	経営者の方に豊かな人生を過ごしてもらう

森下「中井さんは診断士ですが、中井さんが普段されているお仕事は何でしょうか。得意な分野でも構いません」

中井氏「企業様の経営改善計画を作っています」

森下「その改善計画はどのような内容の計画でしょうか」

中井氏「数値的に詳細な内容になっているものです」

森下「数値的に詳細な内容になっているのですね。数値的に詳細とは具体的にどのようなものでしょうか」

中井氏「それは、売上内容を詳しく分析をしたもので、それをお客様のところで毎回プロジェクターを使い、その場で映してシミュレーションします。お客様と一緒にプロジェクターでシミュレーションするので、お客様の考えを把握しやすいです」

森下「プロジェクターで映してシミュレーションするのは、お客様の考えが理解できて、考えの共有化ができて良いですね。では、売上内容の分析はどのようにされているのでしょうか」

中井氏「データを一覧表に整理をします」

森下「データの一覧表を整理するのは、どのようにされるのでしょうか」

中井氏「データを一定の基準に沿って一覧表に整理します」

森下「一覧表に整理できるのは何故なのでしょうか」

中井氏「データの処理方法は診断士として学びましたし、会計事務所に勤めていたので分析はよくしていました」

森下「データの処理方法は､診断士や会計事務所で身につけられたのですね。専門家として普段からトレーニングをされていらっしゃるのですね。

もう少し聞かせてください。さきほど、お客様とプロジェクターを使って画面を共有してシミュレーションをされると仰いましたが、お客様とのコミュニケーションをスムーズにできるのは、何か秘訣があるのでしょうか」

中井氏「はい､私たちの仕事はお客様とのコミュニケーションが大切なので、コーチングの練習をしています。コーチングの練習を積むことで、お客様とコミュニケーションがスムーズに進むように心掛けています」

森下「コーチングの練習なんですね。そのことでお客様との会話がスムーズになるんですね。整理しますと、コーチングや会計のスキルが的確な売上分析になり、それをコーチングの技術を使ったスムーズな会話で、お客様の理解が進んでいる。ということなんですね。その結果、数値的に詳細な改善計画ができあがる、ということで良いでしょうか」

中井氏「はい、そのとおりです」

森下「では、これらの取組みが上手く繋がるように、中井さん自身の計画やビジョンは何でしょうか」

中井氏「年間売上目標はあります。あとはコーチングの研修計画ですね。でも少し具体的な計画が欲しいですね。考えてみます」

森下「ありがとうございます。ここまでいろんなことをお尋ねしましたが、中井様の理念やミッションはどのようなものでしょうか」

中井氏「理念は、『経営者の方に豊かな人生を歩んでもらう』です」

森下「では、STEPを上に向かって見ていきますね。理念の『経営者の方に豊かな人生を歩んでもらう』から順に上に上がって行きますと、理念を実現するための計画やビジョンとしてコーチングの練習がありますが、もう少し具体的な計画を持つ、という事が今後の検討事項ということになります。そして、具体的な計画やコーチングの研修計画を経て、的確な売上分析とお客様との理解を通して、数値的に詳細な経営改善計画を提供できることになりますね」

中井氏「はい、そのとおりですね」

森下「では、数値的に詳細な経営改善計画をお客様に提供することで、お客様はどのような価値を得ることが出来ているのでしょう」

中井氏「お金の問題が解消できることや、方向性の確認でしょうか」

森下「ということは、お客様は数値的に詳細な経営改善計画によってお金の悩みの解決や方向性の確認ができるということですね。言い換えると、自信を持って仕事に取り組めるという安心感でしょうか」

中井氏「ああ、そうですね。私はお客様に安心を提供していることになりますね」

森下「そのようですね。では、中井様はお客様から何をフィードバックして頂いているでしょうか。もちろん売上はありますが、他に何がありそうでしょうか。お客様が中井様を選んでいる理由のようなものです」

中井氏「なかなか思い浮かべられないですね」

森下「選ばれている理由を考える時に、お客様が中井様のことで評価されたことはあるでしょうか」

中井氏「あります」

森下「どのようなことでしょうか」

中井氏「相談して良かったというお声をもらいます」

森下「相談して良かった、というお声は嬉しいですね。他にはいかがでしょうか」

中井氏「そういえば、優しそうな方で良かった、という声も聞きます」

森下「そうなんですね。優しさが中井様の『持ち味』なんですね。なので数値的に詳細な経営改善計画と優しさが相乗効果になって、相談して良かったということになったのでしょうね」

中井氏「そういうことなんですね。優しさが『持ち味』なのですね。これは気づかなかった。これからは意識していきいます」

時間が15分という限られた時間だったので、まだまだ深める要素は残っていたが、15分で中井氏の事業を大きく捉え、価値のステップの見える化ができた。

引き出すコツを覚えると、「ええとこSTEP®」を使って短時間で事業の大枠を捉えることができることや、事業者の方に価値のステップ（事業の見える化）をお見せできることで、今後するべき事項も明確になってくる。

終えてからの中井氏からの感想は「自分の良さが分かっていなかったことと、外部に向けて伝える事柄が決まっていないことを知ることができました。まずは自分の分析を行おうと思います」であった。

その後、森下からお礼のメールをお送りさせて頂いたところ、中井氏から「ひょんなことから、大きく事が動いた気がします」とのメールがあり、森下から「自分でしつつ、どなたか、中井さんの事を知っている方に聞いても良いと思います。ジョハリの価値ですよ」とお伝えさせて頂いたところ、「なるほど、そのようなやり方もあるのですね。自分で作るとともに、診断士の仲間に聞いてみます」とのことであった。

「ええとこSTEP®」は対話の入口の１つして活用できると考えている。

第４章

理念の戦略

1　キリンビール高知支店

「キリンビール高知支店の奇跡」（講談社刊）は元キリンビール株式会社代表取締役副社長の田村潤氏が高知支店長時代に、成績の振るわない高知支店を全国一にした取組みを描いた書籍である。

取組みにおける活動は、理念を基礎に、リーダーのあり方や考え方、行動スタイルの変革を通して組織活性への大きな解が書かれている。その取組みを知的資産経営の視点から検証したい。

筆者の視点で整理したので、詳しい内容は同書をご高覧いただきたい。

田村潤氏のプロフィールは、以下のとおりである。

1950年東京に生まれキリンビール入社後、岡山工場労務課に配属され、その後、本社人事や労務部門を経て、左遷人事で1995年高知支店長に就任した。当時、新しく登場したアサヒビールのスーパードライに市場を奪われ、キリンビールの中でも最下位ランクだった高知支店において、支店長就任６年後、県内トップシェアを奪回、Ｖ字回復させた。その後、四国、東海地区の営業本部長としてそれぞれの地域のシェアを反転させ、本社代表取締役副社長、営業本部長に就任した。

そしてついに2009年、キリンビールは国内シェア首位奪回を果たした。

田村氏は、高知時代から始まった一連のシェア奪回までの営業活動を振り返り、「勝つことの大事さを認識してもらうには、商品力によるのではなく営業力、すなわち自分たちの力で勝つことを経験してもらう必要があり、それには現場の『実行力』を上げること。企業間の格差の差はほとんど実行力の差である。いくら良いプランがあってもそれが実行できなければただのゴミようなもの」と述べている。

実行力を上げるための手法は、高知時代の「高知の手法」がベースとなっている。

「高知の手法」とは、「１本でも多くのキリンビールをひとりでも多くの顧客に飲んでいただき、喜んでいただく」という理念、その理念を実現するために「キリンビールがどこにでもある状態をつくりだす」というビジョン、そしてビジョン実現のために「自分の得意先でどう実現したらいいかということを自分の頭で考えて、主体的に行動する」という行動スタイルを採ること、だとしている。

このように、理念、ビジョン、行動スタイルを基軸に、各々のマーケットに合った戦略・戦術は現場で考え、現場で責任をもって実行するといった、営業に自由度をもたせることで様々な工夫や小さなイノベーションが無数に生み出されている。

また、営業に自由度を持たせるためには営業マンの基礎体力が必要だが、田村氏は「愚直に基本を繰り返す行動スタイル」の重要性を説いている。低迷していた高知支店でいえば、料飲店に対する訪問頻度の圧倒的な少なさが課題だった。同氏の着任当初の営業マンの訪問件数は月間30～50件程度。高知市内の料飲店数約2,000軒と９人の営業人員を考慮すれば、月間200件の訪問数が必要だった。したがって、高知支店の基礎的な行動スタイルを、１日10軒・月200軒の訪問とし、営業マンに約束させ実行に移した。

できるかどうか半信半疑で訪問を始めたところ、当初は思うように成果は出ず、営業マンは意気消沈した。しかし、我慢し叱咤激励もありながら４カ月目になると身体も慣れ、訪問に対する苦痛は取れてきたようだ。すると料飲店の反応も徐々に良くなり信頼関係が生まれ、注文や紹介も取れるようになってきた。基礎体力がついてきた証左である。

営業の自由度を高めるには基礎体力が必要で、それがなければ応用問題は解けない。基礎力があって個別の課題に対して応用して正解を導くことができる。それぞれの正解を営業マン各自が自分で見つけてクリアしていく、そのためには顧客のもとをよく回る基礎体力をつけ、実行力を上げていくことがいちばん大切、と同氏は述べている。

また、「なぜ仕事をしているのか」という理念を各自が共有してはじめて、自身の今日の仕事に繋がっていることも大切なこととしている。つまり、「この会社が存続する意味は何か、なぜこの会社で働くのか、今の仕事にどういう意味があるのか、そのために何をすべきか。一方現状はこうだ。だから今週今月この仕事をやらなければならない」というように、理念から今の仕事に至る軸を明確にし理解することが必要としている。

松下幸之助氏の言葉を借りれば、「途中でやめるから失敗する。やり続ければどんな人間だってどこかで成功する」それに尽きる。

田村氏は、高知支店で営業のリーダーやメンバーに繰り返し伝えたのは、顧客を中心に据えた理念やビジョンを、自分がどう実現するのかを明確に描くことが重要であること、そして、ビジョンを実現するためにはシナリオが必要で、自身でシナリオを覚悟をもって考え抜くこと、としている。

このような行動スタイルの確立により、現場力が強くなると数字も好転し、圧倒的な競合優位に立つことができた。キリンビールは、田村氏が本社営業本部長に着任して３年後、９年ぶりにトップシェアを奪回することになるが、大型商品のヒットに過度に頼らずともトップシェアを奪回できたのは、社員の「理念と現場力」によるものだと述べている。

田村氏は営業活動がブランド力を築くことを確信している。営業マン１人ひとりがメッセージを効率的に伝えていくことで顧客の満足度が高まり、幸せや喜びを感じることができる。その成果としてブランド力が高まる。必要な条件は、顧客の視点に立ったシンプルな戦略・戦術。戦略・戦術は自己満足的なことではなくシンプルにしておくことで、営業マンが動きやすく、また得意先にも「当社が何をしたいのかが伝わる」。その明快さを訴えるためにも、各自が考え抜くことの重要性を説いている。

そして、現場の実行力を高めるには、あきらめることなく、愚直に基本を繰り返し行動できるだけの基礎体力が必要になる。

優れた企業の経営方針や戦略、実行力というものは素晴らしく、そこには明確な理念が存在する。田村氏の理念の経営からは良い戦略が生まれ、戦略が良くなれば実行力が上がっていった。その先では顧客満足度が得られ、そして生産性が高まっていった。もし戦略がくだらないものであれば、社員のやる気は起きず、実行力が上がらないままだ。そして実行力が上がれば上がるほど、顧客の理解や満足度も上がり、自社のブランドや商品への理解、市場への理解が高まっていき、さらに現場発の良い戦略がどんどんと作られていった。

実行力が上がれば上がるほど戦略が洗練されていき、提案の受け取り手の顧客が喜ぶ。そのような顧客を見て、「もっと喜んでもらおう、もっと役に立とう、作り出そう」というように作り続けることを考え続けることで理念が強化されていく。田村氏は理念と戦略、実行力の３つが有機的に繋がり、好循環をもたらすことを説いている。

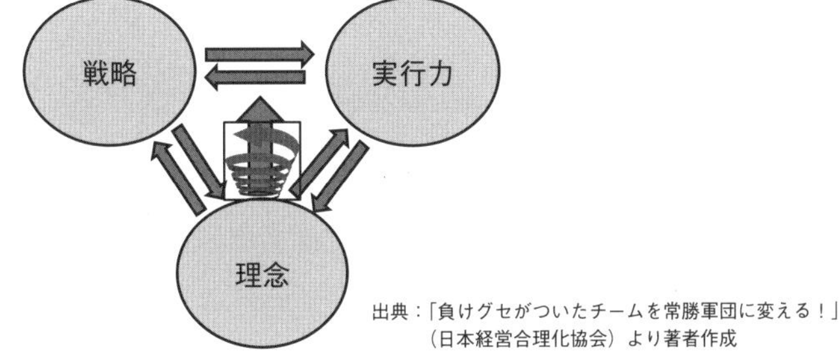

出典：「負けグセがついたチームを常勝軍団に変える！」（日本経営合理化協会）より著者作成

ただし、これらを有機的に機能させることの難しさも述べており、理念と戦略と実行力の３つを頭のどこかに置いておけば良いと述べている。大切なことは顧客の視点に立ち常に考えることである。

筆者が理念の１つにしている道元禅師の言葉がある。

「切に念ずることは必ず遂ぐるなり、切に念ずる心深ければ、必ず方便も出で来るべし」。

常に念じていると、普段気がつかない幸運を見つけることができたり、目の前を女神が通り過ぎたり、グッドアイデアが閃いたり、自ずと活路が開かれるという意味である。筆者はこの考えで何度も活路が開かれた経験がある。

一方、田村氏は理念について、次のようにも述べている。

「高知の人が喜ぶために自分がやるんだ。たとえ最後の１人になってもやる。それが正しい伝統となり繋がっていく。伝統とか理念を守るということは挑戦するということである。その理念を掘り下げて挑戦し続けることが武器となるということ。理念に裏打ちされた前進するエネルギーを持続することが決定的に大事であるということがよくわかった」。

そしてその理念の下、顧客のために本当に喜んでもらうために、自分たちで決めたことは絶対に「やり切る」という文化ができていった。高知でも高松（四国事業本部）でも名古屋（東海事業本部）でも、必ずライバルには勝つ、負けは許されないという文化が自然とできてきたと振り返っている。競争に負けてしまえば市場はアサヒビールの独壇場となり、キリンビールの良さが伝わらない。それは逆に顧客を差別することになるから、必ず勝つ、自分の数字のために勝つのではなく、顧客のために勝ち続けるということに強烈な喜びを感じていたそうである。

そして本書のまとめとして、田村氏は２つの質問に答えている。これが組織作りのキーワードだと考えられる。

① 「どうしたら部下の心に火をつけることができるのか、うちの社員はどうも仕事がひとごとなんです」。

田村氏は高知当時の部下であるメンバーを集めて聞いたそうだ。「なんでお前たちは心に火がついたのか」と。

すると全員が同じことを言った。

１つ目は、組織的に情報が全て共有化されていたということ。つまり支店長の考えていること、会社の考えていること、隣の同僚が考えていること、それらが分かるようになったこと。

２つ目は、自身で考え自身で行動できたということ。これも当然のことであるが言われたとおりやっていのでは火のつきようもない。

３つ目は、リーダーがぶれなかったこと。これについては全員が共通して言っていたそうである。田村氏は「普通、リーダーというのはぶれるもの。組織の一員だしそんなに自信があるわけではない。ぶれずに済んだのは、お客様に視点を置いていたからである。お客様に視点を当てているから、本社の言うことをただ聞くのではなく、活用することで『高知のお客様に如何に幸せになってもらうか』ということを自分たちが考えて行動していたからぶれずに済んだ」とその理由を述べている。

② 「田村さんの言うことを聞いた時は感動したのだが、会社に戻れば元の木阿弥になってしまう。どうしたらいいでしょうか」。

どうしてそうなるのか理由は２つあるとしている。

１つは、ベーシックな活動を継続することによって基礎体力が培われるのだが、当たり前のことや基本の活動が定義されていないケースが結構あったという。どの会社でも１つのことを愚直にやり続けることによって少しずつ体力がついていくもの。

２つは、これが難しいのだが、理念やビジョンが戦略に落ちていないということ。つまりどうすれば理念が実現できるのか、会社の理念やビジョンについて自分が実現するにあたり考え抜くことができていない。それができなければ、理念・戦略・実行力のスパイラルが回らない、とした。

これら２つの質問から、価値創造のステップを描いてみたのが下図である。

価値のステップを描く（ええとこSTEP®）

	要素	内容
顧客から頂いている価値	**お客様から頂いている価値は何か、何を頂けば良いか** **それをどのように社内にフィードバックしているか**	お客様からの高い評価や評判で、心に火を付けてもらった顧客
顧客利便（メリット）価値	**お客様にお届けしている価値は何か** （お客様が楽になる、役に立つ、都合が良くなる、早くなる、笑顔になる、楽しい、ウキウキ、ワクワク、言いたくなる、見栄をはれる、etc、etc）	キリンのラガービールの美味しさで、高知のお客様に幸せになってもらう。
GOODな製品・サービス	**お客さんにとってどのようなGOODな製品、サービス、（モノ・コト）を提供しているか。** **（お客様がもとめる機能面、品質面、スピード面、サポート面、コスト面等の良さなどや他社とどこが違うのか）**	美味しいラガービール。 「高知が一番」の認知。
仕組み・仕掛け	**上記のGOODな製品やサービスをつくるための仕組みや仕掛けは何か。** **（一貫生産体制、他社にない高度な技術力、気働きのできる接客etc,etc）**	自分たちで考えて自分たちで進める仕組み。 お客さんに喜んでもらうそのためにあるべき状態を定義し、後は自分たちで全部実行する仕組み。
取組み・活動	その仕組みや仕掛けを作るため、**実現させるための取組みや活動**は何をしているか **（多能化の実施、充実した社員教育、積極的な設備投資、etc､etc）**	情報の共有化。 （支店長の考えていること、会社の考えている、隣の奴が考えていることそれがわかる様になった事） ベーシックな活動をやることによって基礎体力を作る、当たり前のことや基本の活動を行う。 基礎体力を作っていく、実行力を上げていく。
方針・ビジョン	それらの取組みや活動がうまくいくようにするための方針は何か、ビジョンは何か **（事業計画書、年度方針、年間計画など）**	リーダーのブレない方針。しつこかった。 キリンを飲んでいる顧客を徹底的に大切にする。 絶対に自分たちで決めた事は「やり切る」
理念・ビジョン	方針の根本になっている経営理念やミッションは何か。	お客様に焦点をあてる。 高知のお客様に幸せになってもらう。 もっとおいしいビールを作って高知の人に明日頑張ろうと思ってもらおう、これが自分たちの使命なんだ。数字ではない。

価値の流れ

やる気スイッチON

ステップは、下から「理念・ミッション」「方針・ビジョン」「取組・活動」「仕組み・仕掛け」「GOODな製品・サービス」「顧客利便価値」「顧客フィードバック価値」である。

下の「理念・ミッション」から考えてみる。

それは高知支店に着任した時に、田村氏が取った考えは、「顧客のために何ができるか」であった。徹底的に顧客に焦点をあてた「高知のお客様に幸せになってもらう」ということである。

その「理念・ミッション」を基に「方針・ビジョン」として、「キリンビールを飲んでいる顧客を徹底的に大切にする、どこにでもキリンがある状態を作り出す」ということ。そのことでキリンの顧客に喜んでもらえるし、アサヒビールを飲んでいる方にもキリンに着目してもらえる。そして、自分達で決めたことは「やり切る」と定めた。その方針（ビジョン）はしつこく、ぶれなかった。

そして「方針・ビジョン」を基にした「取組み・活動」は「情報の共有」である。支店長の考えていること、会社の考えていること、隣の同僚が考えていること、それぞれが分かるようになったことが大きい。ともすれば情報を独り占めし、優越感に浸る上司がよくいる。そのような上司は部下の行動に誤りがあれば「後出しジャンケン」で部下を叱責する。田村氏にそのようなことはなく、情報を社内で広く共有することで、全員が同じ方向を向くことができている。ベクトルが揃うことで会社の力は大きく働く。

また、キリンビール高知支店の場合は、営業マンが徹底的に顧客である料飲店を訪問し基礎体力をつけたことも大きい。基礎体力をつけたことで実行力をあげることができた。

「取組み・活動」によってできあがった「仕組み・仕掛け」は、自身で考え自身で進める仕組みである。それは顧客に喜んでもらうためにあるべき状態を定義し、それに則り全て自身で実行する仕組みである。社員が顧客に視点をあて、自身で考え自身で取り組む主体性をもった仕組み・仕掛け重要だといえる。

そのような「仕組み・仕掛け」によって顧客に提供している「GOODな製品・サービス」は、「美味しいラガービール」や「高知が一番（『一人当たりのラガービール大瓶の消費量が全国１位』という事実に感謝を込めた、エリア内広告のキャッチコピー）」の認知である。高知の顧客のために高知が一番になってもらう、そのようなキャンペーンを行い、高知の顧客とともに喜びを共有する。このような製品やサービスを作り上げた。

その「GOODな製品・サービス」が「顧客に届けている価値」はキリンラガービールの美味しさであり、高知の顧客の幸せ・喜びである。

ラガー本来の美味しさを分かってもらえる「たっすいがは、いかん！」という声である。「たっすい」とは味が薄いという土佐弁である（キリンラガービールは一時、味を変えることで「たっすい」と不評を買い、アサヒビールの後塵を拝したという事実がある）。

「顧客に届けている価値」によって高知支店のメンバーが得たものが、顧客からの高い評価や評判であり、“心に火をつけてもらった”ことである。

“心に火をつけてもらった”ことが、フィードバックされ「やる気スイッチがON」になり、そのやる気がさらに高まった行動を生み出すエネルギーとなる。

価値は循環させるべきであり、キリンビール高知支店の取組みにも循環が見えた。

このように価値の階段（ええとこSTEP®）で、高知支店の価値循環のステップを整理してみると、箇条書きで事象を捉えるよりも理解しやすいものになり、知的資産の連鎖の見える化ができる。この７つのステップは有効である。

また、このステップを横に倒し、それぞれの要素を矢印で繋げると、さらに価値の流れの見える化ができる。価値の見える化により会社が見えることになるのである。

2　丸亀製麺

丸亀製麺の事業価値を知るには、その沿革を掘り起こすと「見える化」される。

丸亀製麺を展開する株式会社トリドールホールディングスの原点は、創業者粟田貴也氏の学生時代、さらに中学生の頃に見いだせる。同氏は中学１年生の時に父親を亡くし、母親が生活を切り盛りし支える中、給料日に家族で近所の食堂で食事をするのが楽しみだったそうである。そのような生活環境の中でも、クラブ活動や生徒会活動もして仲間から頼られる存在だったとのこと。

そして、大学時代の喫茶店での出来事が栗田社長の心に大きく感動を生み、それをきっかけに飲食業に進む決意となった。それは、顧客からいただいた「ありがとう」という言葉であった。自分で淹れたコーヒーで顧客が喜んでくれたことが人生のターニングポイントになった。顧客からいただく価値、これが「ありがとう」の言葉であり、次のステップに進む原動力になる。評価の言葉、「いつもありがとう」「おいしかった。また来るよ」という声をいただけたことで自身の天職を見つけたとのことだ。それまで仕事は苦行であり、イヤイヤの代償がお金と考えていたからそのギャップは大きかった。

その後大学を中退し、母親も背中を押してくれたこともあり、起業のための資金確保のため運送業や他の飲食業で腕を磨き、資金を貯めて1985年23歳で加古川に「トリドール三番館」という焼き鳥店を開くこととなる。

喫茶店ではなく、なぜ焼き鳥店なのか？

その理由は運送の仕事をしている時期に仕事仲間と酒を飲んだ屋台にある。屋台に行くのは空腹を満たすためではなく、カウンター越しに店主と言葉を交わすために通っているのではないかと気づき、自分も皆が集まる楽しい店を作りたいと感じたからである。焼き鳥を食べるという“モノ”の提供ではなく、会話を楽しむという“コト”を提供していることに気づいたのである。モノであればモノの価値を高める手段はモノでしかないが、コトであれば幅広く手段を選ぶことができる。また、手段を幅広く選べることで他との違いを出しやすくなる。独自性を創りやすくなる。

開業当初、開店すれば客は来ると考えたが、古手の競合店も多く、しばらくは閑古鳥が鳴く日々を送る。栗田氏は見通しの甘さを実感したが、夜遅くまで営業していると、夜まで働く顧客層により繁盛した。さらに、開店から１年が過ぎたころ、女性客をターゲットにしたドリンクやメニューを加えたところ、それがウケた。当時、焼鳥屋に足を運ぶ顧客はほとんどが男性だったが、トリドール三番館には女性客が多く詰め掛けた。ターゲットとなる顧客対象を変えるなど、工夫次第で繁盛できることに気づいたのだった。付加価値をつけることの重要性を認識し戦略の方向性が見えたとしている。

その後、1997年を境にピークアウトしてきた外食産業が停滞を始め、閉店を余儀なくされる店舗が増えていった。その時にファミレスの過当競争で閉店したロードサイドの物件が見つかった。居抜きの良い店だったため、ファミリー層を対象に焼鳥屋を出店し繁盛した。飲食業で順調にビジネスを拡げ資金が不足すると、2000年頃には上場を意識するようになった。資金調達のためのIPOを模索することで「経営」を考える契機となった。

さらに2000年に転機が訪れる。同氏は父の故郷である丸亀市への帰郷の際に、名もない小さな製麺所に長蛇の列があるのを見つける。あまりに流行っているのでショックを覚えたが、「消費者が求めているものはこれだ！ 製麺所は顧客の心を掴んでいる」と真実に気づいた。人気に溺れていた自身の慢心に気づき、潜在ニーズに応えていこうと決心した。

折しも2002〜2003年の鳥インフルエンザの大流行により、トリドールの売上も落ち込んだ時期であったところ、今後もリスクの高い焼鳥屋から、事業をうどん店に転換し焼鳥店としてのIPOをやめたのだった。

この出来事により、顧客が本当に求めている、潜在的なニーズに応えることの重要性が理念の根本となったのである。

焼鳥店と並行して、2000年には加古川で香川の製麺所を真似たうどん店を開店した。これがヒット。香川に行かずとも本場の讃岐うどんが味わえる店として好評を博した。そして、うどん店はハンバーガーや牛丼と違いガリバーがいない。チャンスである。同氏は焼鳥に代わりうどんを主力事業に据えた。

当時は開店資金が不足していたため、比較的出店しやすいショッピングモールで丸亀製麺を開店した。セントラルキッチンではなく製麺機を持ち込んで、その場で実演で魅せる店、感動を得てもらえる店にしていった。それが大ヒット！ 長蛇の列。徐々にロードサイドへも進出し、最大137店の出店を果たす。

そこで、上場への再チャレンジを実施、理念の確立、ビジネスモデルの確立へと進み、2006年マザーズ、その後2008年東証１部への上場を果たした。このように沿革を整理すると、現在ある丸亀製麺の事業と事業価値、事業に流れるDNAが見える化される。

沿革を、「○○支店開設」「○○事業開始」という見えるものだけでなく、その背景を深く知ることで事業への理解が深まる。事業価値を知るには、ここでもなぜうまくいったのか？ という理由を探索することが重要である。

現在の知的資産や事業価値を踏まえることで、将来展望についても実現性が見えてくる。

丸亀製麺ヒストリーシート

	年	発生事項	影響
		こんな事がありました。 こんな事が起こりましてん。	そのために、こんなことになりました。
1	高校生まで	お父さんが早くに亡くなった	小遣いが足りないので日雇い仕事
2	大学生	喫茶店のアルバイトでお客さんから「ありがとう。美味しかったよ」の声をかけられる	喜んでもらえること、評価をすぐにもらえる、嬉しい。
3	社会人	自分自身を追い込み高給をもらうために寮に入った。	夜に軽トラックを改装した赤提灯にくつろぎに行った
4	独立	23歳、加古川駅裏で焼鳥屋（トリドール三番館）を開業	開ければお客さんは来ると思ったが来なかった。
5	新店舗開店	1997年を境にピークアウトしてきた外食産業が停滞を始める。	居抜きの良い店だったので、焼鳥屋を出

※図表の一部のみを表示しています。図表全体をご覧いただく場合は10頁のリンク先もしくは右記QRコードから表示・ダウンロードをお願いします。

丸亀製麺の沿革について、価値ストーリーに整理したものが下記のチャートである。

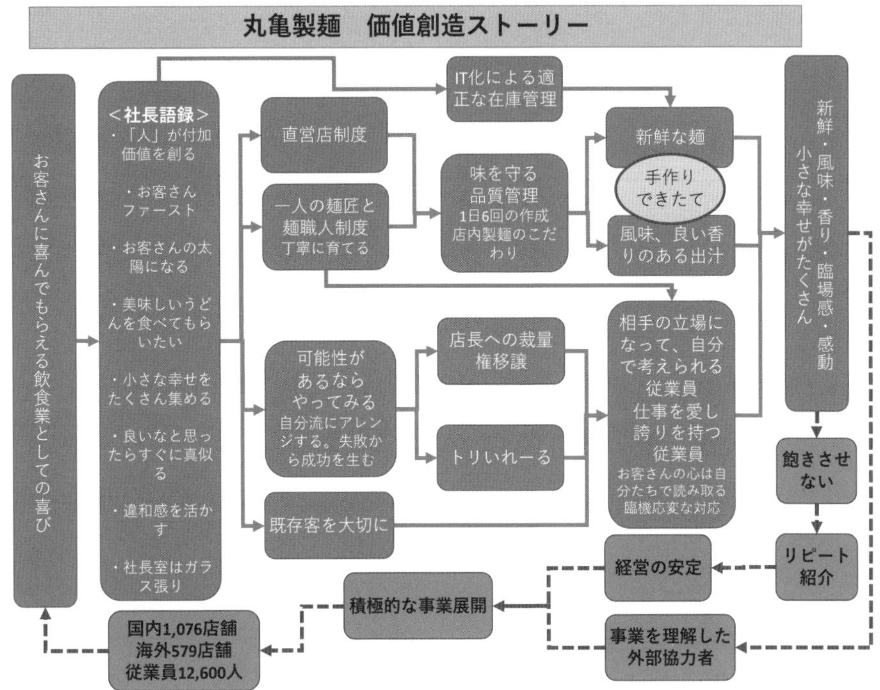

① 顧客が選んでいる理由には、「新鮮・風味・香り・臨場感・感動」「小さな幸せがたくさん」を実現している「新鮮な麺」「風味、良い香りのある出汁」「相手の立場になって、自分で考えられる従業員。仕事を愛し誇りを持つ従業員。お客さんの心は自分たちで読み取る臨機応変な対応」という製品やサービスがあり、その製品やサービスを実現するため、「IT化による適正な在庫管理」「味を守る品質管理、１日６回の作成、店内製麺のこだわり」「店長への裁量権移譲」「トリいれーる」という仕組みがある。

② それらの仕組みを作るために、「直営店制度」「１人の麺匠と麺職人制度。丁寧に育てる」「可能性があるならやってみる。自分流にアレンジする。

失敗が成功を生む」「既存客を大切に」という活動や行動がある。

③　それらの価値が円滑に進むもとは社長語録であり「人が付加価値を創る」「お客さんファースト」「お客さんの太陽になる」「美味しいうどんを食べてもらいたい」「小さな幸せをたくさん集める」「良いなと思ったらすぐに真似る」「違和感を活かす」「社長室はガラス張り」という経営方針になっている。

④　それらの根本は「お客さんに喜んでもらえる飲食業としての喜び」の理念である。この理念は、粟田社長が学生時代のアルバイトで顧客から声を掛けてもらった言葉、「いつもありがとう」「おいしかった。また来るよ」にあるのだ。

このように沿革をたどることで、事業の価値を理解することができる。

そして、顧客からのフィードバックが、「飽きさせない」「リピート紹介」「経営の安定」になり、「事業を理解した外部協力者」による「積極的な事業展開」で、「国内1,076店舗、海外579店舗、従業員12,600人」という見える資産になっているのである。

価値の流れをストーリーに示すことで、事業の構造が見える化でき、持ち味やビジネスモデルを知り、事業が理解できる。

単に「流行っているお店」という理解ではなく、なぜ流行るのか、流行る理由を価値の流れで、沿革から価値ストーリーに示すことで見える化することができる。

なお、同社の資産を表に示すと次頁のようになるが、これだけでは事業の理解は進まない。やはり価値は繋げないと事業の理解はできないのである。企業の良さや強みを箇条書きに整理する場合があるが、箇条書きから一歩進んで価値の流れを整理することで、事業の理解や将来に向かうビジョンが見えてくる。その意味から箇条書きだけでなく、価値ストーリーで示すことを強く推奨する。

資産分類	資産内容
人財資産	麺匠。相手の立場になって考えられる従業員。仕事を愛し誇りを持つ従業員。
組織資産	味を守る品質管理（1日6回の作成店内製麺のこだわり）。店長への裁量権移譲。トリいれーる。直営店制度。麺職人制度（丁寧に育てる）。
情報資産	IT化による適正な在庫管理。
風土資産	可能性があるならやってみる（自分流にアレンジする。失敗から成功を生む）。既存客を大切に。社長語録。
関係資産	事業を理解した外部協力者。
物的資産	新鮮な麺。風味、良い香りのある出汁。
財務的資産	国内1,076店舗。海外579店舗。従業員12,600人。安定した経営（財務）。
顧客利便価値	新鮮・風味・香り・臨場感・感動。小さな幸せがたくさん。飽きさせない。
顧客フィードバック価値	リピート、紹介
理念資産	顧客に喜んでもらえる飲食業としての喜び

第5章

江戸期の経営哲学に学ぶ

1　二宮尊徳

二宮尊徳については、成城大学名誉教授の村本孜先生が、「価値準拠のバンキング・モデル研究－リレーションシップ・バンキングの高度化に向けて－」の中で、二宮尊徳が桜町領で行った取組みについて、リレーションシップ・バンキングのあるべき姿の例として示されているので引用させて頂く。

二宮尊徳は、生家再興の成功後、小田原に出て武家奉公人として働き、奉公先の小田原藩家老・服部家にその才を買われて財政建て直し、小田原藩主・大久保家の分家であった旗本・宇津家の知行所の財政再建、さらに東郷陣屋（同市）で真岡代官領（天領）の経営で成功を収め、その方法は「報徳仕法」として知られている。

尊徳は服部家の財政再建を担った1814年に「五常講」という困窮武士のための金融互助組織を創った。五常とは「仁義礼智信」で、五常講はこれらを守る人たちだけの相互扶助金融（講）である。100人単位のいくつかの大きな組を編成し、その中を小さな班に分け、無利息で１人１～３両までを貸し付け、100日の期限で順繰りに回すという仕組みで、デフォルトは講の仲間が連帯保証で弁済するというものである。

この相互扶助金融を踏まえ、農村復興政策になったのが「報徳仕法」と呼ばれるもので、報徳思想がその基となっている。報徳思想とは尊徳が説き広めた道徳思想であり、経済と道徳の融和を訴え、私利私欲に走るのではなく社会に貢献すればいずれ自らに還元されると説くものである。実践的徳行を以ってすることを意味するとされ、尊徳は「五常講」の経験をもとに1843年、小田原町民らの要請により基金160両を与え、小田原仕法組合（小田原報徳社）を創設した。これが報徳社のはじまりである。

報徳社は、主に農民の相互扶助のための相互融資を目指したもので、農村の信用組合運動と言われる。1875年に掛川で設立された報徳社は、現在でも大日本報徳社として全国の報徳社の統括組織となっている。

（以上　村本氏論文より）

二宮尊徳にとっての大きなターニングポイントは、小田原領分である桜町領における復興事業であろう。

1828年に金次郎（尊徳）は桜町領に家族とともに移った。その時の桜町領は荒れ果てた耕地で風俗も悪しく、気持ちに張りがなく、だらけた状態であったと報徳記に書かれている。

ここで尊徳は、商人や藩士、領民からの借入をもとにいくつかの施策を行っている。

① 自発的な意欲の喚起：出精者表彰

② 生産･生活の社会基盤の整備：荒地開発、治水、用排水施設の修築、道･橋の修築、寺社の修築、手習い所の設置

③ 個々の家の経営・生活再建：「御趣法金」の融通による借財整理、家作や屋根の葺き替えなどの助成、農間稼ぎの奨励

④ 窮民共済：「御救米金」の施与

⑤ 戸口増加：入百姓、潰百姓跡式（絶家）の再興、新百姓取り立て

この中でも、尊徳は出精者表彰を積極的に行った。特に農業出精者の表彰を主に行った。これは勤労を促すことが目的であり、かつ村人の入札（投票）で選出する場合が多く、仲間のことをよく知っている村人から選ばせ、手本を見せることで全体の意識高揚を図った。手本になる者を「善種」と表現した。一方、賞罰には厳しく対応し、不正は摘発を行った。

桜町領での取組みは、開発に抵抗する農民もあり、最初から順調には進まなかった。また、土地を開墾するために外部から入植した農民と、元の農民との仲違いなどで悩まされた。なおかつ、小田原藩から派遣されている役人

とも意思疎通が滞り、対立を招いた。

思いあまった尊徳は､｢救民安国｣の政道を行わない役人への批判を行った。

その結果、出奔し成田山に籠もった。これらの行動で小田原藩から改革に障害のある役人の交代があり、仕法は順調に進めることができた。

この成田山参籠が尊徳の思想形成での転機となり､｢半月観｣から｢一円観｣への転換となった。自身の立場だけを考えるのではなく、相手の立場になって動くことで円満に進むことを悟り､一円観の立場で領民を指導することが､仕法の指導原理となった。

報徳金の運用方法は、１つの実から草木が生じ、それが成長してさらに多くの実を結び、草木を繁殖させていく、という自然の摂理から生まれたと言われている。まさに、輪廻転生の思想である。万物は生まれ育ち枯れて種を残し、そこからさらに生まれ育ち枯れて種を残す。価値は輪廻すること、輪廻しながら価値を高めていく｡この考え方が事業発展の考えにも応用できる。｢小を積んで大を為す」が報徳仕法の原理である。

この輪廻転生の思想は、第１章の冒頭で示した知的資産の考え方と共通する。つまり、知的資産経営と尊徳の思想は類似点が多い。

尊徳は「あらゆるものに徳がある」と考えた。

【かな報徳訓】（報徳博物館　学芸員の方よりいただく）

一．てんちの　いのちで　いきている
　　せんぞの　いのちで　いきている
　　おやの　いのちで　いきている

　　　しそんに　いのちを　つたえよう
　　　いのちを　しっかり　つたえよう

二．ぶんかの　めぐみで　くらしてる

せんぞの　めぐみで　くらしてる
おやの　めぐみで　くらしてる

　しそんに　めぐみを　つたえよう
　めぐみを　しっかり　つたえよう

三. ごはんの　おかげで　いきている
きものの　おかげで　いきている
すまいの　おかげで　いきている
たはたの　おかげで　くらしてる
やまの　おかげで　くらしてる
うみの　おかげで　くらしてる
こうばの　おかげで　くらしてる
みせの　おかげで　くらしてる
みんなの　おかげで　くらしてる

　もちば　もちばで　つとめよう
　もちばで　しっかり　つとめよう

四. きのうの　ごはんで　きょういきて
　きょうの　つとめは　あすのため
きょねんの　みのりで　ことしいき
　ことしの　みのりは　らいねんへ
いつでも　どこでも　おんがえし
　いつでも　しっかり　とくいかし

「人のためにはたらく　にのみや金次郎」（永岡書店刊）より

最後の「とくいかし」は「徳生かし」という意味である。

尊徳は、「万象具徳」として、あらゆるものに「徳」があると考えた。尊徳の考える「徳」とは、物や人に備わる良さ、取り柄、持ち味、強みなどと考えたようだ。この「徳」を「知的資産」と置き換えることができる。

尊徳による桜町領の立て直しが終わった1831年、老中首座になっていた殿様である大久保忠真公が日光東照宮に、将軍の代参でお目に掛かった際、殿様から桜町の取組みを尋ねられた。尊徳は、「荒れ地には荒れ地の力があります。人にもそれぞれ良さや取り柄があります。それを活かして村を興しました」と答えた。その答えに対して大久保忠真公は「お前の方法は論語にある『徳を以て徳に報いる』ものだ」と褒められた。そこから「報徳」という言葉が現れるようになり、報徳仕法の柱となる無利息報徳金融（報徳金）が1832年に創始されることになる。

あらゆるモノに良さはある。その良さに気づいて、その良さを活かすことで実りある事業に発展できる。これは今で言えば「知的資産経営」のことであり、まさしく知的資産と知的資産を活かす方法が示されている。

「常に相手の立場に立って物を考えようとする優しさと思いやりの精神、すなわち『恕の心』『働く』とは『傍（他人）を楽にする』」。

尊徳の言葉は、村の立て直し、人々の幸福を願った理念が根幹にある。子どものころ、洪水で家を流され父母とも早くに別れ、人生の辛酸をなめたのが尊徳の考え方をつくったと思われる。

二宮尊徳の価値ストーリーを描いてみる。桜町領に入った時の桜町領到着時の文政４年（1821年）の「価値崩壊ストーリー」と桜町領で仕法が根付いた14年後の天保６年（1835年）の価値創造ストーリーを描くと以下のようになる。

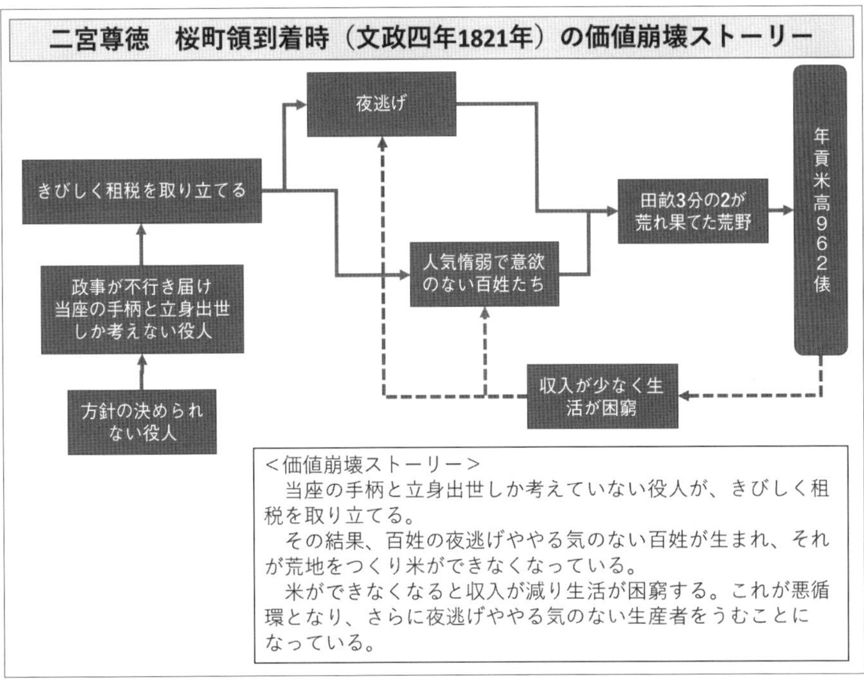

知的資産的に表現すると、以下の負債の分類に分けられる。

資産(負債)分類	資産（負債）名
人的負債	方針の決められない役人 政事が不行き届け、当座の手柄と立身出世しか考えない役人 短期志向
組織負債	きびしく租税を取り立てる
関係負債	藩役人との対立
物的財務的負債	田畝３分の２が荒れ果てた荒野 生活ができない、年貢米高962俵
顧客負債	夜逃げ 人気惰弱で意欲のない百姓たち 収入が少なく生活が困窮

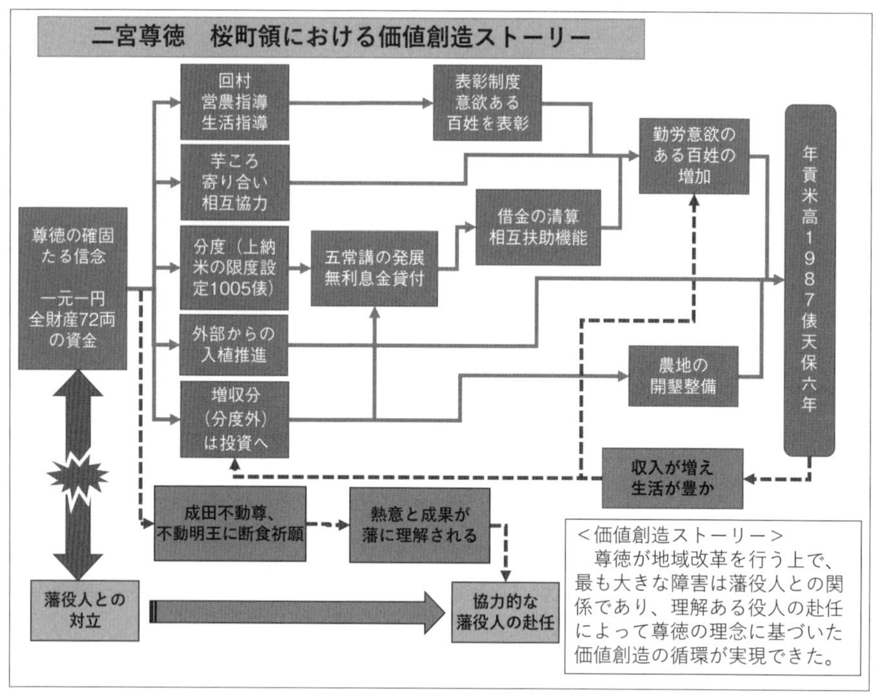

尊徳の様々な取り組みにより、年貢米高は文政４年の962俵が14年後の天保６年には1,987俵になった。戸数も文政５年の156軒が天保13年には180軒、人数も749人が963人になり、大いに栄えることになった。

知的資産的に表現すると、以下の分類になる

資産分類	資産名
人財資産	尊徳の確固たる信念（一元一円観等） 勤労意欲のある百姓の増加
組織資産	回村（営農指導、生活指導） 芋ころ（寄り合い、相互協力） 分度（上納米の限度設定1,005俵） 外部からの入植推進 五常講の発展（無利息金貸付） 表彰制度（意欲ある百姓を表彰）
関係資産	外部からの入植者 成田不動尊不動明王に断食祈願による熱意と成果が藩に理解され、協力的な藩役人の赴任
物的財務的資産	元手の全財産72両の資金 増収分（分度外）は投資へ 借金の清算（相互扶助機能） 農地の開墾整備 戸数156軒→180軒 百姓の数749人→963人
顧客利便価値	年貢米高1,987俵（天保六年） 収入が増え生活が豊か

知的資産が循環することで事業価値を生み出し、百姓の収入が増え生活が向上し、それがさらに意欲ある百姓を生み生産性の向上に繋がる。正の循環が生まれたのである。

この価値創造ストーリーで見えることは、尊徳の信念という人財資産が、仕組みとして様々な取組みを生み出し、取組みが円滑に進むように役人との関係資産を改善したことにある。価値ストーリーあるいは負債ストーリーを描くと事業の見える化になり、事業内容の理解が進む。

遠くをはかる者は富み　近くをはかる者は貧す
それ遠きをはかる者は　百年のために杉苗を植う
まして春まきて秋実る物においてや。
故に富なり
近くをはかる者は
春植えて秋実る物をも尚遠しとして植えず
唯（ただ）眼前の利に迷うてまかずして取り
植えずして刈り取る事のみ眼につく。
故に貧窮す。

この二宮尊徳の教えを経営の根幹とした企業が、「かんてんぱぱ」で有名な伊那食品工業株式会社である。同社の価値ストーリーを以下に描いたが、経営の根幹にあるのは、尊徳の言葉である。

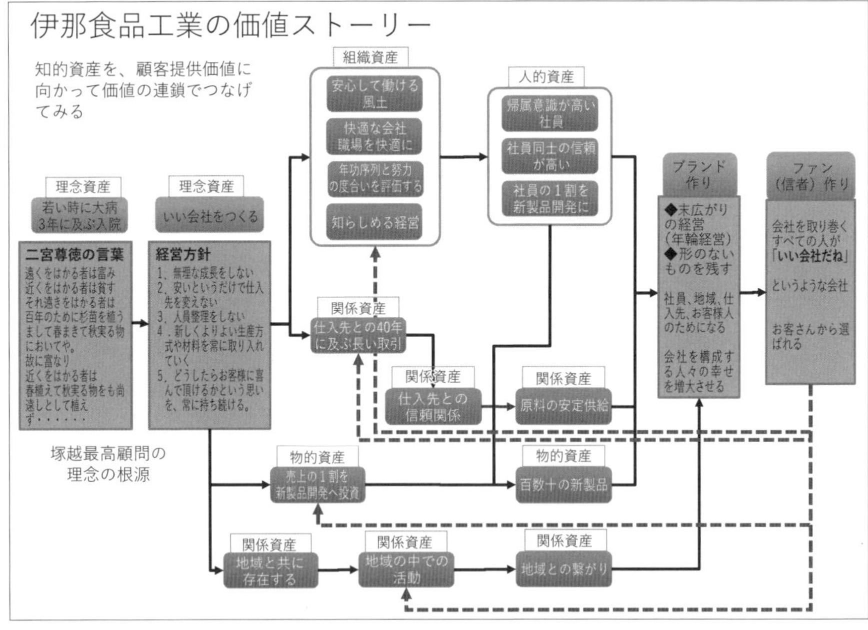

この理念は、同社最高顧問の塚越寛氏が若いときに大病を患い、3年に及ぶ入院生活の体験から生まれている。その体験から、経営方針は、

① 無理な成長をしない

② 安いというだけで仕入先を変えない

③ 人員整理をしない

④ 新しくよりよい生産方式や材料を常に取り入れていく

⑤ どうしたらお客様に喜んで頂けるかという思いを、常に持ち続ける。

である。

目指すものは、ファン（信者）をつくること。会社を取り巻くすべての人が「いい会社だね」というような会社。それを実現するために、経営のあるべき姿は、末広がりの経営（年輪経営）を行うこと。形のないものを残す。社員、地域、仕入先、顧客、人のためになる。会社を構成する人々の幸せというブランドを構築することにある。そのために、人財資産や組織資産、関係資産を組み合わせて価値創造ストーリーをつくりあげている。

同社HPには次の記述がある。

「企業は永続的に安定成長することによって、より多くの人々を幸せにできると信じています。ゆるやかな末広がりの成長をつづけて、永続する企業であること。これが私たちの理想です」。

「末広がりの成長を目指すには、急激な成長は抑えなければなりません。世の中を見渡すと、急成長を望む経営が、多くなされていることに気づかされます。急成長には、その後に必ず急激な落ち込みが伴うことを歴史が教えているにもかかわらずです。急で、無理な成長の結末として、社員や仕入先、納入先が路頭に迷い、工場閉鎖などによって地域に迷惑をかけている会社が後を立ちません。末広がりの成長を続けて、永続するためには、急成長はマイナスだと思います」。

そのために年輪経営を実践しており、

「木は寒さや暑さ、風雪などの環境によって幅は変わりますが、年輪を必ず作り前年よりも少しだけ成長します。 そして成長を止めません。 確実に年輪を一輪ずつ増やしていきます。これこそ企業の自然体であり、あるべき姿ではないかと思っています」。

「当社は成長の数値目標は掲げていません。売上や利益の数値は、自然体の年輪経営の結果であり、あえて目標を掲げる必要はないと思うからです。売上高を伸ばす事を目指すのではなく、社員１人ひとりが能力を充分に発揮し、色々な面で成長できる事を目指しています」。

とある。

このように、二宮尊徳の考えを、今の企業経営に活かしているのが伊那食品工業といえる。

2　山田方谷

二宮尊徳と少し遅れた時期に、同じように地域（藩）の活性化に取り組んだ備前の偉人がいる。山田方谷である。

方谷は文化２年（1805年）に備中松山藩領（現在の高梁市）で生まれた。子どものころから神童とよばれ、松山藩の隣の新見藩の藩校で丸川松陰に学ぶ。その後、京都や江戸に出て、江戸では佐藤一斎の門下で佐久間象山とともに学び、陽明学を修めた。佐藤一斎は「言志四録」や「重職心得箇条」で多くの人財育成に貢献した人物である。

方谷は備中松山藩に戻ってから藩校有終館の校長などを務めていたが、藩主が板倉勝静（かつきよ）に変わると、藩の元締役兼吟味役（財務大臣に該当）に就く。当時の松山藩は厳しい財政状況にあり、10万両の借入金の利子を払うだけで精一杯であった。方谷は、節約、負債整理、藩札刷新、産業振興、民政刷新、文武奨励、軍事改革などの改革に取り組んだ。

方谷の改革の特徴は、単に負債の返済だけにとどまらず、産業の振興や人財育成にある。また、信用を高めるために藩札の刷新など思い切った施策を行った。

方谷が残した論文で有名なのが、財政論である「理財論」と政治論である「擬対策」である。

山田方谷は理財論の中で下記のように述べている。

各藩の財政はますます酷くなっている。田地税、収入税、関税、市場税、通行税、畜産税など、わずかな税金でも必ず取り立て、役人の俸給、供応の費用、祭礼の費用、接待交際費など、藩の出資は少しでも減らそうとしているが、藩はますます困窮し、借金は山のようになっている。

これは、ひとえに久しい太平から全体に緩みが生じ、士が「義」を忘れ「利」を求めるようになり、短期的な視点税収を上げるという視野の狭い政策のみを行うことで、益々社会の萎縮や停滞を招いたことで、生産性が低下し藩の財政が赤字になっているのである。

「人心が日に日に邪悪になっても正そうとはせず、風俗が軽薄になってきても処置はせず、役人が汚職に手を染め、庶民の生活が日々悪くなっても、引き締めることができない。文教は日に荒廃し、武備（武芸）は日に弛緩しても、これを振興することができない。そのことを当事者に指摘すると、『財源がないので、そこまで手が及ばない』と応える。」

このような状況を「財の内に屈する」と述べている。

財務の数字のみにとらわれるのではなく、「財の外に立つ」ことの重要性を説く。そして政治は「礼儀を尊び、廉恥（心が清くて潔く、恥を知ること）を重んじており、また商君の国、秦での政治は、約束信義を守ることを大事とし、賞罰を厳重にする」と説く。

広い視野に立った君主と、その理念を理解した優秀な部下が共に協力し、自身の哲学や理念に基づいた政治を行うことで、政道の整備ができ、経済や社会に活力を生み、豊かな地域になり、その富をさらに投資することで好循環を生み出す、とも説くのである。

義と利の区別をつけることが重要であり、義と利の区別がいったん明らかになりさえすれば、守るべき道が定まる。そして、「綱紀が整い、政令が明らかになるならば、飢えや寒さによって死んでしまうものなどいない」と説く。

また、擬対策では、幕府の基本的な身分制度である「士農工商」について延べ、士農工商の中で「士」だけは利を生むことは一切せず、人民の稼いだ利を取り上げて生活をしている。「士が利を生み出すことが無くとも全体の上に立っている所以は、士の行っている仕事が大きいからである。その大きい仕事とは何か？ 士のなすべき仕事とは義に他ならない。つまり士の努めるべきは義で、民の努めるべきは利なのである。行うべき仕事が義と利に分かれているからこそ、士はこの頂点にいるのである」と説く。

太平の世は久しく続き、士風も気風も日々弱まり、今日に至ってはその弊害はまさに極まった。士風がひどく変化したのは、昔の「士」は「義」を尊んだが、今の「士」は「利」を好み、自分たちが本来努めるべきものが何かを見失っているからである。と説く。この考えは今日の日本の状況にも似ている。各自が「利」を求めることで、本来のあるべき姿を失っているのである。

山田方谷はこれらの難問に対する答えとして、賢明な君主と政治を預かる重臣とが心を１つにして、深刻に反省し事態を正確に把握した上で１つひとつ確実に改めて行く事。そうすることで初めてたまりにたまった悪弊と汚れを一掃できると説くのである。

この理財論・擬対策の考えを基本に、山田方谷は藩主、板倉勝静からの信任を得て全権委任の形で元締役兼吟味役に就任する。そして、義を明らかにして利を図らず「至誠惻怛（しせいそくだつ）」「士民撫育」（自身の哲学、理念を持つ）という基本方針の元、多額の借金をしていた大坂商人への財政状況の開示と返済計画を示し、政道の整備、文化・教育の振興、人財登用を推進する。

また殖産興業に取り組み、撫育方の設置、専売事業の推進、鉄山銅山の開墾、備中鍬や鉄釘の生産などの、一貫生産体制を構築した。それらの産業基盤の整備による生産性向上、利益確保のため海路江戸への直接販売を行い、その収益を公共投資や路・河川の改修への投資に向けた。

その結果、３年目１万両、４年目５万両の利益を生み出した。また評判の良くなかった藩札を刷新し、経済・社会に活力をもたらしたのである。そして７年目には10万両の返済と10万両の蓄えになったのである。そのことで額に汗する領民が報われ上下共に富む社会が実現できたのである。

これらの改革が成功した根本は、方谷の理念である「事の外に立つ」や「義を明らかにして利を図らず」があったからである。

方谷の江戸末期の警鐘は現在に通じる。混迷の我が国を救う大きなヒントがある。

「理財論」と「擬対策」を２つのストーリーに整理した。

１つは理財論や擬対策に書かれている価値喪失を示した内容による喪失ストーリー。もう１つは理財論や擬対策に書かれている価値創造ストーリーである。

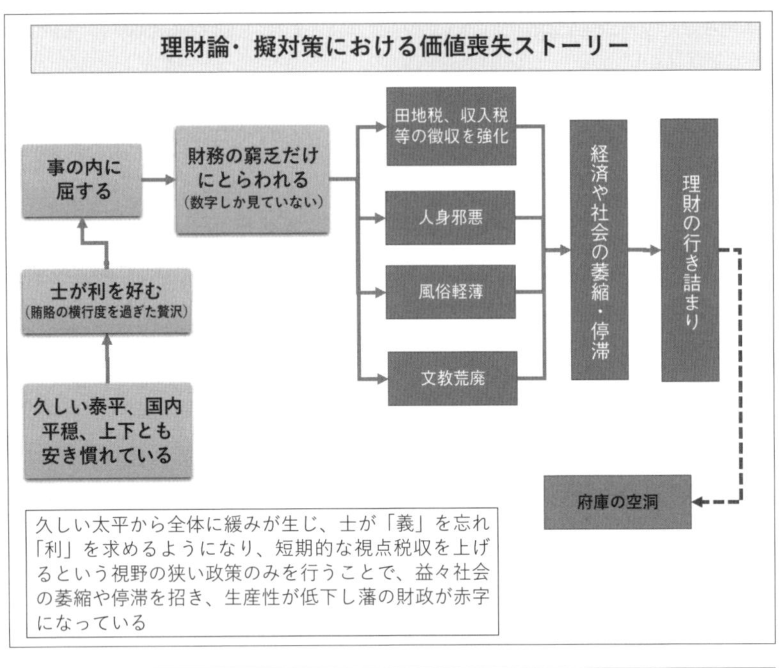
理財論・擬対策における価値喪失ストーリー
事の内に屈する
財務の窮乏だけにとらわれる
（数字しか見ていない）
田地税、収入税等の徴収を強化
人身邪悪
風俗軽薄
文教荒廃
経済や社会の萎縮・停滞
理財の行き詰まり
士が利を好む
（賄賂の横行度を過ぎた贅沢）
久しい泰平、国内平穏、上下とも安き慣れている
府庫の空洞
久しい太平から全体に緩みが生じ、士が「義」を忘れ「利」を求めるようになり、短期的な視点税収を上げるという視野の狭い政策のみを行うことで、益々社会の萎縮や停滞を招き、生産性が低下し藩の財政が赤字になっている

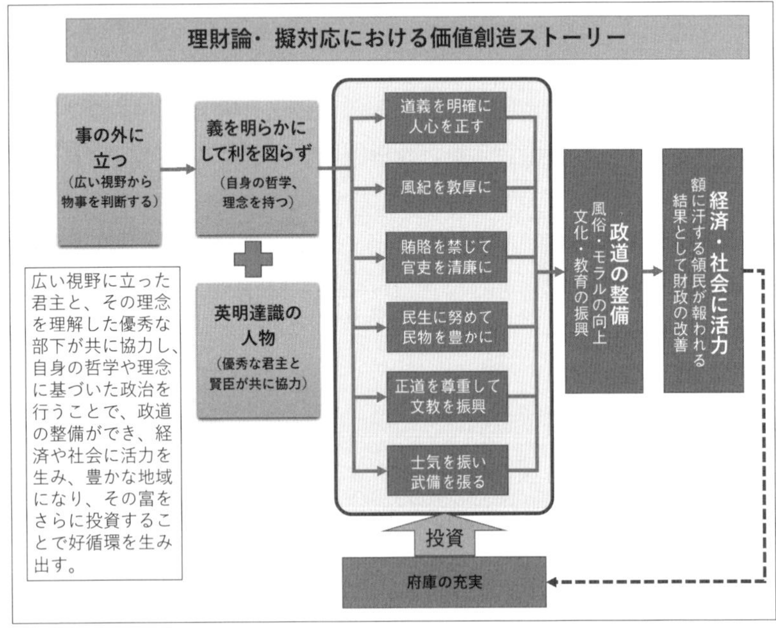
理財論・擬対応における価値創造ストーリー
事の外に立つ
（広い視野から物事を判断する）
義を明らかにして利を図らず
（自身の哲学、理念を持つ）
英明達識の人物
（優秀な君主と賢臣が共に協力）
道義を明確に人心を正す
風紀を敦厚に
賄賂を禁じて官吏を清廉に
民生に努めて民物を豊かに
正道を尊重して文教を振興
士気を振い武備を張る
政道の整備
風俗・モラルの向上
文化・教育の振興
経済・社会に活力
額に汗する領民が報われる
結果として財政の改善
投資
府庫の充実
広い視野に立った君主と、その理念を理解した優秀な部下が共に協力し、自身の哲学や理念に基づいた政治を行うことで、政道の整備ができ、経済や社会に活力を生み、豊かな地域になり、その富をさらに投資することで好循環を生み出す。

理財論に基づいて方谷は、藩の財政改革を行った。

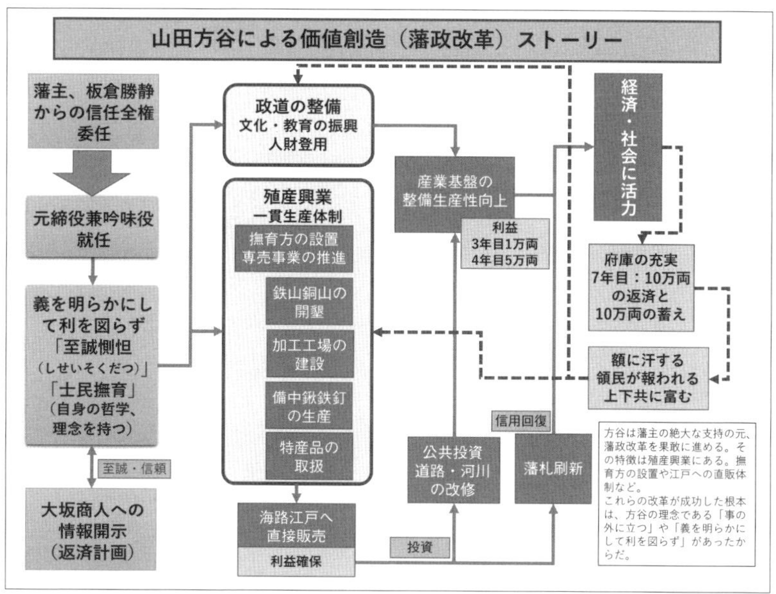

3　尊徳と方谷

尊徳と方谷、両者は異なった手法で地域創造を行っている。しかし、両者の共通項を知ることで、事業価値を高めるヒントがある。

二宮尊徳は農業を主体に、単なるお金を貸す仕組みだけでなく回村や芋ころ、表彰制度などを通じた人財資産などの育成から価値創造による地域活性を行った。一方、山田方谷の場合は、地域の持ち味である特産品に着目し少し異なったアプローチで地域（藩）の財政を立て直しと活性化を行った。

尊徳の場合は、「一円一元」いわゆる「道徳経済一元論」の思想であり、方谷の場合は「義を明らかにして利を図らず」である。共通項は、経営理念から取り組み、仕組みという価値の連鎖（ストーリー）を通じて知的資産の価値を生み出し高め、そのことで生産性を高めることにより、地域で生活をしている生活者である農民に価値（顧客利便価値）を提供し、その後、顧客からの評価（地域の活性化というフィードバック）をもらって、次の事業に活かしている。確固たる理念の基、価値循環を描いたことである。

ともに利他の精神を持ち、地域の人々と一団となって価値の循環を描き、改革に取組んだ。地域復興に掛けた２人の偉人から学ぶところは多く、経営支援を行っている立場の者にとって多くの示唆がある。

経営理念とは何かを考えた時、会社の壁に額に入れてありがたそうに掲示されている経営理念を目にすることがある。経営理念は価値として循環させることで生きてくる。単に壁に飾っているだけで価値循環を描けない経営理念は経営理念とは言えない。

その場合は、なぜ循環を描けないのかを検証する必要があり、循環を描けるように流れの整理が必要になる。あるいは見直しの結果、修正が必要な場合もある。

創業セミナーなどで経営理念の重要性を伝えても、創業者自身が循環できる理念がない場合は、なぜ事業を始めるのかから真剣に考える必要がある。創業当初には顧客も見えておらず、価値循環も円滑に回っていない場合が多い。その場合は、企業の成熟度に合わせて経営理念を進化させることも必要である。企業の成長や環境の変化によっても再検証が必要になる場合がある。そのような意味において経営理念も見直す対象であると考えている。

企業は取り巻く経営環境の変化を受けて成長し進化する生き物である。環境の変化に対応できるようにするには、常に事業の見直しを行わねばならい。その時の根幹になるものは経営理念である。

第６章

ええとこ活用経営事例

本章では、知的資産経営の事例をいくつか挙げ、知的資産経営マネジメントの有効性や面白さをお伝えしたいと考えている。

事例は、知的資産経営の理解を深めていただくため、食品小売の「和牛うらい」をはじめ幅広い業種を選ばせていただいた。

1　有限会社うらい

（1）企業概要

企業名　有限会社うらい

代表者名　浦井　正

住所　〒675-1235 兵庫県加古川市平荘町小畑1130番地

資本金　300万円

年商　５億円

URL　http://www.wagyu-urai.jp/

黒毛和牛に特化。
独自の仕入れ基準で、
美味しいお肉をさらに美味しく
一頭、一頭の命を大切に

（2）特長（知的資産）

有限会社うらいでは和牛や豚を一頭買いしている。目的は在庫の安定と品質の維持である。当初はロース、カタ、モモ肉などを単品扱いしていた。また、一般の肉と和牛の両方を扱っていたが、店のコンセプトが曖昧で、浦井社長は自分自身の商いの方向性に納得をしていなかった。そこで、思い切って黒毛和牛に特化することを決意。しかし、和牛は、品切れや良い品質のものが手に入らないことがあり、一頭買いに踏み切った。

しかしながら高価なステーキ用部位はなかなか売れず、専門業者に販売していた。せっかくの一頭買いなのに、自社で販売できないことに憤りを感じ、より多くの顧客に喜んでもらえるようにとの思いから、販売価格をリーズナブルに設定したところ徐々に売れるようになっていった。

同社の肉の美味しさの源泉は、自社独自の買付基準にある。重さ400kg未満、生後30カ月以上の未経産牛を基本条件に、熟練職人の目利きによる選定をプラス。このような取組みも見える化を図り社内外で共有して、高品質かつリーズナブルな原料肉調達を可能にしている。

近年、国の進める効率的肉用牛生産により、早く大きく、脂肪交雑（サシ）が入った牛肉が市場に多く出回っているが、自社の価値を見える化する知的資産経営によって、仕入れ業務が精肉店の根幹を成し、仕入業務の重要性の気づきに活かされている。この自社の買付基準が美味しさの秘訣である。

肉の変色を防ぐには、酸素を通さないミートペーパーをはさみ、余分な水分を取っている。このことで目方は４％ダウンする。ペーパーのコストもかかり手作業なので手間もかかるが、このひと手間で品質が安定する。美味しさの秘訣はこんなところにもある。

最近は消費者の嗜好が多様化し、あらゆる部位を扱う精肉店として知名度が広がっている。精肉のみではなく、ハンバーグ・コロッケ等への加工を自社で行い食事のワンストップ化を図っている。例えばコロッケの場合、ジャガイモは北海道の農家で購入し、専用冷蔵庫で熟成。真空冷却機を使い急激に水分を飛ばすことでより旨味の凝縮されたコロッケにしている。コロッケは日が経つと胡椒の香りが抜けてしまうため、その日の朝に混ぜ合わせたものは当日中に売り切るよう取り組んでいる。揚げ油も酸化の進んだ油は身体への害が大きいため、食の安全と安心に配慮し定期的にテスターにて酸化度合を計測し、一定以上酸化したものは廃棄している。新しい油は熱効率が高く油の吸収も少ないため身体に良い。

また、黒毛和牛の内臓を使ったドッグフードも作っており、添加物を使わず安全・安心の商品として好評を博している。これは、「私たちの商いは、いただいた命の上に成り立っている。だからこそ一片たりとも無駄にしてはいけない」という浦井社長の愛情と信念の表れである。

レジでは、今では一般的になったセルフレジを以前から設置し、衛生面の管理も配慮している。肉だけでなく、販売しているすべての商品や仕組みに美味しさだけでなく、安全と安心をお届けしている。

同社でのこれらの取組みが知的資産であり、それらを活かしたものが知的資産経営である。支援においては、これらの知的資産の見える化や伝える化、ブランド化を目的に、但陽信用金庫と公益財団法人新産業創造研究機構（NIRO）知的財産センターとともに取り組んだ。

遡る事40年以上前、現社長が開発したドックフード。当社の社長は生き物が大好きです。ですから自分の飼っていた犬に本当に喜ぶエサをあげたいと思い、開発したのが始まりです。きっかけは愛情と、社長の持つ信念から生まれています。

私たちが仕事を教えてもらう時に何時も言われている言葉があります。「せっかく頂いた命を無駄にするな。捨てるところなんて無い。」この職人魂というべき信念は、モノの溢れている現代に育った私たちにとって本当に心に沁みた言葉でした。

日本では古来より食供養、という言葉があります。現在ではほとんど使われなくなってしまった言葉ですが、頂いた命で新たな命を紡ぎだす私たちの仕事の職人魂が凝縮しているのがこの商品です。

作り方は至って簡単。新鮮な黒毛和牛の内臓を中心に一度茹でこぼしたのち、粗挽きミンチにかけるだけ。しかしながら全ての原材料が人が食することを前提とした原材料であり、安全安心の境です。

私たちの商いは頂いた命の上に成り立っている。だからこそ一片たりとも無駄にしてはいけない。そんな社長の愛情と信念が詰まったうらいのドックフードで貴方の愛犬の毎日をお支え下さい。

解き放て！野性の力！

究極の自然食品を貴方の愛犬に

大好評♪和牛うらいのドックフードに！待望の新製品登場。

初めよう！愛犬喜ぶ無添加ドックフード生活

うらいのドックフードでこんなこと解決できます！

・毛のパサパサを解決します。
・市販のドックフードに不安を抱えている方。
・中身の解るものだけを与えたい方。
・現在のエサに不満をお持ちの方。
・今のエサを一部代替えで与えるのも◎
・夏場は半解凍 冬場は少し温めて食欲増進！
・家族内の序列を上げたい方。
・愛犬が隣で寝てくれない方。

愛犬元気のお約束事、うらいからのお願い事♪

・保存は必ず冷凍保存。
・愛犬の健康は食事や運動、環境などの総合バランスとあなたの愛情。本品を与えるのみでは達成できません。又、それらを保証しません。

添加物の入っていない安心、安全、社長の愛情のこもった黒毛和牛の内臓を使用したドッグフード。

（3）沿革

同社の創業者は浦井正社長の父・源太郎氏で兵庫県志方町の食肉センターに勤めたあと1950年に独立。当初はロースやモモ肉という高級な肉ではなく、ホルモンやツラミを主に販売していた。

浦井社長は高校生の頃から配達を手伝っていた。配達には加西市や三木市にも行商に出掛けたこともあったが、思うように売れず、顧客との信頼関係を築くことの難しさを痛感したとのこと。高校を卒業後、宝塚で修行を始めたが、父・源太郎さんが病気になったため７カ月で店に戻った。そして程なく父親が亡くなったため、20歳で事業を承継した。承継当時は分からないことだらけの中で、日々精一杯の努力をするしかなったとのことである。

浦井社長は、ホルモンやツラミといった内臓肉だけでは業績の向上は難しいと考え、当時まだ珍しかった黒毛和牛専門店としてチャレンジすることを決意。先代が行ってきた業務内容を大きく変えた。

翌年、立地の良い場所に小さな店を構えると、売上は上がっていった。さらに良い場所を探していたところ現在の土地が見つかり、1990年に法人化し新店舗が完成、駐車場を完備して遠方からの顧客にも来店してもらえる販売体制を整えた。

（4）取組み内容

有限会社うらいについては、2018年、店長の川村将紀氏が愛知県のあらた税理士事務所で、自社の取組みや気づき、対応、成果を発表しているので、その内容をお伝えする。臨場感をもって理解していただけると思う。

《川村氏の講演》

有限会社うらいの川村将紀と申します。私は、お肉屋さんの職人です。そんな私が、皆さまに何をお伝えできるだろうと、今日のお話を頂いてから、一人悩んでいました。私は職人ですから、毎日肉を切っています。同じ作業を繰り返し繰り返し鍛錬し、やっと職人と呼ばれるようになってきました。そんな私が、皆さまにお伝えできることがもしあるとすれば、それは実際に現場で学んで身につけたことだけだと思います。

今日は、縁あって取り組ませていただけた、「知的資産経営報告書」について、私なりの意見、成果を皆さまに少しでもお伝えできればと思っています。改めまして宜しくお願い致します。

ここでまず、少し弊社と私自身の紹介をさせていただきたいと思います。

弊社は、黒毛和牛専門店として兵庫県加古川市に店を構えて70年、法人化して30年程度の会社です。

現社長は２代目に当たり、68歳。私自身は38歳。高校中退後、職を転々としていた私を拾ってくれたのが、現社長でした。

弊社と、私が知的資産報告書作成に取り組んだきっかけは、まず、事業承継について社長が考え始めたのがきっかけです。そして取引先金融機関である但陽信用金庫さんの奨めで現社長が事業承継セミナーを受講しました。

そのセミナーで事業承継について考えるにあたり、自社の持っている様々な目に見えない価値を可視化することが不可欠であると分かり、その後、但陽信用金庫さんのサポートで「経営レポート作成セミナー」というものに参加しました。この経営レポート作成セミナーは、A３用紙１枚に自社の知的資産を纏めるというセミナーです。

このセミナー、全４回のセミナーだったのですが、初回を受講した社長が、これは従業員も参加した形で経営レポートをつくろうと判断し、２回目以降は私もついていくことになりました。経営レポートの作成を経て、知的資産経営報告書の作成へと当社は向かっていきます。

それでは次に、報告書の作成において、あくまで私が感じたことではありますが、取り組み方、スタートの仕方のポイントだと感じた点をお伝えしようと思います。

では、お伝えする前に皆様に質問です。

知的資産というものを全て理解、納得した上で今日、このセミナーに参加されているという方、手を挙げて下さい。

………。

そうですよね、全てを理解されている方は少ないですよね。

通常ですと、まず知ることから始まり、その後学習し、理解納得へと進んでいくと思います。では先ほどの森下先生の講義でその理解、納得が深まった方はいかがでしょうか。

私はそうはなれませんでした。森下先生が長年心血を注ぎ開発しているこの内容は日本トップクラスの内容であり、すさまじいノウハウの塊です。実は受講当時、その内容がさっぱりわかりませんでした。皆さまはいかがでしたでしょうか。

ではどう行ったのか。それは理解・納得する前に始めてしまったという方法です。

えっ！ 理解してからじゃないの？ と思う方、手を挙げて下さい。

そうですよね、そう思いますよね。私も当初そう感じたのですが、このままではいつまでたっても理解できそうにないと思い、とりあえずやってみるかと深く考えず、始めてしまったわけです。

ここが重要なポイントでした。順番が逆ではないかと思いましたが、まず実践し、そして知り、学ぶ。知的資産を取り組むにあたり私が感じた一番重要なフレームワークは、「まず実践することだ」ということです。

理解してから使ったりするものではなく、まずやってみてから使っていくという、誤解を恐れずに言えば、作成し始めた時から使えるのがこの報告書の特徴です。

ですから、何だかよく分からないけど、何か重要そうだな、という商売の勘が働いて今日ここに来たという方は、もう大正解です。

そして、実際に行い、実践から導き出されたレポートや報告書はあなただけのオリジナルに仕上がります。

それはここにおいでの皆さまには自社にしかないオリジナルな製品や取組みを必ずお持ちのはずだからです。ですから、先に理解する必要がないわけです。自社のことは恐らく皆さまが一番理解しているはずですよね。

これから報告書の作成をお考えの方や、実際に作成に携わる方は、経営者もしくは経営陣であるかと思います。競争、変化の激しい現代社会において経営者や経営陣の皆さまは様々な取組みやサービス・製品を開発し、今日まで会社を存続されてきていると思います。

では、それらの情報を社内で共有できていますか？

それらの情報は整理、分類されていますか？

誰でも扱うことはできますか？

製品の成り立ちや、開発の苦労など様々な情報が必ず膨大にあるはずです。

ところが、当社はそういったことを考えてもいませんでした。しかし、思いがけないことからこの知的資産経営報告書が活躍していきます。

それでは弊社を例にとって体験談をお話しさせていただこうと思います。

まずは、自社の販売している牛肉について正しい説明を行えるか？ という従業員アンケートに対して得られた解答を紹介します。

お恥ずかしいことですが、「知らない」もしくは「間違った認識をしている」というアンケート結果です。このアンケートを行った理由を申し上げますと、経営レポートセミナーの受講後、ふとある従業員に聞いてみたのです。

「うちで販売している牛肉は何牛かな？」と。

冒頭で申し上げたとおり、弊社は黒毛和牛専門店です。

しかしながら、帰ってきた答えは、「国産………牛？」

という、非常に自信のない答えでした。もう、驚愕でした。しかしながら、当たり前のことでもありました。

説明できる従業員は、私を含めて僅か３名。弊社は他社との差別化を図るために自社独自の仕入基準を設け、それに基づいて仕入業務を行っていましたが、この独自の仕入プログラムを従業員に教育したことがなかったからです。こんなことでいかにして自社の製品のすばらしさをお客さまに伝えることができるでしょうか。独りよがりだったのです。

自社アンケートを行うきっかけとなった「国産牛………？」と言った従業員、ゆりかちゃんというのですが、このゆりかちゃんとのやり取りにより、自社の情報や技術をいかにして可視化し、伝えていくかということの大切さを強く実感したのです。

そして、もう１つ重要なことに気づきました。それはせっかく商品のスペックや効果効能が可視化されても、その伝え方やお客さまに対するセールストークは各個人に天と地ほどの開きがあり、売れる人と売れない人の違いが出ることでした。

このことを各個人の能力だと以前の弊社では考えていたのですが、これは情報資産を共有できていないからだと考えることができるようになりました。商品を売れる・売れないということを人財資産が原因ではなく、売れる人の仕組みを会社の資産として捉えることができるようになったおかげで、属人的な能力の差を縮めることができました。ですから、ここの部分は声を大にして申し上げたいのは、「製品やサービスが売れないことを個人の能力違いで終わらせてしまうと、本当の問題が見えない」ということです。組織として、製品を売れる仕組みを作ることをしてこなかった、と。

このように自社の持つ課題を明確にし、どのように解決していくのかを示してくれるのが知的資産経営報告書です。知的資産経営報告書は、作成し始めた時からその効果を発揮するものです。報告書作成には、一定の時間が必要であり、その間に変化していく自社の事業を徐々に俯瞰的に捉えていくことができるようになっていきます。チャレンジし始めた時から成果が現れるのは、すごく素敵なことでしたし、面白い取組みになりました。

さらに自社を俯瞰的に捉えることができるようになったおかげで、製品開発や必要なサービスなどをリリースするまでの時間を圧倒的に短縮することが実現できています。変化の著しい現代社会において、自社製品などをリリースするまでの時間の長短はもはや死活問題となっており、リリースした時には時代遅れの価値しかないなんてことにならないためにも、この報告書は欠かせない存在となっています。

では次に、運用方法についての提案です。一般的に、業界用語ではステークホルダー、つまり、関係各位ですね。この関係各位に知的資産に関する情報を開示し、評価してもらうことが重要であると言われています。このことは、経済産業省の政策一覧、その指針にも明記されています。

どのステークホルダーに開示し、評価してもらうかは、企業により重要度は異なりますが、私たちが実際に体験した、「これだ！」という開示先を例にお話を進めさせていただきます。

ずばり、「人材の確保のために対外的に使う」ということです。

中小企業の「人材」への苦心は、当社も心同じくするところです。日本の屋台骨を支える中小企業には沢山の魅力があふれています。実際、私は仕事が楽しくて仕方ありません。

本当です！

そこで、「こんなに楽しい仕事はなかなかないよ」と、昨年度に就職を考えている弊社のアルバイト３名に対して社員にならないかとアプローチを行いました。競合相手は神戸製鋼や川崎重工など誰もが知る大手企業です。相手にとって不足は御座いません。

さて皆さま、結果はいかがだったと思いますか？

はい０％です。勝てるわけはありませんよね。

３名全員が大手企業に就職。当たり前の結果と言えば当たり前ですが、私はなぜ当社が選ばれなかったのかが気になり、聞いてみることにしました。すると、

「肉屋さんの社員が何をしているか分からない」「簡単そう、単純な仕事の繰り返しは飽きる、仕事が面白くなさそう」「もう就職先が決まりました！ とっくの昔に」などでした。同じ建物で仕事をしていたにも関わらず、意外にも私自身が感じている仕事への楽しさは伝わっていませんでした。

さらに聞いた内容はどれも業務内容のことばかりで、給与や休日など、私たちが

一般的に思う大企業との差を就職しなかった理由には挙げなかったのです。

私は「しまった」と思いました。そして、なんと観点がずれていることかを気づかせてくれました。お肉屋さんの仕事がいかに楽しく、魅力的な仕事であるかを伝えるという観点すらなく、また伝えるべき価値や魅力が何たるかを我々は知らないまま日々を過ごしていたのです。こんなことでは私たちの仕事に関心をもち、「働いてみたい！」と思うようにはなるわけもありません。

弊社の昨年度の試みは当然失敗に終わりましたが、これを踏まえ、いかに自社のもつ価値や魅力を伝えることが重要であるかを全従業員で共有することができたので、本年度から人材確保に向けた新しい取組みをスタートさせています。

また、人材確保と同時に私たちは新しい取組みをスタートさせています。それは未来の自分たちの居場所を創る取組みです。報告書により明らかにされた自社の中核事業に、今までにない取組みを融合させれば新しい価値が生み出され、それが企業を成長させる力となる、と実感することができました。変化と成長なき企業は必ず時代に淘汰されます。時代の変化とともに企業は絶えず製品を磨き、新しいサービスを生み出し、業態を変化させていきながら成長を続けていく。

この考えを取り入れた新しい試みは、新社屋計画の立案となって現れました。この未曽有の少子高齢化社会において、今から大規模な投資を行おうと決断できたのも、自社の価値や行うべき取組みが明確になったことで、将来に対する不安がなくなり、自社の未来に自信を持つことができたからです。

次に、費用対効果についてお話しさせていただきたいと思います。本日お集まりの皆さまは一体いくらかかって、どのくらいもうけたかが気になりますよね。

まず、最も目に見える成果を上げたのは平成29年度ものづくり補助金の採択を目指し、自社で取り組みました。計画書を担当したのは私です。

結果、「ものづくり補助金・一般型」で応募し採択を勝ち取ることができました。この計画書作成には、知的資産経営報告書が大いに役立ち、自社の将来を見据えた設備投資を行うことができました。補助金制度を活用できたおかげで他社にない力を手に入れることができたのです。

そして、もう１つの成果は目には見えませんが、私自身が一番感じていることですが、学ぶことの楽しさ、知ることで広がる世界があるということを教えてくれたということです。冒頭で少しお話しさせていただきましたが、私は中卒であり、まさか自分が学ぶことの楽しさに触れるとは思ってもみませんでした。そして学んだことを実践し、実現させていくということはさらに信じられないことであり、森下先生にお会いしたことで人生が変わったといっても過言ではないと思っています。

それでは今日の話の纏めです。

入り方は企業それぞれだと思います。必要性を感じたらまず、やってみる、そして知り、使い、社内で共有する。そのスパイラルをどんどん回していくと、どんどん成長していきます。

もちろん報告書の意義はその程度には留まりません。自社の事業を可視化し、俯瞰的に見ることは本当に楽しいです。むちゃくちゃ面白いです。やらな損です。

もともと楽しかった仕事が何倍も楽しくなりました。好きになりました。

皆さまも絶対取り組んでみて下さい。まずやってみてください。これが今日、一番お伝えしたいことです。

それでは最後に、一度、是非お考えになってみてください。

自社の従業員は、どこまで自社の事業を知っているのだろう。

取引先の企業は、どこまで自社の事業を知ってくれているのだろう。

さらに考えてみてください。

自社は、この先何ができるのだろう。

少しでも不安に思った方、大丈夫です。私も思っていました。日々の業務の中で。でも、私はもう大丈夫です。なんでかなぁと、このスピーチの原稿書いている時に思いました。それは、はっきりと見えるようになったからだと思います。思い描く、自社の未来が。

以上をもって、取り組んだ経緯、成果の発表にさせていただきたいと思います。ご清聴本当に有難うございました！

川村氏からの取組み報告には、多くの示唆が含まれている。具体的な取り組み内容を示す。

① きっかけ

川村店長の話にあるように、浦井社長が事業承継を考え、但陽信用金庫の事業承継セミナーや知的資産経営セミナーに参加したことで、自社の見える化の必要性を考えたのがきっかけである。

② 体制

浦井社長、川村店長、但陽信用金庫の支店長、担当者、事業支援部メンバー担当者、NIRO知的財産センター日裏久英氏、森下のメンバーで取り組んだ。なお、店舗は食品を扱う場所のため衛生面を考慮し、但陽信用金庫の支店会議室で実施した。

③ 取組みの経過

商流分析や業務プロセス分析を通して有限会社うらいの資産全体を見える化し「ええとこ資産」として整理を行った。その上で環境変化を踏まえ将来ビジョンを構築した。

この方法は「ええとこ活用経営®」として体系化され標準化した手順で実施した。「ええとこ活用経営®」については第１章２および４で解説している。

日程は以下のとおり。

<第１回目>

取組み全体について説明。商流分析と業務プロセス分析を実施した。

商流分析は以下の内容であり、仕入先、協力先との関係や、エンドユーザーに向けた価値の流れの見える化を行った。

仕入先との関係では、様々な仕入方法をとることにより価格的にも品質的にもより優れた原材料を仕入れることができることや、仕入先の分散化により様々なリスクを回避することができることが見える化できた。下流である顧客やエンドユーザーとの関係では、地域との繋がりによる自治体からの信頼を得ることができていること、綿密なヒアリングにより求められている事項を見極め、最適な商品を選定していることなどが価値創造に繋がっていることが見える化できた。

1. ええとこ経営モデル(2)

■商流把握（ええとこ流れ）

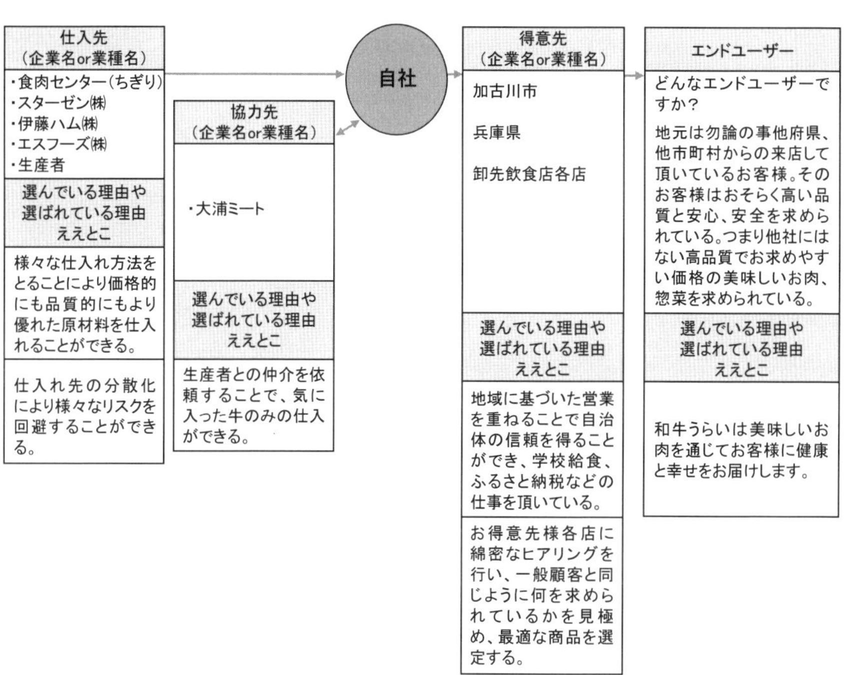

次いで業務プロセス分析を行い、潜在価値の見える化の作業を行った。

プロセスは　仕入、熟成、精肉、加工、販売である。

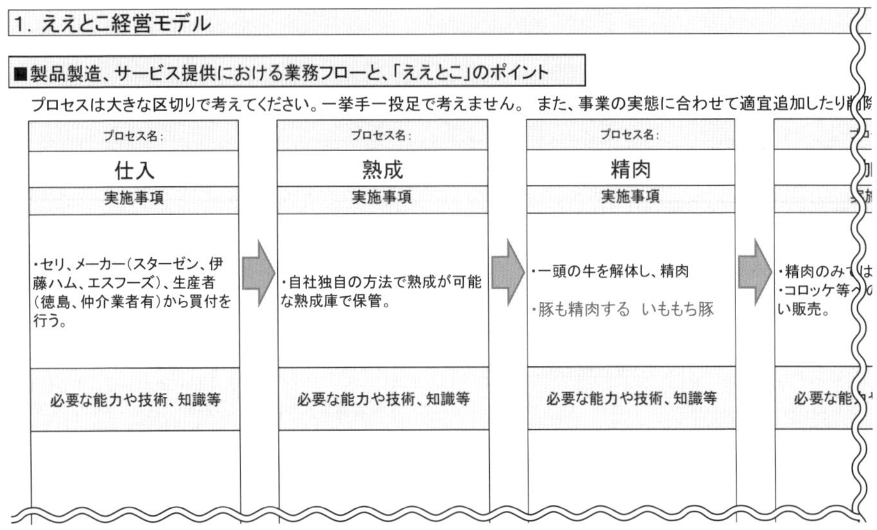

1. ええとこ経営モデル
■製品製造、サービス提供における業務フローと、「ええとこ」のポイント
プロセスは大きな区切りで考えてください。一挙手一投足で考えません。 また、事業の実態に合わせて適宜追加したり削除
プロセス名:
仕入
実施事項
・セリ、メーカー(スターゼン、伊藤ハム、エスフーズ)、生産者(徳島、仲介業者有)から買付を行う。
必要な能力や技術、知識等
プロセス名:
熟成
実施事項
・自社独自の方法で熟成が可能な熟成庫で保管。
必要な能力や技術、知識等
プロセス名:
精肉
実施事項
・一頭の牛を解体し、精肉
・豚も精肉する　いももち豚
必要な能力や技術、知識等
・精肉のみで
・コロッケ等
い販売。
必要な能

※図表の一部のみを表示しています。図表全体をご覧いただく場合は10頁のリンク先もしくは右記QRコードから表示・ダウンロードをお願いします。

仕入では肉の質を見極める能力、熟成では肉にとって最適な温度、湿度を管理し保管技術、精肉では、骨抜きの技術や肉の特徴の把握するノウハウ、加工では、加工品に適した素材の見極め力、販売では、顧客の要望にあった肉の提案や部位ごとに適した調理方法の把握力が見える化された。

また、顧客利便価値は、「安心、おいしい、喜び、幸福、感動」であることが定義できた。

＜第2回目＞

前回の継続で業務プロセス分析の実施と資産台帳への整理を行った。

「2．資産リスト」

「1．ええとこ経営モデル(1)(2)」に記載した資産（ええとこ）を転記し、具体的な内容として良さや強み

資産の具体的な内容を整理します　　資産が複数ある

	資産名	分類（例）	「1．ええとこ
見え	人的資産（人そのものの　ええとこ）	経営者	お店の看板
	組織活動において、人に依存している資産（該当の人がいなくなると無くなる資産）	技術者	肉の目利き
		技能者	年間の生産計
		人財　など	
	組織・技術資産（会社が形として持っている　ええとこ）	ビジネスモデル	独自の仕入れ
	組織活動において、人に依存していない資産	プロジェクトマネジメント	一頭買い付け
		技術、知財	枝肉加工
		マニュアル・ルール	対米輸出用の
		仕組み、制度　など	細部に至る

※図表の一部のみを表示しています。図表全体をご覧いただく場合は10頁のリンク先もしくは右記QRコードから表示・ダウンロードをお願いします。

<第3回目>

追加事項の掘り起こしと整理を実施し、上記の作業の結果、価値ストーリーを完成させた。

現在の価値のストーリーを描く
ストーリー化の要素　書き出し

要素	内容
お客様から頂いている価値	お世話になった大切な方へ、もちろん家族にも安心してお勧めできる食肉リピート、評判による口コミ紹介
お客様にお届けしている価値	楽しい食卓。ご馳走様がもったいないくらい美味しいお肉。お送りして喜んで頂ける。
重要成功要因(CSF) GOODな製品、サービス	ここにしかない価値ある品質の提供。365日変わらない品質。管理、油の管牛（おいしさ、安心、安全）、豚、コロッケ（ジャガイモの理）、ホルモン（和牛だけ）
GOODな製品やサービスを生み出す仕組み	お客様に自信をもって提供できる食肉を求めて全国から選りすぐりの商品を仕入れる。 その商品を熟練のスタッフが丁寧な仕事で商品化し最適なタイミングでお客様に届ける。 保存管理方法、冷却方法（真空冷却器）
その仕組みを生み出してる、あるいは実現させる取組み	当社独自の仕入れプログラムを従業員及び協力会社の方々と共有することによりどこにもないオンリーワンな商品を生み出す。（おいしさの根源を従業員が認識する。工夫の中身を知る）
それらの取組みに対する方針、ビジョン	・品質には一切妥協しない ・誰もがチャレンジできる職場づくり ・全員参加でやりがいのある仕事
経営理念やミッション	安心、安全は素より本当に美味しい食肉を通じて全てのお客様に健康と幸せを提供する 他社にない絶対的な価値をお客様に提供する

さらに報告書に纏めるために必要なコンテンツの確認と準備依頼し、報告書のたたき台の整理と提供を行った。

<第4回目>

①　見えざる資産の現在価値の整理と知的資産経営報告書への反映

② 現在価値から環境の変化を踏まえて、将来ビジョンの構築へのアドバイス

自社の味を国内、世界に広める

↓　そのために

ECサイトの構築と社内運用のノウハウの蓄積

「お肉博士一級が居る店」＝品質の担保

紹介したくなる接客＝サービスの向上

おもてなし規格認証の取得を目標に

↓　そのために

ECサイト構築ができる業者を選定する

社員のチャレンジ目標を設け、やり甲斐を感じさせる→モチベーション向上→接客品質の向上（社内マイスター制度の導入）

顧客情報を見える化する「助けてキャンペーン」の実施

3. 変化予測表
経営環境洗い出し

有限会社うらい　新社屋完成後三か年計画

検討項目 「どのような･･･」	現在	数年後の予測変化
顧客（業種） ex. 年代、性別 ニーズ 地域、業種 流通チャネル 製品･サービスの利用方法	平日は主に近所のお客様。女性が多い。	少子高齢化が進み全従業員がおそらく実感す
	毎日の食卓。惣菜。	アマゾンに代表されるネット販売が主流になっ
	主に市内。一般客。	
	お買い物に来店して頂く。宅急便。ごく稀に配達。	
	毎日の食卓。進物（お中元、お歳暮等）	
マーケット ex. ニーズ 流行 成長分野	安心、安全。健康的な、満足感。幸福感。	国内マーケットは縮小の一途を辿る。
	健康。心の需要を満たす。専門的な。熟成肉。ブロック肉。	各家庭に配送する業務形態は伸びる。
	高齢者向けの商品。育ち盛りの若年層に必要と思ってもらえる商品。進物、お取り寄せ。	高齢者向けの商品。何も柔らかいだけが取り い。

※図表の一部のみを表示しています。図表全体をご覧いただく場合は10頁のリンク先もしくは右記QRコードから表示・ダウンロードをお願いします。

<第５回目>

部門に分かれて、自社の良さを特長や秘訣を深めて掘り起こす。各自付箋紙に良さを出し、その良さの根源を考えていく。

模造紙を使いながら、価値の階段を整理していった。

その結果、各部門の良さの根源は、浦井社長の思いである「お客さまに良い商品を提供し、喜んでもらう」に集約され明確になり、社員の活動内容のベクトルが揃うことになった。

そして、社員研修会を但陽信用金庫の会場を借りて実施した。以下は、その場での社員に向けた問いかけである。

質問１：お客さまは、なぜ「うらいさん」にお越しになるのでしょうか？
質問２：「うらいさん」でお肉を買ったあと、お客さまはどうされていますか？

この２つの質問によって、お客さまにお届けし、お客さまがうらいを選んでくれる理由を明確にする。何に良さを感じて継続的にお越し下さるか、またなぜ他の方をご紹介いただけるのか、その理由を社内で共有できれば、自分たちが何をするべきかが腹落ちし、普段の活動に活かされてくる。

○将来価値ストーリー

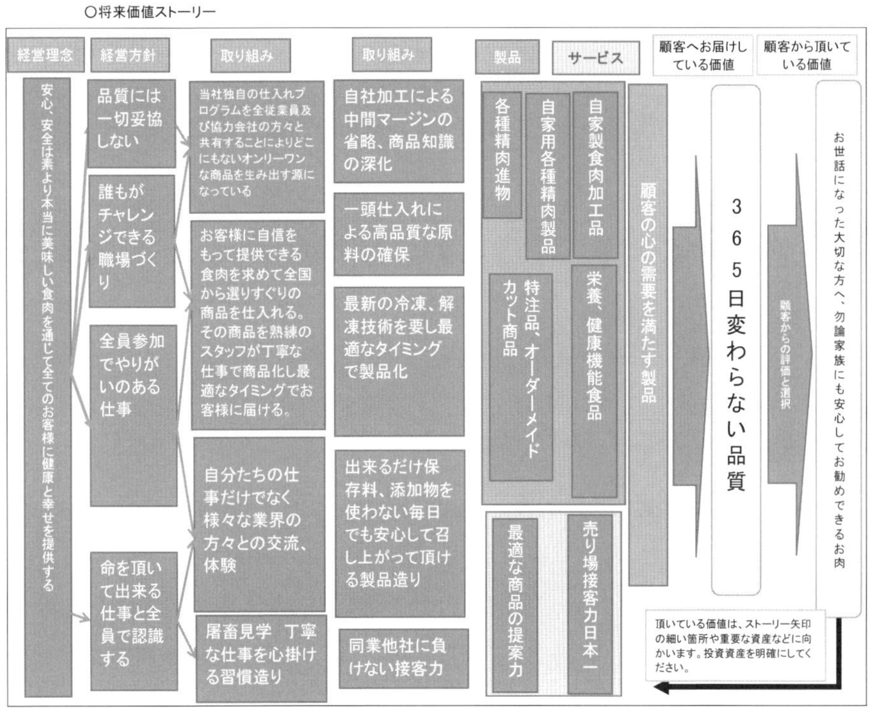

①　新店舗開設の準備進行

但陽信用金庫とともに、見えざる資産の見える化を行った結果、将来を見通す事業性とビジョンが明確になり、継続的なサポートとともに新店舗開設に向かって前進することができた。

②　販売士２級取得

会社全体の顧客サービス向上を図るべく川村店長が取得。これまで属人的であった自社のサービスを体系化し、見える化することで従業員全体のサービスレベルの向上を図った。

③　お肉博士１級取得

お肉に関する知識・経験があることの見える化として「お肉博士１級」を川村店長が取得した。店頭で顧客からの問いかけに的確に答えられることで、うらいの良さを知ってもらえるが、店頭で問いかけをしない顧客や店頭に来ない顧客にうらいの良さを知ってもらうために、資格取得はお店の資産（技術資産）の見える化になる。さらにこのような資格取得は、社員の目標になりスキルアップの機会を与えることになる。また、資格のマークは資格に恥じない行動を喚起し、顧客への接客スキルの向上に繋がる。

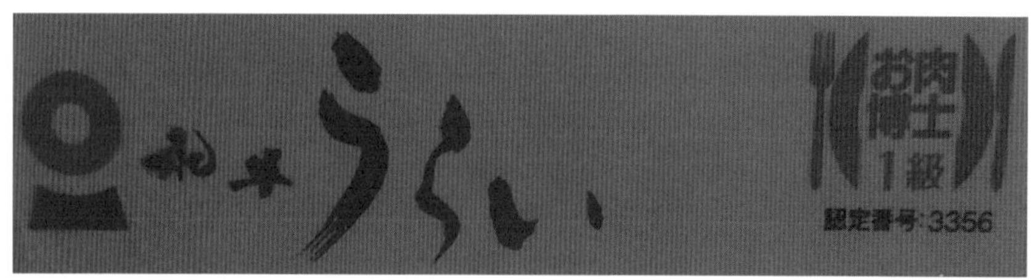

④　部分肉製造ミートマイスター取得

川村店長が、小売専門店としては全国初となる牛肉の部分肉製造最上級資格を取得。部分肉製造とは骨付きの枝肉と呼ばれる状態から、取り扱いしやすいように骨を取り除く作業。現在では専門の卸売業者が担う工程であり、うらいのある加古川市内の小売専門店でこの作業を行っているのは同社だけである。強みである一頭買い付けも行う同業者も非常に少なくなってきており、さらなる差別化を図るべく資格習得に踏み切った。一頭買い付けで購買した枝肉を加工する作業は熟練の技術を要する。指導資格でもある本資格で事業承継や自社の強みを活かす「ええとこ活用®」を推し進める。また兵庫県が認証する兵庫県ミートマイスター制度も県内小売専門店としては初めて認証取得し、兵庫県の特産品である「但馬牛・神戸ビーフ」の専門家としての地位を確立。精肉店としての知識や経験そして技術を見える化させ販売促進、業績向上に役立てている。

⑤　ものづくり補助金の採択

ものづくり補助金には平成29年度補正と平成30年度補正の２度の挑戦を行い、２度とも採択されている。

ア．１回目（平成29年度補正）

導入設備：大型のX線検査装置

事業計画の概要：牛肉精肉化には一次加工が不可欠であるが、原料由来の異物混入が問題となっている。本事業は熟練技術の見える化で異物混入の可能性を低下させ、技術の定数化を図ることで歩留率の向上、技術の伝承を推進させる取組みである。

知的資産経営に取り組むことで自社の価値が明確になり、その価値をものづくり補助金の申請書に盛り込むことで内容の充実した申請書になった。

例えば、「自社独自のオリジナル仕入プログラム」や「自社一貫加工」「一

<ものづくり補助金原稿より>
【当社の強み】
自社独自の、オリジナル仕入れプログラムによる、牛肉の1 頭仕入れ。仕入れた高品質な牛肉を自社一貫加工することにより、中間マージン（加工費、流通費など）を省いた高品質、かつリーズナブルな牛肉を提供できる取組み。
また牛肉の一次加工は現在当社のある加古川市内では、小売店としては当社しか行っていないことにより、競合他社との原料からの差別化ができている。
これらの当社の強みを活かすためには今まで感覚でしかなかった熟練職人の技術の見える化、定数化に取組み、さらに原料由来による異物混入をできる限り防がなければならない。

次加工が加古川だけ」は「組織･技術資産」であり､それらの知的資産を､「感覚でしかなかった熟練職人の技術の見える化、定数化」、さらに「原料由来による異物混入」という価値創造に活かすことが明瞭になっている。

その価値創造は顧客に、

- ✓ 価値として、一頭仕入による高品質な牛肉を購入できる価値
- ✓ コストとして、自社一貫加工による中間マージンを省いたリーズナブルな牛肉を購入できる
- ✓ 利便性として、一頭仕入れ自社一貫加工による豊富な在庫で顧客の欲しいに応える力
- ✓ コミュニケーションとして、店頭販売の強みを活かし顧客の要望を形に変える力。

という、顧客がうらいを選ぶ要素につながる。

これらのインプットとアウトプットの関係性に一貫性があることが重要であり、その関係性を補助金申請に活かすことができている。それが採択された要素と考えられる。

イ．２回目（平成30年度補正）

２回目は、急速凍結機及びトレイパックマシンの設備の導入である。

熟成牛肉は、精肉後の賞味期限の短さ、冷凍保存に向かない性質、原料肉の特性上進物品の遠方への宅急便配送に耐えにくいこと、百貨店の納品条件が冷凍品であるため販路拡大が困難、進物品の資材代金、製品を仕上げるのにかかる作業時間と作業の複雑さ、包装技術がなければ取り扱えないなど、多くの課題があった。これら一連の経営課題解決のために設備の導入を実施。

急速凍結機及びトレイパックマシンを導入することで、この価値創造は、次のメリットが生まれる。

- ✓ 品質価値：高品質な牛肉の冷凍保存が可能になる
- ✓ 利便性価値：必要な時に必要な分だけ使用することができる
- ✓ 省資源価値：包装資材が簡便化され、ごみの量が減る。環境保全
- ✓ コミュニケーション価値：店頭販売の強みを活かし、製品にフィードバックすることでともに新製品を作り上げていく
- ✓ 市場創造価値：新マーケット創出チルド品と遜色ない冷凍精肉製品は新たな市場を創出可能

⑥　産官学連携による牛肉の研究に参画（兵庫県補助事業）

令和元年度兵庫県最先端事業研究プログラム事業（兵庫県COEプログラム研究、可能性調査）において研究提案書の作成を、知的資産を活かして川村店長が作成。採択後、代表機関として有限会社うらいが研究を執り行った。自社で取り扱う肉を見える化する、という目標を立て、美味しさや価値を客観的かつ定数的に落とし込み、自社の販売する牛肉のブランディングに活かしている。

令和２年度はこの研究をさらに進めるべく、体制や資金調達額を大幅に増やし、国の行う大型プロジェクトの予備研究に相当する応用ステージでの採択を目指している。参画機関は、有限会社うらい、神戸大学、県立工業技術センター、県立畜産技術センター、兵庫県食肉事業協同組合連合会、神戸肉

流通推進協議会、株式会社ヒライである。

この事業の背景は、これまでインバウンド等で好調だった和牛生産が、新型コロナウイルスの影響により和牛の仔牛価格が急激な下落に見舞われていることである。今後長期化すれば、農家、流通、小売・外食のシステム全体に深刻な影響が及び、兵庫県の大半を占める中山間地の離農が進めば、兵庫の宝と謳われる但馬牛・神戸ビーフ増産の夢は永遠に絶たれることになりかねないという危機感がある。

目標は、神戸ビーフの価値を最大化するために、神戸ビーフの正統な血統だけが持つ「神戸ビーフ香」を特定、肉職人が見極めた美味しい肉色に関する知見を収集し、最新の機器分析を用いてデータ化を図ることで、現行の評価基準では表しきれていない神戸ビーフの新たな評価基準作りを目指すものである。

うらいの持つ牛肉処理加工の経験（知的資産）は、と畜直後の牛肉の肉質を視覚評価することや当該肉の美味しさを識別すること、肥育期間の長さを判別することを可能としており、顧客の求める美味しい牛肉を供することができている。この経験知（知的資産）を活用し見える化することが指針を作成する重要な基礎となる。経験知という見えざる資産の見える化への挑戦である。

⑦　ジビエ　地元猟師とのコラボレーション

「血液の１滴までも命」。これは浦井社長からの教えであるが、これが社員に浸透していることが、うらいの強みである。

全国的に問題となっている野生鳥獣による農業被害。郊外に店を構えるうらいの常連客には農業従事者もまた多く、その常連顧客との親密な関係から、顧客の抱える地域の課題を見える化した。企業の社会貢献活動（CSR活動）、社会的責任の担い方を示すべく計画を立てた。この取組みで目指すのは、社会貢献とビジネスの一体化、そして競合他社にない自社独自の強みを活用し新事業を立ち上げることが狙いである。ジビエ＝肉であり、元々の親和性は高いと見込んでいる。事業資金捻出もクラウドファンディングで資金調達するなど、新事業に相応しい先鋭的な取組みを行っている。

獣害として農家が困っている鹿やイノシシを地元の猟師が撃ったあと、丁寧に無駄なくさばくことで命に感謝する。食肉小売店として、生き物の命の大切さを理念に掲げている小売店は少ない。他店との違いは価値の高い知的資産である。

⑧　農林水産大臣賞（優良経営食料品小売店等表彰事業）受賞

平成30年度の優良経営食料品小売店等表彰事業で農林水産大臣賞を受賞した。表彰概要では、以下のことが説明されている。

優良経営食料品小売店等表彰事業は、各地域で繁盛店として優れた経営を実践している食料品専門小売店や商店街を発掘表彰するとともに、その経営ノウハウを広く公開してもらうことにより、同種の事業者の参考に供するこ

とを目的に実施していること。

少子高齢化の進展、量販店やコンビニの大量出店、消費者のライフスタイルの変化等、食料品小売専門店の経営環境は厳しさを増しているが、このような環境下にあっても、取り扱う食品に当該小売店ならではの独自性を打ち出すことによって、他の小売店にはない魅力を発信しているところが多かったこと。

また、本賞は経営の優良性を判断する賞として、採点基準を業績評価と経営技術評価を足し合わせた上での総合評価（100 点満点）をベースとしている。概ね70点以上が受賞に値する小売店という評価基準に基づいた審査が行われる。その中で、農林水産大臣賞は90点以上を受賞対象としており、かなり厳しいハードルを越えなければ受賞店になれない。総合点80点以上が農林水産省食料産業局長賞に該当。他の賞の場合には、総合点評価だけではなく、個店の強みを吟味しながら賞別受賞店を決定した、としている。

農林水産大臣賞は90点以上とのことだが、審査員からのメッセージは、業績内容以外に知的資産経営報告書によって有限会社うらいの価値が明確になり、同社の持つ知的資産による業績の裏付けが明確になっていることが挙げられたとのことである。

有限会社うらいの日々の取組みの良さが高く評価された結果である。

⑨　加古川ふるさと納税「会いに行く返礼品」

加古川市は、ふるさと納税の返礼として、精肉店の店長らが納税者宅を訪れ、加古川産の高級和牛を調理する取組みを始めた。川村店長が神戸ビーフや志方牛など地域のブランド牛を持参し、寄附者宅でオーダーメイドの肉料理をふるまう。

ただ料理を提供するだけでなく、寄附者に直接、肉職人のみぞ知る地域の肉に関する知識や、料理技術などを伝えるとともに、“加古川プレゼンター”として加古川市に寄附者が行きたくなるような地域の魅力をPRする。

発想の元は、加古川市の食肉産業やまちの活性化はもとより、店舗でともに働く仲間に対し、「肉屋の仕事は楽しい！」と感じてもらいたいという想いから、「モノ」だけでは伝えられない、事業者の「アツい想い」をカタチにし、「会いに行く返礼品」を通して魅力を届ける企画である。

⑩　川村氏からのメッセージ

有限会社うらい川村店長からのメッセージ（2020年４月20日付）を紹介する。川村店長の意識、浦井社長の理念、そしてともに働いている仲間、すべての力の総和が新しい有限会社うらいをつくりあげていることが分かる。

取組みはまだまだ誇れるものではないと思っていますが、何とか少しずつ進歩できていると思っています。それも森下先生にご教授いただけたからで、もしお会いできなければ未だに、様々なことで迷っていたと思います。やる気だけはあったのですが、何から手を付ければ良いのか分からず、しかも自分の今までの経験の中だけでしか物事の判定を行っていませんでした。正しい努力の方法を教えていただけました。今思えば本当に井の中の蛙でした。お恥ずかしい（笑）。もちろん今でも分かったような気になっているだけで、未熟者であることには変わりませんが…。

ミートマイスター取得には、死ぬほど努力しました！ 並大抵ではありませんでしたね。今では良い思い出です。部分肉製造は自社でも行っていることなのですが、そこに卸売業者さんが特に気にしている時間効率の評価があるので、小売店で自社のペースでしか仕事をしたことがなかった私には非常に高いハードルでした。具体的には筆記試験が７科目、実技試験が牛肉の枝を半頭分、１時間以内に骨を取り流通規格まで仕上げるという内容です。因みに試験前の私の作業所用時間は３時間弱でした。

言ってみれば関係性はありますが、専門外の資格だったので取得はすごく自信になりました。昨年のお盆過ぎからの努力が報われたという感じです。

今年もこれからますます尖がっていこうと思っています！

有限会社うらいは、浦井社長の考えである「地域のお客さまに喜んでもらう、いただいた命を大切にする」という理念の元に、自社価値の見える化によって、顧客や地域の人々、そして社員たちとともに、精肉店という場を軸にした価値循環により変化できる組織に発展している。

また、同社はさらに進歩するための取組みを始めている。

皆で集まって、夢を語る。

ブランド作りをする。

ブランドは商品ではなく、プロセスのブランド化。

プロセスのブランド化のために、何をするか。誰がどのようにするか。

より具体的に、戦略から戦術に、そして戦闘に。

俺たちの夢を実現しようよ。

常に顧客のため、みんなのため、進歩を続ける有限会社うらいである。

2　有限会社大濵

（1）企業概要

企業名　有限会社　大濵

代表者名　代表取締役　大濵　義平

住所　兵庫県加古川市尾上町池田84-2

URL　http://www.oohama.jp/

事業概要　一級河川加古川下流で約60年、海苔の養殖業を営み、生産量は800万枚。
販売は、兵庫県漁業協同組合連合会のり流通センターに90%委託。残り10%は地域資源として地元小売店への委託販売及び自家販売を行っている。

（2）沿革

有限会社大濵の沿革を整理すると、同社がたどってきた歴史と培われてきた知的資産やその活用を見ることができる。

沿革は大きく３つに分類できる。その期ごとの出来事と知的資産の関係を整理すると、今日の企業価値の源泉を知ることができる。

創業当時の基盤形成期を経て転換期では、自社ブランド“海苔香”の立ち上げと、地産地消を目的とした販路開拓による加古川産海苔の認知度向上という方針が、企業価値を高める転換点である。

発展期は３代目である圭右氏が入社し、最も美味しい“一番摘み海苔”をすべて自社加工海苔に回し販売量の増大を図るとともに、兵庫県内への販路拡大、新商品開発により、新たに贈答向けのマーケットを開拓した。

他社にない知的資産から生まれた「一番摘み海苔」を活かしたチャネル開

<table>
<tr><th>期間</th><th>年　度</th><th>出　来　事</th><th>知的資産との関係</th></tr>
<tr><td rowspan="7">基盤形成期</td><td>1940年代</td><td>“大濱 平・こいと夫婦”により、“岩海苔”を採集し生計する。</td><td rowspan="7">“尾上漁業協同組合（現：東播磨漁業協同組合）”の指導の元、海苔養殖を始めるに当たり、近隣の漁師を募り、先祖代々、近隣の海岸で行っていた“岩海苔”の採取技術を基に、海苔養殖業を創始する。
長男・義平、次男・日出夫、に従事させ、養殖事業を継承させる。
生産された海苔は、全て、“漁連”を介し、海苔問屋に販売を行い、消費者への直接販売は行っていなかった。</td></tr>
<tr><td>1948年</td><td>水産業協同組合法が制定され翌年、兵庫県漁業協同組合が発足する。</td></tr>
<tr><td>1960年</td><td>大濱 義邦により、“海苔養殖業”を創業する。</td></tr>
<tr><td>1996年</td><td>海苔生産工場を尾上漁港に移転し増産を計る。</td></tr>
<tr><td>1997年５月</td><td>㈲大濱を設立し初代代表取締役社長に“大濱 義邦”が就任する。</td></tr>
<tr><td>1997年12月</td><td>生産設備増強（乾燥機）と収穫効率増強（もぐり船）を行う。</td></tr>
<tr><td>2002年４月</td><td>もぐり船（２隻目）を導入し、更なる収穫効率を行う。</td></tr>
<tr><td rowspan="7">転換期</td><td>2006年１月</td><td>近隣消費者向け海苔の販売を開始する。</td><td rowspan="7">自社で養殖して採れた海苔を地元（加古川）の消費者に食してもらうために“加工海苔”を加工業者に依頼して製造して、販売を開始した。
自社ブランド“海苔香”を、立ち上げ、事務所での販売のみならず、地産地消を目的として、地元ＪＡ直販所に販路を開拓し、加古川産海苔の認知度向上に努めた。</td></tr>
<tr><td>2008年６月</td><td>海苔の直販規制緩和に伴い、一般消費者向け“加工海苔（大濱のり・焼きのり）”の販売を開始する。</td></tr>
<tr><td>2009年10月</td><td>加古川市特産加工食品の認定を受ける。</td></tr>
<tr><td>2009年12月</td><td>自社ブランド“海苔香”を立ち上げ、販売を開始する。</td></tr>
<tr><td>2010年２月</td><td>“海苔香”のプラボトルを販売開始し“国宝鶴林寺”のラベルを設える。</td></tr>
<tr><td>2010年11月</td><td>ＪＡ兵庫南直販所（ふぁ～みん・ＳＨＯＰ）にて、販売を開始する。</td></tr>
<tr><td>2012年１月</td><td>２代目代表取締役社長に“大濱 義平”が就任する。</td></tr>
<tr><td rowspan="8">発展期</td><td>2012年５月</td><td>“めぐみの郷（G-7グループ）”にて、販売を開始する。</td><td rowspan="8">３代目（圭右）が入社し、海苔養殖の継承と海苔販売の拡販を積極的に計った。
自社で養殖した最も美味しい“一番摘み海苔”を全て、自社加工海苔に回し、販売量の増大を図ると伴に、加古川市近郊のみならず、兵庫県内に販路を拡大し、新商品（海苔佃煮）の開発による“詰合”を販売する事により、家庭用のみならず、贈答に向けた消費を促した。
“兵庫県物産協会”の認定を受けた事に依り、量販店より取引の依頼が有り、より多くの消費者に購買する機会が増大した。</td></tr>
<tr><td>2013年12月</td><td>新商品“佃煮：海苔香”の発売を開始する。</td></tr>
<tr><td>2013年12月</td><td>兵庫県物産協会“五つ星ひょうご”の認定を受ける。</td></tr>
<tr><td>2014年３月</td><td>新商品“恋のり”の発売を開始する。</td></tr>
<tr><td>2014年５月</td><td>ヨーカドー甲子園店（西宮市）にて、催事販売を行う。</td></tr>
<tr><td>2014年12月</td><td>イオン加古川にて、常設販売を開始する。</td></tr>
<tr><td>2015年12月</td><td>山陽百貨店（姫路市）にて、催事販売を行う。</td></tr>
<tr><td>2018年10月</td><td>加古川總本店：開業</td></tr>
</table>

拓や新用途の開発に繋げている。

知的資産経営の具体的な取組み内容などについては、同社３代目の圭右氏が但陽信用金庫のセミナーで話しをした内容を、以下にそのままの言葉で掲載する。

（3）取組み内容

①　はじめに

知的資産経営に取り組んだきっかけは、父の世代からのスタッフが会社から離れ、一からのリスタートの際、私自身に疑問が生じたことがきっかけでした。

それは、「経営理念や行動規範ってどうやってつくるの？」ということでした。少人数で営んでいる会社であるにもかかわらず、バラバラで意志疎通もできない状況であったため、会社の見える化や自社の強みを再確認する必要性を考えました。

知的資産経営報告書を作成する前に説明会に行った時のことです。話している先生方の内容に圧倒され、レベル的にも正直まだ早いかなと思ったのは事実です。皆さんもそう思う方が少なからずいると思います。

でも、これだけは言わせてください。

「知的資産経営報告書完成のために100％の力で取り組めば、完成後振り返ったときに後悔は絶対しません」。

大学卒業後サラリーマンからの転身で地元に戻ってきた私ですが、私が入社した時、当社は6,000万円の債務超過に陥っていました。当時は上司に言われるがまま活動していた私にとって、何が正しくて何がダメなのか？ どうしたらいいのか？自分で考え抜く力がなく、当時はがむしゃらに走り続けていました。

しかし、知的資産経営報告書との出会いが、私の人生を180度変えた瞬間でした。

作成後は、仕事をやらされている感覚から自主的に考えて活動するようになり、会社を愛せるようになりました。

結果、スタッフに法人設立後、初めてボーナスを渡せるようになりました。

設備投資もでき、どんどんと職場環境が良化していきました。

私は成功者でもないし、コンサルタントでもないので業務改善の方法は分かりません。ただ、自分の会社をどのようにしたいのか？ １つのきっかけから変化し、仕事を楽しめるようになりました。

自社がどうあるべきか、たくさん悩まれている経営者の方々がいると思います。是非一度、自社の決算書には記されていない財産を探してみてはいかがでしょうか？

作成の体制は、大濵圭右、営業の島田、営業事務の清原、経理の大濵久美、但陽信用金庫の支店長、担当者、事業支援部担当者、大阪府中小企業診断協会・知的資産経営研究会の及川先生です。

② 事業の特徴

有限会社大濵は60年以上、海苔の養殖から生産そして販売を手掛けている会社です。自社で海苔の胞子（卵）から細胞レベルで管理し、１から自分の手で育て上げ、一番美味しい状態で収穫し生産しています。海苔は１枚の網から14回収穫できます。

１回目に収穫する海苔を「１番摘み」といい、14回目に収穫する海苔は「14番摘み」といいます。１番摘みの生産量はわずか全体の３％ほど。原料の中で１番美味しい海苔で、加工されると贈答用の海苔として市場に出回ります。

さて、海苔の流通について皆さまはご存知でしょうか？

私達、海苔漁師は養殖して生産するまでをメインとして活動しています。その後、兵庫県漁連が県内の海苔に等級をつけて管理します。そして、入札権を保有している会社が買い付け、落札後は自社商品へ加工しスーパー等に流通されます。

弊社の地元である兵庫県加古川市では海苔漁師の存在を知っている人はごくわずかであり、地場産の海苔の味を知らない人が多いです。

③ ブランドを創る

「地元で誇れる商品を作りたい」。この想いで10年前から自社で生産した海苔を兵庫県漁連から再度買い戻し、販売が始まりました。一番良い原料を使用し、自社で経験を重ねた独自の生産技術と最高の原料により、仕上りと味に絶対の自信があります。

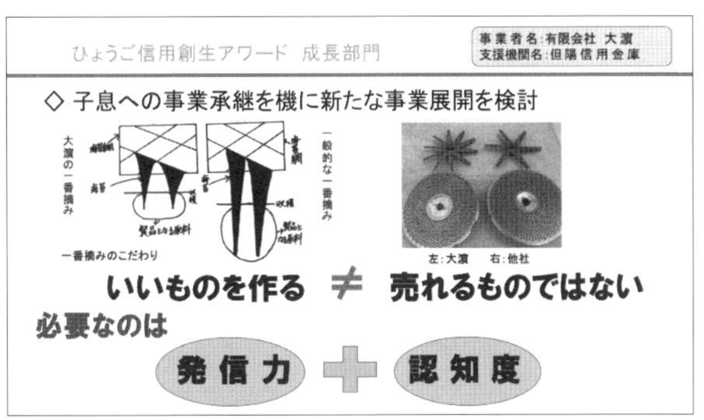

そして、この10年間の販売活動を経て、2019年11月４日に直営店舗である大濵海苔店を無事にオープンさせることができました。当初の顧客数は300人でしたが、オープン後2020年５月現在で2,500人にまで増加し、お客さまの笑顔に囲まれる幸せを感じています。

その背景には但陽信用金庫からの紹介で知的資産経営に出会い、作成、実戦なくして現在の成果はあげられていないものと思っています。

	旧大濵海苔販売所		新大濵海苔店
	2018年11月4日から2019年7月末までのデータ		
顧客数	約350名	→	2,000人
来店（1ヶ月）	20人	→	250～350人
来店（累計）	180人	→	約3,000人
単価	2,000円	→	5,000円

現在、兵庫県は全国生産量第２位の大産地となっています。中でも加古川沖漁場は近くに一級河川加古川があり、稲美町のため池もあります。雨が降るとため池の水が川を通して海に流れます。この栄養を一番に吸収するのが加古川海苔です。そのため、旨みが凝縮した黒くて高級な海苔が生産されます。

60年以上続く加古川の海苔産業ですが、あまり認知されていません。その理由は入札制度にあります。私達が生産した海苔は大手流通業者により入札を通して購入されるため、我々生産者は一般のお客さまとは深くかかわる機会がありませんでした。また、一番美味しい最高級の原料は高級であるが故、東京の商社に入札され、地元の皆さまが手に取ること、口にすることはありませんでした。その結果、地場産なのに「加古川に海苔がある』ということは知られていません。

私たちにとっては非常に悲しいことです。

そこで、自社ブランド“海苔香”を立ち上げる決心をしたのです。「たくさんの人に知ってもらいたい、食してもらいたい」。この想いを胸に10年前から自社ブランド「海苔香」を立ち上げ、通常は入札後東京に流通される最高級の一番摘みの海苔を原料に使用し、味付海苔や焼き海苔として販売しています。

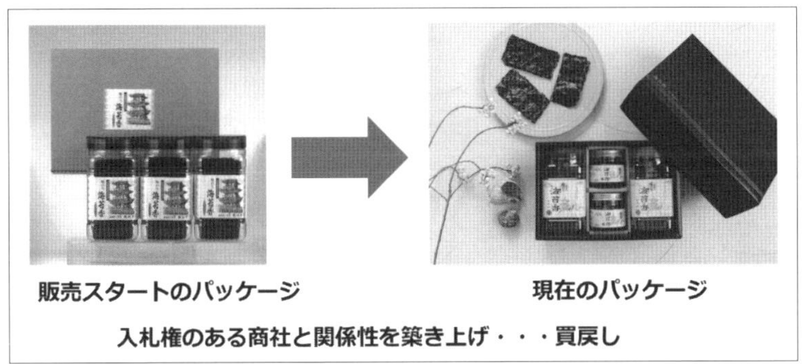
販売スタートのパッケージ　現在のパッケージ
入札権のある商社と関係性を築き上げ・・・買戻し

年々、顧客数も増え認知度も高くなっていることへの実感が嬉しい限りです。今後も加古川海苔をPRしていき、「加古川といえば海苔」といってもらえるような特産品に育て上げ、皆さまから愛される商品作りに邁進していきます。

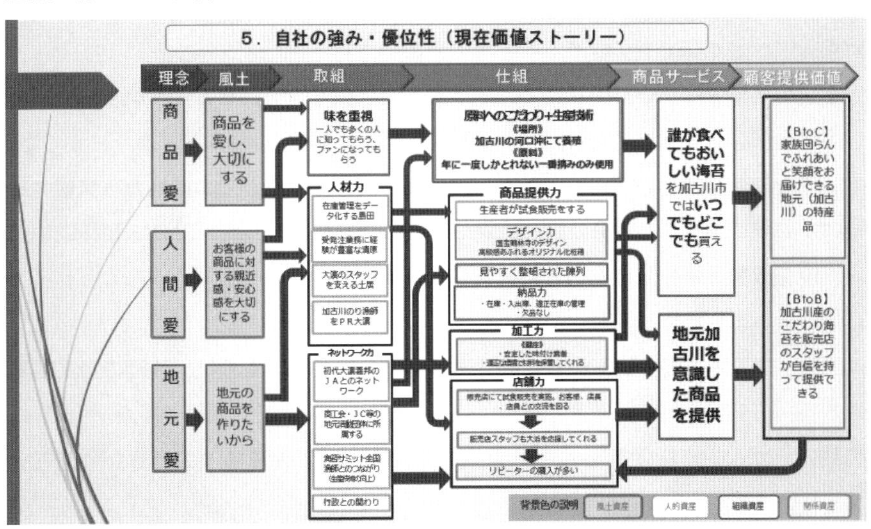

（4）将来に向けた取組み

有限会社大濵が知的資産経営によって、社内の外部的・内部的にどう変化したか？を発表させていただきます。

①　対外的変化

2018年11月４日に大濵海苔の直営店をオープンさせました。場所は、加古川の浜の宮公園の向かいにあります。海苔漁師が海苔直営店をオープンすることは、兵庫県初の試みです。もしかしたら全国初かもしれません。

こちらの店舗づくりには賛否両論ありました。店舗の場所や費用、デザイン等否定的な意見が多くありました。ただ、加古川市民の皆さまの認知度を高めるには、直営店舗が是が非でも必要であると考えたのです。

普通の店舗ではない、周りに溶け込まず、お客様を吸い寄せるような店舗。

店舗全体のテーマを“加古川”“海苔”“漁師”に据え、店舗作りにあたりました。そして大濵海苔店という本拠地である地盤が必要であり、かつ本拠地から発信する情報が必要であることが分かり、店舗づくりに突き進みました。SNSを積極的に行い、情報収集・情報発信をもとに知り合った、姫路のマーキュリーさんにデザインしてもらいました。

当然、マーキュリーさんにも知的資産経営報告書を見てもらい、弊社の事業活動や内容、方向性や想いを理解していただき、デザインしてもらいました。今では、商品のデザインや販促等も含め総合的な相談役として大濵には欠かせない存在となっています。

現在は、温度と湿度が管理可能な商品用の新倉庫を作り、海苔在庫を昨年対比200%保管しています。

また2020年、ものづくり補助金や小規模事業者持続化補助金の申請をしました。申請にあたり知的資産経営報告書が非常に有効活用できました。但陽信用金庫の支店長に申請書作成の支援をいただきました。補助金申請書を作成するにあたり、支店長には、知的資産経営報告書によって弊社の活動内容や進むべき方向性をより理

解してもらい、補助金の申請書に反映することができました。

今回のものづくり補助金により、17年間騙し騙し使い続けてきた海苔の乾燥機の入替えを行いました。海苔養殖事業者にとってなくてはならない乾燥機です。入替えは総額1億円の投資となります。社内にはこの多額の設備投資に慎重論もありましたが、知的資産経営報告書の数値目標として設定したミーティングを毎週1回開催して、今後のビジネスモデルについて周知することができ、大型の設備投資も理解が得られ、社員一同、パートも含めて、皆がこれからどうすればいいのかを考えることができるといった、良い方向にモチベーションを持っていけました。

ただし、実際に知的資産経営報告書を作成してみると、大濵ブランドが確立できていないことに気づきました。そこで、ブランディング力を高めるにあたり、知財総合支援窓口の相談アドバイザーにアドバイスいただき、3件の商標登録ができました。また、相談担当からデザインの専門家派遣の提案をいただき、神戸芸術工科大学とつながりを持つことができ、デザイナーの方と知り合うことができました。

担当者にも作成した知的資産経営報告書を渡し、海苔漁師としての想いを伝え、その想いを表現できる包装紙、ショップバッグ、商品、リーフレット等を統一したデザインに仕上げていただきました。現在も大濵海苔のデザイナーとして、デザインをはじめ様々なアドバイスをいただいております。

②　大濵の独自性（知的資産）を活かす

商品力（美味しいということ）には自信はあります。しかし美味しいもの＝売れるわけではありません。お客さまに知ってもらえるよう、興味を抱いてもらえるよう、そして手にとってもらえるようにデザイン、撮影の改善を行い、情報発信力を

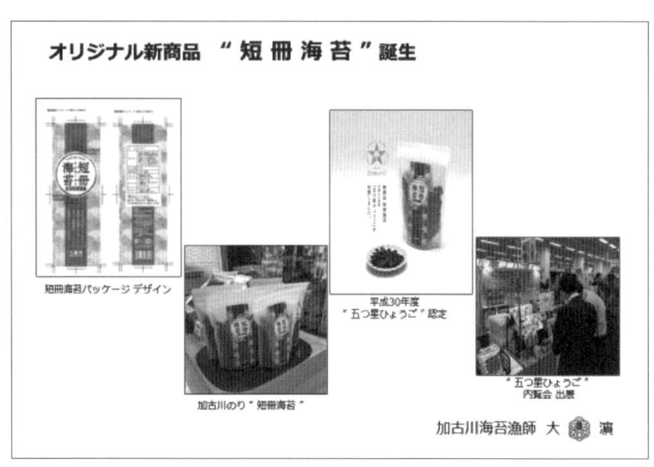

さらに高めました。そして価格相応の美味しさを表現できるようにしました。

弊社独自の美味しさへのこだわりを知的資産経営書に盛り込みました。通常はたくさん生産するために、海苔を成長させて収穫しますが、弊社は収量よりも美味しさを優先。収量を犠牲にしてでも、皆さまに伝えたい美味しい海苔を生産しています。因みに当社全体の生産量の３％しか収穫できない極上海苔です。

また、弊社の裁断するプレートは一般的なものよりもさらに細かくカットできるものを使用しています。そのため他社よりも口溶け感よく仕上げることが可能です。

今までは良いものを作ることに満足しておりましたが、イコール売れるわけではありません。売れるためには発信しつづけ、お客さまが欲している情報も提供して初めて売れることになります。そこでプロダクトデザインの重要性についても気づくことができました。

プロダクトデザインについて調べてみると、以下の内容が記載されていました。

「プロダクトデザイナーはただ形のデザインを行うだけでなく、“ユーザーがどのように使うのか”という商品企画の部分から売り方まで、製品を取り巻くもの・ことに関するすべてを提案」。

コンセプトからカタチにする思考も必要です。

ストーリーに基づきブランド力を高め、統一されたパッケージを作成してもらうには、当然、自分自身がきちんと会社の活動や方向性、そして想いを伝えなければいけません。知的資産経営報告書とデザイナーがいなければこのような統一されたパッケージは完成してなかったでしょう。

海苔らしさをなくし、新しさをデザインしました。短冊海苔のネーミングも今までにない商品名です。コンセプトは若い人が手に取る、簡単な手土産として商品名とデザインに付加価値をつけ、新しい海苔屋として生み出しました。2018年度の兵庫県物産協会主催の「5つ星ひょうご」にも認定されました。

次は大型投資についてです。

知的資産経営報告書を作成することで、将来のビジネスモデルや時間軸も明確になりました。

海苔の乾燥機は通常、10年間で買い替えられるのが一般的です。当社の乾燥機は今年で17年目となり、トラブルが多く続きました。そして今、漁期終了とともに海苔の乾燥機の寿命を迎え、入れ替えを決断しました。

以前の考えでは、乾燥機の入れ替えのみを行っていたでしょう。しかしながら、店舗の売上やお客さまへの情報発信、そしてブランディングを考えると、一般の人が工場見学できるようにしたいと思い、工場の全面改装を決断しました。

一般的な海苔工場は正直あまりきれいなものではありません。工場見学できるような工場はあまりありません。食品を扱うものとして、海苔に人生を懸けるものとして、みなさんに海苔を知っていただきたいという想いが決断に繋がりました。

工場見学という観点は、経営者である私自身がしっかりとした方向性を確立していなければ発想として浮かばなかったと思います。工場では「本日生産。できたてホヤホヤの海苔」を皆さんに食べてもらいたいと考えています。

③　お客さまとの絆づくり

知的資産経営を進める中で、ブランディングの強化が課題となり、活動するにあたりどうすればお客さまにさらに喜んでもらえるのか？ 知ってもらえるのか？という方法を模索しているときに、但陽信用金庫より「ワクワクセミナー」を紹介してもらいました。お客さまと大濵海苔店との大切なコミュニケーションの場として実践しています。感謝のハガキをはじめ、店内POPの作成、A型看板、のりのり

の通信等で既存会員の皆さまとの絆づくりをしています。

既存のお客さまへは情報を積極的に発信することで、お客さまから忘れられない会社作り、また来たくなる店舗づくりを心がけています。

来店のお客さまは、のりのりの通信の内容を店内で話し、分からないことは店員に聞いたり会話のエッセンスになっています。良い情報は社内会議で共有し、みんなが自由に試せる場として大濱海苔店で実践する。お客さまの反応が鈍いものについてはやり直すだけ。少しずつ、少しずつお客さまの心を掴む行動を模索しています。

そして本日お配りしたチラシやSNSを使い、まだまだ知られていない大濱海苔店をもっと知ってもらえるようにしています。店舗を作った時に尾上町池田の地元であっても、地元のみなさんは知らなかったという声がたくさんありました。思い込みや地元やから知っているという先入観が邪魔していたように感じます。

知的資産経営にも同じことが言えます。強みの部分が当たり前となり、それに気づいていない方が多いとよく聞きます。私もそうでした。気づかないと強みを強化することもできません。

チラシやSNSで常に気を配っていることは、まったく知らない人に心を響かせるにはどのような文言でどのように訴えかけるかということです。そのために、知的資産経営推進の1つとして、毎週、社内の定期ミーティングを行うようになりました。ミーティングは行動規範の唱和から始まります。今週の行事確認、各人の問題点やトラブル、お客さまの声などを全員で共有し、参加できない社員のためにも議事録を作成し後で読んでもらうようにしています。情報はできる限りみんなで共有し、いいところはさらに尖がらせ、トラブルはみんなで解決し２度と同じミスが起きないようにルール化しています。因みに、現在のルールは約40ほどになりました。分かりやすく整理することで振り返ることができます。

また、情報共有のために会議以外にも日々の活動において、個で行う仕事の内容からチームで行う仕事の取り組み方になり、スタッフ皆が工夫を凝らして仕事をするようになりました。

そして新規パート３人のメンバーを迎え、知的資産経営報告書や社内統一ルールを通して大濵海苔店を理解してもらい、チームとしての活動にすぐ慣れて活躍しています。

知的資産を経て、今まで説明させていただきました取組みを行い、信用保証協会主催の「ひょうご創生アワード」成長部門にエントリー、優秀賞を受賞しました。将来的には、現在外部委託している味付け加工工場や飲食店舗を作り、さらに働く女性スタッフのための企業保育園を作りたいと考えています。

地元の人たちが必要としてくれる企業を目指し、そして多くの方にもっと身近に

行動規範

接客	・電話対応、対面販売、いつでも笑顔で対応すること。
共有	・誰でもわかる取り組みをすること。 誰かしかできない、わからない、知らないはやめること。
行動	・時間管理を徹底すること。 ・整理、整頓、清掃、清潔、躾の徹底をすること。
姿勢	・具体的に考えて根拠をもとに行動すること漠然と行動しない。 ・お客様に大濵を好きになってもらうこと。 ・売り手目線でなく、買い手目線。お客様は何を求めているのか？ お客様は何を知りたいのか？現状に満足せず、常に考え続けること。
社内	・コスト意識の徹底をすること。 ・自分自身の仕事に責任をもち、チームの和をみださないこと。 ・スタッフ皆が支えあう仕事の取組みをすること。 ・働くスタッフ皆が面白いと思える仕事をすること。

加古川海苔を知ってもらえるよう、必要としてもらえるようにしたいと思っています。

④　経営理念の再構築

現在では将来の目標や中長期の計画等を説明できますが、3年前まではまったくできませんでした。なぜなら、自社の現在地がまったく分からなかったからです。そして、強みや弱みをはっきりと伝えることができず、社員にも明確な方向性を伝えることができずにいました。そんな時に知的資産経営と出会い、行動に移すことで個人商店から会社へと変化していきました。

当社の経営理念「商品愛、地元愛、人間愛」は社内スタッフみんなで導き出した理念です。

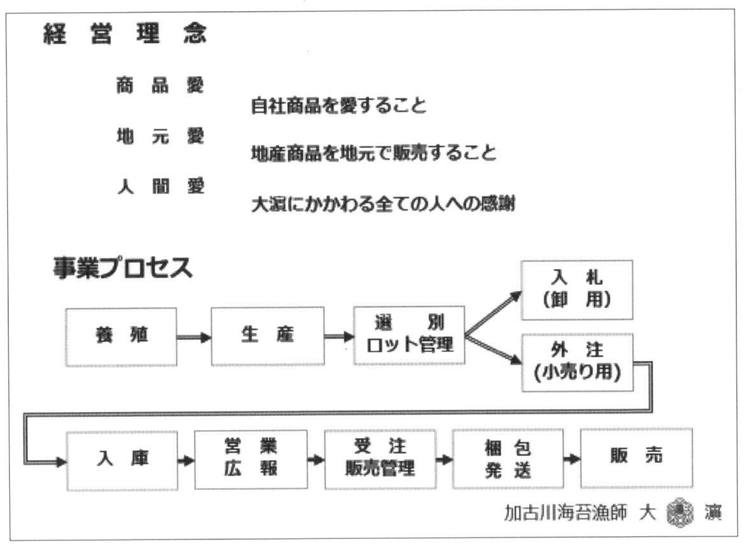

事業概要プロセスについて、海苔業界のことを知る人は非常に少ないです。作成後は業界と自社についてより分かりやすく人に伝えられえるようになりました。知的資産経営報告書には画像も付加していますので、さらに理解できるように仕上げています。そして知的資産を通して自社の強みを再確認することができました。よ

り具体的に落とし込み、資産には見えない財産を発見。当たり前の日常活動に数々の財産があり、社内スタッフと意見を出し合うことで改めて認識することができました。そして、強みを武器に市場環境や社員の想い、経営理念をミックスさせて将来の事業展開を考え、実現するための要因まで考えることができました。

⑤　最後に

当社の知的資産経営報告書は全28頁となりました。

はじめは2015年の但陽信用金庫が主催する「知的資産キックオフセミナー」に意味も分からず参加しました。当時の金融機関取引は某信用金庫がメインで、但陽信用金庫とはそれほど深く交流することもありませんでした。現在では何かあったら、まずは同金庫に聞くほど信頼しています。

セミナー後、知的資産経営が弊社に必要とは感じたものの、具体的な強みはあるのだろうか、自社で知的資産経営報告書を作成するのは時期尚早なのではないかなど、疑問や不安はたくさんありましたが、担当の及川先生や但陽信用金庫に背中を押されて作成しました。完成までに２年を要しました。

知的資産を行うきっかけと苦労

経営理念や行動規範がなく、意志疎通が取れない会社

少ないパートなのに方向性がバラバラ

強みや弱みがはっきりとわからない

基準がよくわからず、スタッフ一同混乱の連続

自分の会社がどこに向かっているのか不明

漠然とした行動の為、改めて戦略を考える事に苦労

特に自社の強みの再確認と将来の事業計画の策定については、元々経営理念や行動規範もない中で、ただ漠然と多くの人に知ってほしいという想いだけで行動していたため、改めて考える時間を作り具体的に戦略を考えることは特に苦労しました。

及川先生（注：大阪府中小企業診断協会・知的資産経営研究会メンバー）のサポートなしではまず完成してなかったと思います。

この２年間は、強みや弱みの基準とは何だろう？ と躓きの連続でした。スタッフからも日々仕事に追われている立場から一転、客観的に自社を分析して意見をまとめることに慣れていないなどという声も挙がりました。私をはじめスタッフ一同、日々の仕事に加え知的資産経営報告書作成の時間を作り、進めることは非常に体力のいる仕事でしたが、完成後は全員がやってよかったと思える報告書となり、社員が平等に意見を言い合い、それぞれの想いを聞くことのできる大切な時間が得られました。そして何より、ビジョンが明確化され、具体的に行動に移せるようになったことが大きな成果です。

将来の重要目標達成のための重要業績評価指標（KPI）

		現　状（2018年）	将　来（2023年）
経　営　力	経営セミナーへの参加	２　回　/　年	４　回　/　年
ネ　ッ　ト ワークカ	異業種交流会へ参加	１　回　/　月	３　回　/　月
人　材　力	社内教育やセミナーへの参加	４　回　/　年	８　回　/　年
店　舗　力	店　舗　：　売　上　高	1,２００万円	3,６００万円(300%)
情報収集力	経済紙、業界紙の購読	０　誌	２　誌
情報発信力	ＳＮＳ、ブログにて情報の発信	３　回　/　週	７　回　/　週
情報共有力	社内ミーティング	１　回　/　月	４　回　/　月
技　術　力	入札のりの等級を上昇させる	本等級割合：４０％	本等級割合：６０％

加古川海苔漁師　大　濵

そして具体的な行動とは、具体的にどのような情報を仕入れ、どのように実践するべきか？ を考えることだと思います。知的資産には見えない財産を発見するほか、企業の道標を発見する要素もあるように思います。そして方向性や自社の活動を発信し続けることで求めている情報が入ってきます。

また、知的資産作成後はパートナーのご理解も欠かせません。弊社でいうなれば、スタッフ、但陽信用金庫、マーキュリー、デザイナー、知財の担当者などです。他業種のプロ達のみなさまが同じ方向を向いて取り組むことで、自社だけでは生み出せないエネルギーが生まれます。みなさまには非常に助けられました。

企業とは生き物です。当然、知的資産経営報告書も一度作成すれば終わりではありません。会社の軸ができあがり、日々活動し進化していく中で、根本はぶれてはいけませんが、着地点もまた進化していきます。発展する企業に合わせて知的資産も作りなおさなければなりません。

発展する会社を把握し、具体的に企業活動する私達経営者にとっては最も心強いツールだと確信しています。

知的資産とともに地域に必要とされる会社を目指し、夢の実現に向けて現在も頑張っています。これで私の発表を終わりとさせていただきます。ご清聴ありがとうございました。

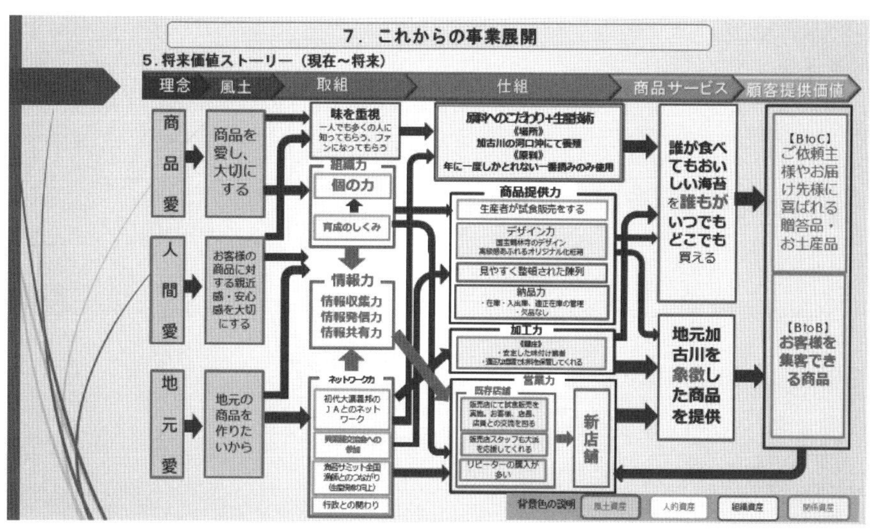

有限会社大濵の知的資産経営報告書の作成は、３代目の大濵圭右氏を中心に取り組まれた。海苔の生産にはシーズンがあり、秋から冬にかけて繁忙期となるため知的資産経営への取組みに時間が取れず厳しい。報告書の作成に２年を要したのもこの季節性がある。

途中、長らくの中断があると再スタートにはさらに多くのエネルギーを必要とする。それは自分自身へのエネルギー投入であり、社員へのモチベーションアップへのエネルギー投入である。もう一度エンジンを掛けなければならない。

大濱社長は、それらの苦労を乗り越えて知的資産経営報告書を完成させた。事業承継にあたり、スタッフの退職や意思疎通の欠けた状態を克服するために、会社の見える化に取り組んだことがよい契機となった。

「ご縁」という言葉がある。同社にとっては但陽信用金庫の知的資産経営セミナーと、そのセミナーで出会った及川氏がその「ご縁」であった。

常に考えていると、解決の糸口が向こうからやってくる。やってくるのが見えるのである。何も考えていないと「ご縁」は見えない。常に念ずることが大切であり、取り組みながらも常に「はてな？」と違和感を持つことが大切である。

3　丸和運輸株式会社

（1）企業概要

企業名　丸和運輸株式会社

代表者名　代表取締役社長　藤本　智治

住所　大阪市住之江区平林北２丁目９－127

資本金　1,000万円

年商　約７億円

創業　1941年URL　http://www.maruwaunyu.co.jp/

創業80年を迎える丸和運輸の事業は、運送から国際物流、倉庫管理、貿易業務まで、流通に関する幅広い業務を展開している。主に、運送事業、物流

センター運営事業、国際物流事業の３つが事業の柱である。

運送事業は大阪を中心に、全国的な輸配送ネットワークに加盟し、信頼できる企業と協力体制を構築し全国配送に対応している。

物流センター運営事業は、大阪の南港に３つのセンター機能のある倉庫を保有し、総坪数は2,500坪以上である。また各倉庫では３PL、保税扱い、コンテナーデバン（コンテナから貨物を取り出す作業）・バン詰め、仕分け・一時保管などの対応を行っている。

国際物流事業では、輸出入通関や保税機能を備えた倉庫での海上コンテナーのデバン・バンニングサービスなど、高品質で迅速な貨物の仕分けや簡易包装、保管といった輸出入関連サービスをワンストップで提供している。

丸和運輸の経営理念には、「丸和の『和』は、チームワークが素晴らしく、『和』のただよう会社を創りたいという創業者の思いを継承し、平和・温和・愛和・調和の基礎土台に、切磋琢磨し、努力をし、信頼を気づきあげていく、このような心構えが『丸和のこころである』」と謳われている。

そのような創業者からの思いを受け、同社藤本智治社長の考える経営の目的を、「丸和運輸という会社に集う全ての従業員の成長を願い、物質的にも精神的にも幸せになっていただきたいがために私は丸和運輸という会社の経

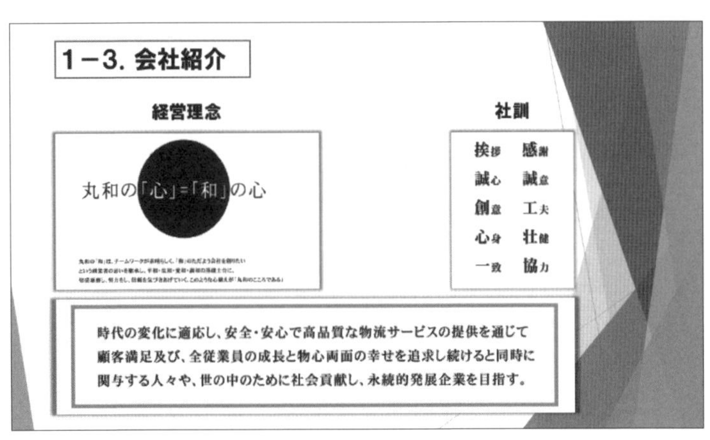

営している」「この会社に勤めて良かったなと、給料もよその会社より少し高いし、やりがいや働きがいがあり安心して働けると思える会社にしたい」「金儲けなど自身の利己的な思いのみで、従業員を雇用し会社経営をしているのではありません」「私も幸せになりたいし、豊かになりたい。皆さんもそうだと思います。ですから一緒にこの会社を立派なものにし、皆さんの成長とお互いに物心両面で幸せになりましょう」「また、私たちを支えていただいているのは、愛する家族です。その家族の方々への感謝の心を忘れることなく、心を一つにしてともに頑張りましょう」と述べている。

一方、関与する人々に対しては、「関与する人々とは、仕入先や得意先様・関与先様など全てを指します」「そういう方々のおかげで経営を多方面からサポートしていただいていることに感謝することが大切です。また社会貢献に関し、事業経営の視点では雇用や納税の重要な役割もありますが、身近で実践できる社会貢献、例えば、我々の事業は一般公道を利用させていただいている中で、トラック等の走行に伴いCO_2排出による環境問題、あるいは交通事故は絶対に起こさないという信念のもと、安全に対する意識をさらに向上させ、安全対策に全従業員が一致協力し、また日々取り組んでいるエコドライブ推進活動・無事故運動・勉強会などを実践することにより地域社会から喜んで受け入れられるよう、未来発展的に向かって永続的発展企業を目指し続けることが重要です」「そして私たちの会社丸和運輸が世のため人のために1つでもお役にたてるよう全従業員ともに、邁進しましょう」と述べている。

そして、市場や顧客満足に対しては、「物凄いスピードで世の中は『変化』し続けている」「時代の変化や社会の環境の変化に適切に対応していかなければ生き残れません。我々は、物流サービスの提供を通じてお客さまに喜んでいただくためには、安全第一でより安心で、より高い品質のサービスを明確に認識し実践していくことが使命である」「顧客満足とは、どんなことでしょうか？ お客様によろこんでいただくにはどのようにしたら良いのでしょうか？ リピート顧客として再度受注いただくためにはどのようにしたら良いのでしょうか？ 今の仕事を改善し良くしていけることを提案しよう。単に価格だけの競争はつぶしあいの結果しか招かない。昨日より今日、今日より明日、と日々改善提案しお客さまに喜んでいただけるよう努力しよう」と捉えている。

まさに、経営理念を軸においた経営方針と行動指針を元に、高付加価値のある物流事業者として、誇りある事業にチャレンジし続けている。

（2）沿革

同社は1941年に初代社長・藤本利平氏がリヤカー1台から個人の運送事業を行ったのが始まりである。

1953年には丸和運輸株式会社として法人設立し、一般小型貨物自動車運送事業免許を取得している。

1958年は、現会長の藤本元一氏が2代目社長となり、1973年には大阪市此花区に大阪営業所を開設し配送事業を始めた。1991年にJTP（ジャパン・トランスポート・パートナーズシステム）に加盟し、大阪市住之江区に南港営

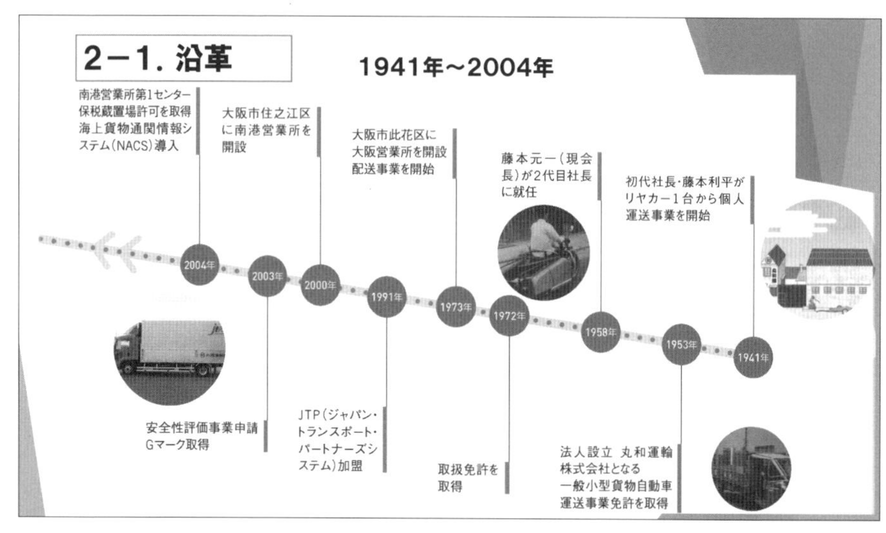
2－1. 沿革
1941年～2004年
南港営業所第1センター
保税蔵置場許可を取得
海上貨物通関情報システム(NACS)導入
大阪市住之江区に南港営業所を開設
大阪市此花区に大阪営業所を開設
配送事業を開始
藤本元一(現会長)が2代目社長に就任
初代社長・藤本利平がリヤカー1台から個人運送事業を開始
2004年
2003年
2000年
1991年
1973年
1972年
1958年
1953年
1941年
安全性評価事業申請
Gマーク取得
JTP(ジャパン・トランスポート・パートナーズシステム)加盟
取扱免許を取得
法人設立 丸和運輸株式会社となる
一般小型貨物自動車運送事業免許を取得

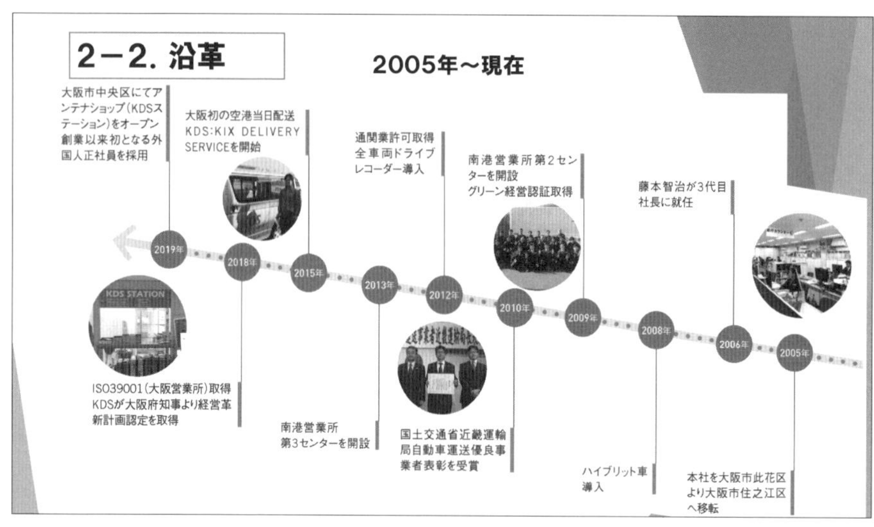
2－2. 沿革
2005年～現在
大阪市中央区にてアンテナショップ(KDSステーション)をオープン
創業以来初となる外国人正社員を採用
大阪初の空港当日配送
KDS:KIX DELIVERY SERVICEを開始
通関業許可取得
全車両ドライブレコーダー導入
南港営業所第2センターを開設
グリーン経営認証取得
藤本智治が3代目社長に就任
2019年
2018年
2015年
2013年
2012年
2010年
2009年
2008年
2006年
2005年
KDS STATION
ISO39001(大阪営業所)取得
KDSが大阪府知事より経営革新計画認定を取得
南港営業所第3センターを開設
国土交通省近畿運輸局自動車運送優良事業者表彰を受賞
ハイブリット車導入
本社を大阪市此花区より大阪市住之江区へ移転

業所を開設、2003年にGマーク（貨物自動車運送事業安全性評価）を取得し安全管理体制を構築。2006年には保税蔵置場許可の取得、また海上貨物通関情報システム（NACS）を導入している。

また2006年、現社長の藤本智治氏が３代目社長に就任し、ハイブリッド車の導入や、グリーン経営認証を取得している。その後、営業所の増設とともに2012年に通関業許可取得や全車両にドライブレコーダーの導入を図っている。2015年に大阪初の空港当日配送KDS（KIX DELIVERY SERVICE）を開始した。KDSは2018年に経営革新計画認定を取得し、同じ年に道路交通安全マネジメントシステムの国際規格であるISO39001を取得した。

2019年には、大阪市中央区でKDSステーション（インバウンド顧客向けのアンテナショップ）をオープンさせ、外国人正社員を採用した。

（3）取組み内容

①　きっかけ

丸和運輸が知的資産経営に取り組んだきっかけは、筆者がロゴマーク・登録商標の取得をサポートしていた当時、大阪発明協会の大澤真一氏からの紹介である。

大澤氏の考えは、丸和運輸の企業理念や事業活動が素晴らしく、見えざる資産である知的資産の見える化と、知的資産を活かした経営体制の良さを社員やステークホルダーに知ってもらうことで、さらに事業価値の向上に繋がると考えたとのことである。

それを受けて藤本社長は、本体の運送事業以外に事業活動の範囲が広くなり、各事業部門間の連携の重要性について、お互いが再認識することが必要と考えたことにあるとしている。その手法として、事業全体の価値を高める「経営デザインシート」の導入を行った。

②　体制

取組み体制は、お互いの事業に対する理解や連携を知る目的から、経営者とともに幹部社員を巻き込んで実施され、新分野開拓、方針の周知やベクトル合わせを行った。

③　取組みの経過

社長から役員、そして各部門長から社員全体へと対話の輪を広げ、自社の持つ資産への気づきと新たな価値創造に取り組む方向が確認された。

開始は2018年２月。筆者とともに大阪発明協会の大澤氏も加わり、「経営デザインシート」の作成に取り組んだ。

大きく分けて３つのステップで進めた。

ステップ１は、各部門の担当者が参加し、「各部門の強み」「外部環境」「内部環境」「提供する価値」の整理を行った。

ステップ２では、「各部門の強みと将来ビジョン」「今後の新規事業との融合」をディスカッションした。このディスカッションを通じて、各自事業部の位置づけや連携の重要性が明確になった。

ステップ３は、各ステップでの結果を経営デザインシートに落とし込み、既存事業と新規事業が融合した将来ビジョンの共有を行った。具体的には、運送部門、物流センター部門、手ぶら観光（KDS）部門において、

・内部資源・外的要因（プラス）・外的要因（マイナス）

・提供してきた価値・提供先から得てきたもの

・事業課題などで社内ディスカッションを通して、整理・共有した上で

・これからの外部環境（プラス）・これからの外部環境（マイナス）などを加味し、「これからの姿」＝ビジョンを作成した。

これらのステップを踏まえ、戦略会議を経て、新規事業の「店舗運営（KDSステーション）」の開設と、「送迎・観光ハイヤーサービス」を2020年に発足させた。

店舗運営（KDSステーション）では、新規事業の発足と既存事業との融合した事業として捉え、これまで同社が提供してきた価値である観光時間の捻出による経済効果や、旅行者の負担軽減、内部価値である自社配送や営業力を踏まえてKDSの安心感やブランドを提供している。

なお、同社を取り巻く環境分析の結果は以下のとおりである。

・外部環境（＋）：訪日旅行者増加、ホテル増加

・外部環境（－）：模倣企業の出現、非合法企業の出現

・市場予測（＋）：訪日FIT旅行者の増加、SNSなどによる口コミ効果

・市場予測（－）：民泊（airbnb）の増加

これらの要因を掘り起こし、経営理念と照らし合わせた結果、丸和運輸株式会社として初めての「アンテナショップ開設」に至っている。

KDSステーション心斎橋のオープンをきっかけに、台湾人正社員２名、中国人正社員１名、中国人アルバイト８名を採用し、外国人ならではの目線によるサービス改善や、社内の雰囲気の活性化、社内での語学学習の環境など、店舗運営だけにとどまらない相乗効果を図っている。

また、2020年よりサービス開始している送迎・観光ハイヤーサービスは、これまでの事業で連携してきた大阪市内のホテルや、関西国際空港内のカウンター・KABS、アンテナショップを利用する顧客などからの、「荷物だけでなく人も運んでほしい」という声に応えるため、2019年に「第２種旅行業

免許」「一般旅客自動車運送事業免許」を取得し、2020年よりスタートした。

KDSの運送と同じく、大阪市内⇔関西空港間の送迎だけでなく、京都や奈良、和歌山といった関西の観光地を巡るオリジナルツアーも企画・運営している。

知的資産経営への取組みは、運送部門、物流センター部門、KDS部門ならびに事務部門について行ったが、本書ではKDS部門における取組みを中心に解説を行う。

＜KDS部門＞

KDS部門の業務プロセスは、新規営業活動→アポイント→プレゼンテーション→契約締結（発生ベースサービスの開始）→電話連絡→集荷配送→受け渡し、となっている。

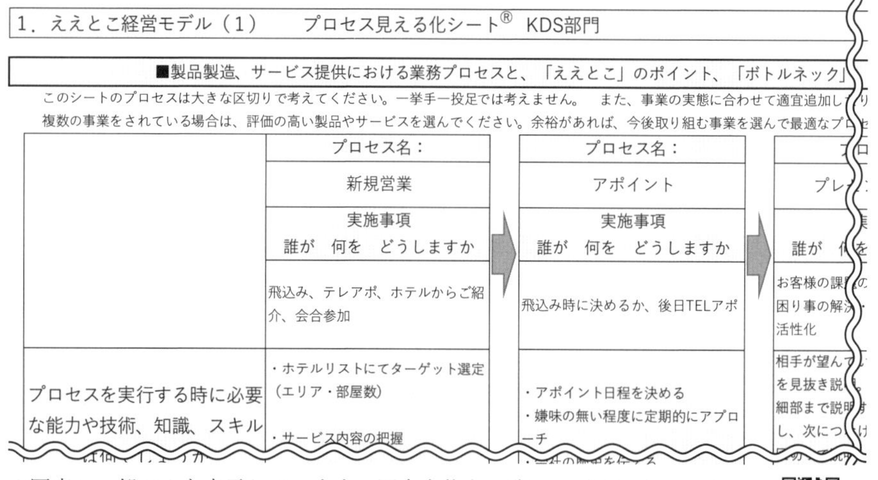

1．ええとこ経営モデル（1）　プロセス見える化シート® KDS部門

■製品製造、サービス提供における業務プロセスと、「ええとこ」のポイント、「ボトルネック」

このシートのプロセスは大きな区切りで考えてください。一挙手一投足では考えません。　また、事業の実態に合わせて適宜追加し

複数の事業をされている場合は、評価の高い製品やサービスを選んでください。余裕があれば、今後取り組む事業を選んで最適なプロ

	プロセス名：		プロセス名：		プロ
	新規営業		アポイント		プレ
	実施事項 誰が　何を　どうしますか	→	実施事項 誰が　何を　どうしますか	→	誰が
	飛込み、テレアポ、ホテルからご紹介、会合参加		飛込み時に決めるか、後日TELアポ		お客様の課 困り事の解 活性化
プロセスを実行する時に必要な能力や技術、知識、スキル	・ホテルリストにてターゲット選定（エリア・部屋数） ・サービス内容の把握		・アポイント日程を決める ・嫌味の無い程度に定期的にアプローチ		相手が望ん を見抜き説 細部まで説明 し、次につ

※図表の一部のみを表示しています。図表全体をご覧いただく場合は10頁のリンク先もしくは右記QRコードから表示・ダウンロードをお願いします。

各プロセスの実施内容は、下記のようになっている。

主な内容	新規営業活動	アポイント	プレゼンテーション	契約締結（発生ベースサービスの開始）
実施内容	飛込み、テレアポ、ホテルからご紹介、会合参加	飛込み時に決めるか、後日TELアポ	お客様の課題の解決・手ぶら観光・困り事の解決・楽をアピール。地域活性化	ホテル側の意向に順ずる（物流業務に関する基本契約書・覚書・無契約）
「ええとこ」	・リードタイム（当日配送）他社はフライト日の２日前 ・実績が認められ、紹介が増えている	経営理念：社会貢献（荷物が溢れない、皆さんが楽になる）	ご希望を充分聴く 確認を行う リスクヘッジ、免責を明確にする	・準備（説明書、ポスターなどの配布と説明） ・ホテルに合わせるのが良い
対話で見つけられた「ええとこ」	・運送業というベースになる事業がKDS事業を支えていることを認識できた。	経営理念にそって、皆が幸せになる	お客様（ホテル側）の生の声が聴け、次に繋げられる	信頼度の向上

	電話連絡	集荷配送	受け渡し	顧客提供利便性
実施内容	ＡＭ11：00締切 LINEでドライバーに知らせる ホワイトボードに、ホテル名、個数、フライト便を書く	自社便にて集荷～配送	KABSとの契約～連携 着払い・カード決済可能など柔軟な対応	●お取引先ホテル ・利用者さまへのサービス向上 ・空きスペースの有効活用 ・好評なためリピートで収益増加 ・他ホテルとの差別化 ●旅行客 ・身軽に観光や移動ができる ・朝預けて、夕方に届く迅速さ
「ええとこ」	リアルタイムで出荷の結果が分かる	自社便なので積替がなく、そのため荷物の紛失が無い	多言語に対応できているためお客様とのコミュニケーションが円滑。 ・KDS基盤システム ・追跡告知（トレース）ができる	
対話で見つけられた「ええとこ」	ホテル側とのコミュニケーションが円滑に行われ信頼に繋がっている	お客さまの思い出を運んでいる	思いを繋げる大切な仕事である	

このような業務プロセスを経て顧客からいただく価値は、高い評判による実績やそれに伴う利益、そして訪日外国人／旅行客のリピートである。

それらの価値は、ホテル集客向上、口コミでの広がり、設備投資などにフィードバックされている。

将来に向けた戦略を考察するために、外部内部の環境を検討し、変化予測表にまとめた。

3. 変化予測表
経営環境洗い出し

検討項目 「どのような・・・」	現在	数年後の予測変化	（+
顧客（業種） ex. 年代、性別 ニーズ 地域性、業種、流通チャネル 製品・サービスの利用方法	訪日外国人旅行者	訪日外国人旅行者（更に増える）	+需要 さ
	個人旅行者（FIT）	ホテル数も増加する	+リピ タ
	関西空港から出国する人	京都にもエリア拡大	
	提携ホテル・店舗にて受付		
マーケット ex. ニーズ、流行	ホテル（大阪市内600件中135件）	ホテル（更に増える）	+ホテ の
	観光案内所等（民泊利用者の取り込み）	観光案内所（更に増える）	−民泊 増

※図表の一部のみを表示しています。図表全体をご覧いただく場合は10頁のリンク先もしくは右記QRコードから表示・ダウンロードをお願いします。

環境分析の項目は、考察しやすいように具体的な例を示した。

① 顧客（業種）

ex.年代、性別、ニーズ、地域性、業種、流通チャネル、製品・サービスの利用方法

② マーケット

ex.ニーズ、流行、成長分野、衰退分野、販売流通チャネル、製品・サービスの利用方法

③ 技術変化、新製品

ex.ニーズ、革新性、新しい技術、捨てられる技術

④ 自社業界

ex.ルール、商習慣、常識、流れ

⑤ 競合、新規参入、退出

ex.製品、サービス、価格、技術・ノウハウ、提供方法、販売促進、納期

管理力

⑥　仕入先・協力者

ex.品質、提供方法、価格、ニーズ、社員、経営方針、事業承継

⑦　日本・世界

ex.政治、経済、法規制、文化、社会、対海外

⑧　その他の変化

ex.人口、生活関連、インフラ、自然環境

そして、内部環境として、自社について「このまま進むと資産がどうなるか」という視点で検討し、その検討項目は、経営者、社員、資金、設備、技術、組織・風土・文化の切り口で検討する。

その上で、

①　現在の状況

現在起きていること、行っていること、そして何か課題や困りごと、手間や時間のかかっているものがないかを観察する。また起きている変化を書き出す。

②　数年後の予測変化

どのような○○○が、どのようになる、という視点で考察する。

③　自社にとっての効果や影響

それらの変化の結果（+）プラスと（−）マイナスの両面を検討する。

④　効果や影響の大きさを評価する

大きさは、幅広い意見を集めて、大、中、小の粗いレベルでよいので評価を行う。

環境変化を踏まえて、「継続的な新たな価値創造」を検討する。

検討内容は、経営環境の変化に対する顧客利便価値を踏まえ、自社が持つ資産を活用して、顧客（新しい顧客を含め）に向けて新たに取り組むビジネスを考える。あるいは、経営者のアプリオリという無意識の経験則（何とな

く、という感覚やひらめき）も考慮してもよい（肌感覚については、第８章４で解説する）。

Ｂ２Ｂの場合は楽になる、役に立つ、都合が良くなる、利便性向上、時間短縮、不良なし、生産性向上などの切り口であり、Ｂ２Ｃの場合はワクワク、ウキウキ、ドキドキ、元気、健康、優越感、見栄、笑顔などの切り口である。地域については、住みやすさ、安心感、安全等がある。また、SDGsも視野に入れると考えやすい。

「継続的な新たな価値創造」が固まれば、そのために自社の知的資産を活用して、何を行うのか、どのような利便性を実現できるのか、優先順位を考慮して検討する。中小企業は経営資源が限られることから、すべてを網羅する必要はなく、将来に向けた価値創造ストーリーを描けるかどうかの確認が重要である。

方向性が決まれば、どのように対応するのかを５Ｗ２Ｈの視点でアクションプランを策定する（誰が、いつからいつまで、何を、どのように、どこまで）。

これらの内容を経営デザインシートに整理し見える化することで、価値ステップの一覧性、共有性を図り、有用性を高めていく。

それらの議論を通して、経営デザインシートに整理した。

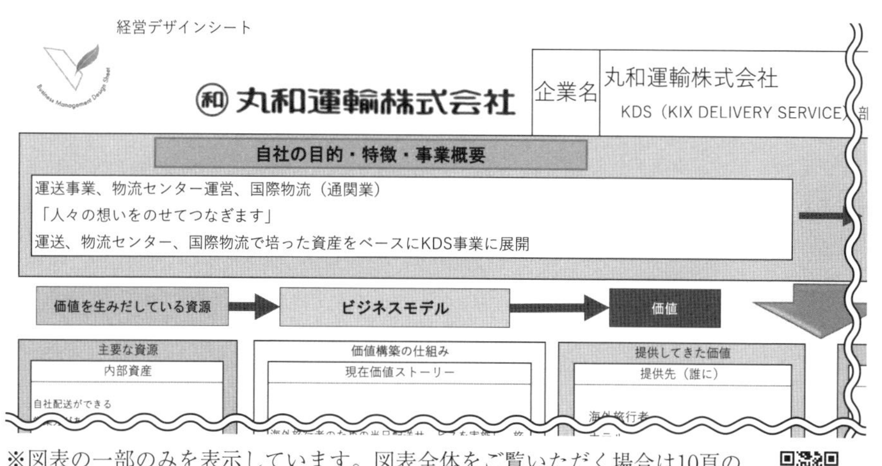

※図表の一部のみを表示しています。図表全体をご覧いただく場合は10頁のリンク先もしくは右記QRコードから表示・ダウンロードをお願いします。

また、経営デザインシートBen's版では以下のとおりとなる。

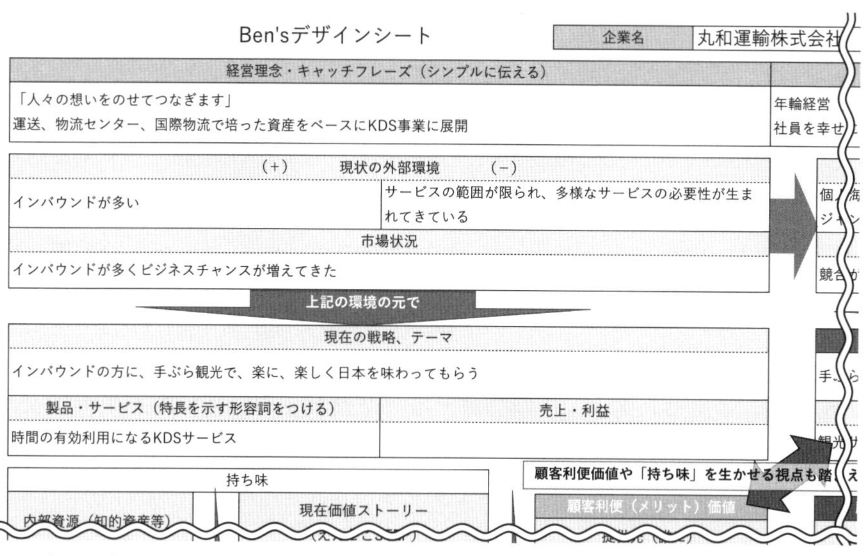

Ben'sデザインシート
企業名
丸和運輸株式会社
経営理念・キャッチフレーズ（シンプルに伝える）
「人々の想いをのせてつなぎます」
運送、物流センター、国際物流で培った資産をベースにKDS事業に展開
年輪経営
（+）　現状の外部環境　（−）
インバウンドが多い
サービスの範囲が限られ、多様なサービスの必要性が生まれてきている
市場状況
インバウンドが多くビジネスチャンスが増えてきた
上記の環境の元で
現在の戦略、テーマ
インバウンドの方に、手ぶら観光で、楽に、楽しく日本を味わってもらう
製品・サービス（特長を示す形容詞をつける）
売上・利益
時間の有効利用になるKDSサービス
持ち味
現在価値ストーリー
顧客利便（メリット）価値

※図表の一部のみを表示しています。図表全体をご覧いただく場合は10頁のリンク先もしくは右記QRコードから表示・ダウンロードをお願いします。

顧客利便価値は、「観光サービスのワンストップ化」であり、手ぶらで移動できる、時間を有効に使える、購買量が増える経済効果、ホテルにとっては旅行客に喜ばれて売上に貢献、となる。

そのための価値ストーリーは、「集客の仕組みを創る」ことであり、

・KDSステーションを活用した観光を楽しめるサービスの実施
・ホテル以外の観光業者や異業種と連携し、インバウンド関係のサービスの機会を増やす
・京都方面の旅行者にもサービスを提供する
・海外旅行者のための当日配送サービスを実施し、旅行者に観光を身軽に行える利便性を提供する。ホテルと空港間、空港とホテル、KDSステーション間で実現
・検索されやすいHP
・SNSによる情報発信
・顧客を大切にするホテルとの連携
・決済を空港１本にし、取り次ぎ先の事務負担を減らす

それらの仕組みを支える資産は、ベースとして、年輪経営や社員を幸せにする経営理念や、自社配送の仕組み、営業力、告知力、礼儀正しく気働きのできるドライバー、安全・安心できる運送、インバウンド向け外国人観光ガイドの実施、KDSステーション（大阪観光のキーステーション）設置という資産を活かしていく。

これらを実現するアクションプランは、

「運送、物流センター、国際物流で培った資産をベースにKDS事業に展開する」という社内連携の強みを活かすことである。具体的には、

・丸和運輸の良さを理解できるところと連携していく
・丸和運輸の収益構造を変え、競合に負けない財務体質と社員をつくる
・そのことで、社員も幸せになる

・サービス提供範囲を広げる

・同業他社との連携強化

・ハイヤーの導入（海外旅行者に対応できる運転手、外国人雇用、オシャレにしたアルファードクラスの自動車）

・収益構造を変え、次の投資に備える

・観光客のキーステーションを設けて、ワンストップサービスを提供するとなる。

その他運送部門や物流部門においても、同じ手順で経営デザインシートに整理し、今後の活用に活かしている。

そして、全社としての取組みを整理した。

丸和運輸株式会社における活用例

現在価値と環境変化を踏まえ、将来価値の創造

当社のもつ知的資産を洗い出し、その価値活用ストーリーから外部環境の変化を踏まえ、各部門の新しい価値創造ストーリーを、会社全体として整合性が取れる戦略に落とし込むため。

作成プロセス

STEP1．各部門の対話
各部門の強み、外部環境からの脅威、内部環境の強みや提供する価値の整理

STEP2．ディスカッション
各部門の強みや特徴を整理し、将来ビジョンとの整合性やこれからの新規事業への融合を整理し、確認する。

STEP3．書き出し
ディスカッションした結果をシートに記入
将来ビジョン・新規事業を照らし合わせブラッシュアップ

INPITの支援を受けて実施
支援者　大阪発明協会：大澤真一氏
（有）ツトム経営研究所　森下　勉氏

経営デザインシートを活用した感想・効果

- 各部門の強みや特徴を他部門から意見をもらう事で新たに発見することができた。
- シートに落とし込む事により、ビジュアルでとらえられ、方向性や行う事が明確になった
- ビジョン、新規事業を開始した際の新しく提案する価値が創造することができ、モチベーションアップに繋がった。

経営デザインシートの活用事例

④　成果

経営デザインシートの作成に参加した社員からは、

・各部門の強みや特徴をリストアップする際のディスカッションで、他部

門からの意見をもらったことが、新たな価値の発見に繋がった
・将来のビジョンをシートに落とし込み、ビジュアルで捉えることで、方向性や行うべきことがより明確になった
・新規事業の発足に際し、新たな提案や価値について考えることが仕事のモチベーションアップに繋がった

という意見が挙がった。

また、「新規事業の発足と既存事業との融合」の成果も整理できた。

それは、運送部門、物流センター部門、手ぶら観光（KDS）部門の３つの部門における内部資源、外的要因のプラス面・マイナス面の整理を行えたことである。

その後の戦略会議を経て、新規事業の「店舗運営（KDSステーション心斎橋）」と「送迎・観光ハイヤーサービス」の発足に繋がった。

KDSステーション心斎橋では、
・KDSの受付カウンター：民泊などフロントスタッフのいない宿泊施設に滞在中の方のKDS受付窓口となる
・KDSの総合サービスセンター：契約ホテルの半数以上を占める大阪市中央区に店舗を構えることで、近隣の契約ホテルからのヘルプ要請にすぐに応えることができる
・店舗ならではのサービスの提供として、配送サービスだけでなく、観光をより楽しんでいただけるサービスを取り入れ、手荷物の一時預かりや日本製のスーツケースなどの旅行商品の販売などを行い、心斎橋の「旅行ワンストップサービス」を提供する

という店舗コンセプトを明確にした。

また、KDSステーション心斎橋のオープンをきっかけに、現在までに台湾人正社員２名、中国人正社員１名、中国人アルバイト８名を採用。外国人ならではの目線のサービス改善や、社内の雰囲気の活性化、社内での語学学

習の環境など、店舗運営だけにとどまらない相乗効果を図っている。

（4）今後のビジョン

これまでの事業で連携してきた大阪市内のホテルや、関西国際空港内のカウンター・KABS、アンテナショップを利用する顧客などからの、「荷物だけでなく人も運んでほしい」という声に応えるため、2019年に「第２種旅行業免許」「一般旅客自動車運送事業免許」を取得し、2020年より「送迎・観光ハイヤーサービス」をスタートしている。

KDSの配送と同じく大阪市内⇔関西空港間の送迎だけでなく、京都や奈良、和歌山といった関西の観光地を巡るオリジナルツアーを企画・運営し、安全運転、快適な車内環境などはもちろん、オリジナルツアーでは予約が難しい人気店や体験など思い出に残る観光サービスの提供に向けて、丸和運輸独自のルートから、提携先店舗·施設を開拓している。また、KDSステーションにて勤務中の外国人社員も通訳・ガイドとして活躍の場を広げていく予定としている。

◀これまでの「丸和の心＝和の心」という社訓を大切に残しながら、これからの時代を見据えた新しいロゴマークとした。
丸和社は世界に通用する新しいロゴマークと考えている。

（5）価値向上のポイント

丸和運輸株式会社の価値向上のポイントは、顧客の「観察」にある。

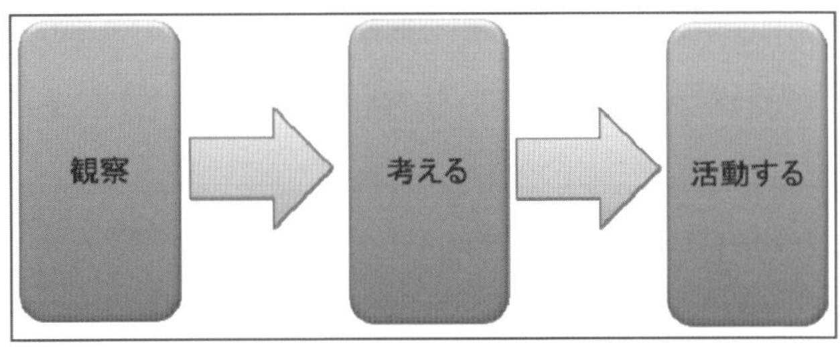

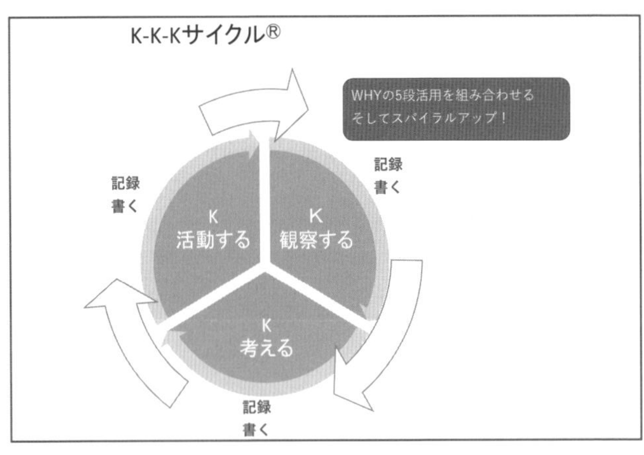

例えば、顧客や外部環境の変化を「観察」した場合、「インバウンド客の荷物が大きく、重くて大変そうだ」と観察から得る。なぜ大変な目にあっているかを考えると、「荷物を預ける場所がない」ことに気づく。その大変さを解消するためのサービスを提供するには、内部環境として自社の持ち味（知的資産）を知ること、そして自社の運送やサービスの持ち味を生かして、関空とホテルを結ぶサービスが可能であることを「考える」。「手ぶら観光」をキーワードに、サービスが円滑に進むように社内体制の整備や関空やホテルとの契約を進め、運送サービスという「活動」を行う。

その後、ホテルだけでなく民泊も増えていることを「観察」し、自社が対応する場合の不足している資産の補充の可否を考える。その結果、KDSステーションがあると利便性があることや、言葉の障壁も改善が必要と「考える」。それを踏まえて対策を練り、次の「行動」に繋げていく。

以降、同じように「観察」し、「考え」「行動」する。このサイクルを回すことで事業活動を進化させることができる。K-K-Kサイクル®を速く回すことである。

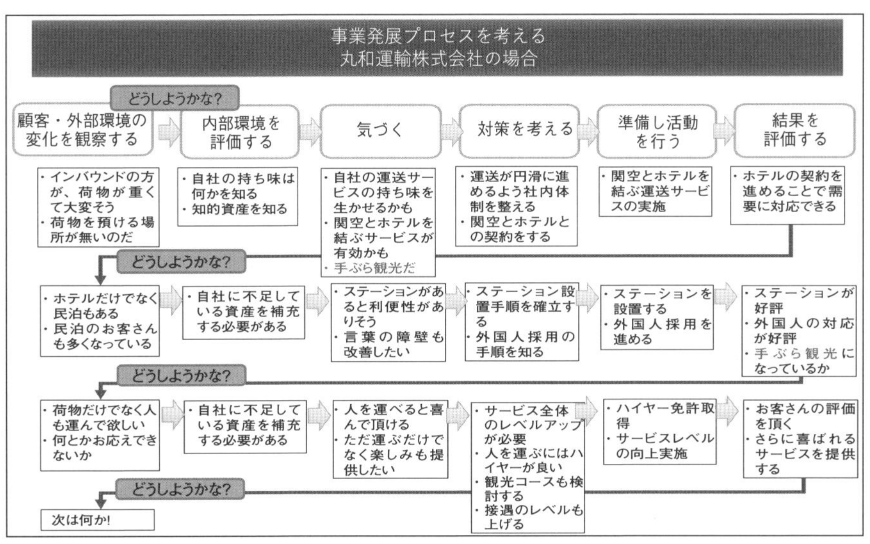

さて、コロナの影響でKDSステーションをはじめ、丸和運輸株式会社は大きな影響を受けている。この中で、藤本社長は2020年３月の時点で社員と自分自身に３つの約束をした。

① 会社を潰さない

② 雇用を維持する

③ 給料を下げない

そして、具体的戦略を４つ立て、できることから実践している。

ア．コスト削減（経費削減）

イ．新規事業（人を活かす経営）

ウ．既存事業（ターゲット）

エ．人財育成

コロナショックで、今までの考え方を変え、改善、改革、すべきことはできることから、従業員と共に実践している。逆風を乗り越えた企業はさらに強く強靱になる。コロナ後の丸和運輸に着目したい。

4 株式会社三鷹倉庫

（1）企業概要

企業名	株式会社　三鷹倉庫
代表者名	代表取締役社長　関 武士
本社所在地	〒544-0012　大阪市生野区巽西１丁目９番26号
設立年月日	1964年（昭和39年）５月１日
資本金	払込資本金 2,000万円 ／ 授権資本金 8,000万円
営業品目	倉庫業、梱包業 ／ 左記に付帯する一切の業務 物流アウトソーシング、物流コンサルティング

	貨物利用運送事業 ／ 輸出入に関する通関業務 ／ 労働者派遣事業
従業員数	**480名（パートを含む）**
URL	**http://www.mitaka-soko.co.jp/**

（2）取組み内容

①　きっかけ

株式会社三鷹倉庫の知的資産経営への取組みは、同社関武士社長が就任して間がなく、今後の三鷹倉庫を経営理念に基づいて「もっといい会社にしていきましょう！　Make a good company」を目指し、社内体制を強化したいと考えたことから始まった。

形で見える資産だけでなく、見えない資産に重要な価値があり、会社の保有しているすべての資産を明らかにし、将来に向けた体制を強化する狙いで実施した。

②　体制

関社長の思いを実現するには新しい視点が必要と考え、各部門から三鷹倉庫の将来を担う中堅社員を選別し、知的資産経営構築を開始した。

メンバーには、各物流センターの現場責任者を始め、営業部や情報システム部そして海外拠点からはオンラインを通じて行われた。

■ 知的資産経営報告書プロジェクト委員

③ 取組みの経過

知的資産経営報告書を作成するまでの期間は５カ月、集合してのワークショップの回数は10回を数えた。そのほかワークショップ以外にも各部門で議論を行い、報告書に整理する資産の整合性やエビデンスについて社内での周知を行った。

実施内容は以下のとおりである。

回数	内容
1	知的資産や知的資産経営についてガイダンス 出席者に対する意義や位置づけを説明
2	知的資産の深掘り
3	知的資産の確認
4	資産台帳の作成と確認
5	変化予測とその対応について議論
6	資産台帳、変化予測表の確認
7	将来ビジョンの検討
8	将来ビジョンの確認
9	報告書内容整理
10	報告書最終確認

また、報告書の内容は以下の構成となっている。

三鷹倉庫における見えざる資産である知的資産の深掘りと、知的資産が経営理念をベースに現在価値をどのように生み出しているかを明記した。

知的資産を深掘りするため業務プロセス分析を行い、資産台帳に一覧として整理し、その資産が描く現在価値ストーリーを示した。

そして、三鷹倉庫が保有している知的資産がステークホルダーに選ばれる具体的な理由を整理した。

外部環境の変化に対して三鷹倉庫のあるべき姿を議論し、現在価値を活かせるビジョンを立案した。

その中で、異なった部門の担当者が集まり議論を行ったことは、全社的な三鷹倉庫の見える化となり、お互いの理解と次のステップが明確になった。

CONTENTS　目次

経営理念・創業社是

経営理念

MAKE A GOOD COMPANY

さぁ、もっといい会社に。

創業社是

「相互信頼」「共生」

お客様と従業員と経営者の信頼関係、
共に生きていく共同体精神を培っていく会社でありたい。

純粋な初志を貫徹する心を忘れない
純粋な初志を共にできる大船となる
純粋な初志のために実直に日々励む
純粋な初志のために素直な心を持つ

経営信条 三鷹六訓 三鷹人心得

経営信条

- 持ち得る武器で世の中に役立つ仕事をする
- 世代とチームで会社を繋ぐことを喜びとする
- 会社は成長していきたい人の居場所とする
- 自分で考え行動できる人財を育てる
- 相互信頼できる同志の幅を広げていく
- 共生のために適正な利益を得る
- 三鷹六訓を行動規範とし初心にかえる

三鷹六訓

一、すべての人が「安全で安心して働ける職場」を作りましょう
一、ムリ・ムラ・ムダをなくし、サービスに努めましょう
一、整理、整頓、清掃は私たちの使命です
一、女性の感性を生かし、明るい職場を作りましょう
一、心から「ありがとう」と言える人になりましょう
一、笑顔と元気な挨拶で一日を始めましょう

三鷹人心得

三鷹人は

仕事にやりがいを見い出す努力をします
愚痴を吐いて周りの人を不快にさせません
自己の利益のみに囚われず思いやりの心を持ちます
公明正大で勇気ある人を目指します
日々一生懸命であるか自問自答し続けます
成長し、能力を高め、成果をあげる人となります
率先垂範すべき時はします
自分を客観視して自制心を養っていきます
万物に感謝できる心を探究し続けます
創意工夫して不可能を可能にしていきます
負け戦で終わらせない忍耐力を持ちます
他人を許す寛大な心を持ちます
決して諦めず、こつこつと前へ進み続けます

下図は三鷹倉庫における業務プロセスとその差別化のポイントである。

三鷹倉庫の価値

主な業務プロセスと差別化のポイント

	工程の作業の内容	差別化のポイント
STEP 01 入荷	入荷伝票と入荷カートンの外装を照合し入荷(計上)処理します。	・7年以上の入荷業務経験者が20名以上いる。 ・入荷予定(伝票やパッキングリスト)とケース外装記載内容を照合するシステムを有している。
STEP 02 保管	入荷商品のロケーション設定を行い保管単品梱包のカートンについては自動倉庫へ格納します。	・10年以上の保管業務経験者が50名以上いる。 ・商品の場所を管理するWMSを有している。 品番/カラー/サイズ単位での場所管理が可能。
STEP 03 ピッキング検品	ピッキングリストを照会しながら必要な商品を商品管理棚から取り出し、梱包する。またバーコード検品をします。	・出荷指示内容とピッキング商品(商品の下げ札)をバーコードスキャンし、照合するWMSを有している。
STEP 04 加工	取引先別(量販店・チェーン店)の値札の発行と取り付け加工をします。商品加工としてマーク付け・ライン縫い付け加工集約梱包加工をします。	・オーダーデータを利用した値札を発行している。 ・マーク加工業者が駐在している。 ※バリエーションは100%対応可能です。
STEP 05 出荷	運送会社別に梱包された箱単位に出荷処理を実施し、伝票封入と送り状の貼付をします。	・協力してくれる運送会社がある。 ・大手運送路線業者のハブ隣接倉庫がある。
STEP 06 返品	伝票と商品を照合し返品処理を行う。また良品・不良品の判定を行い、良品については再販できるように検針・仕上げ直しを行います。	・10年以上多種多様な商品形態の仕上げ直し作業を行っている。 ・返品予定内容と返品商品(商品の下げ札)をバーコードスキャンし、照合するWMSを有している。
STEP 07 棚卸	WMSで管理された理論在庫と現物在庫をハンディーターミナルでスキャンして照合する。	短い出荷停止期間での棚卸が可能です。 例)250万点で3日間

人財資産、組織資産、関係資産がどのプロセスで、どのような成果に繋がっているかをKPIを含めて整理し、自部門の位置づけや存在価値、さらに価値を高めるための取組みも検討することができている。

その議論を通して、いったん三鷹倉庫が保有している資産を整理し、その資産の価値評価も行った。

様々な知的資産を深掘りし、各資産の価値評価を行うことで資産の重要度が分かり、価値ストーリーを描く時やそのストーリーの強さ、太さ、距離を考える時の参考となる。

下記は、三鷹倉庫の知的資産一覧である。

知的資産台帳〈人的資産、組織・技術資産〉

資産名	「1.ええとこ経営モデル」に記載された資産（ええとこ）を転記します	〈その資産の具体的な内容〉どのような「ええとこ」や強みがあるかを記載します	該当に○を付ける 独自性を観る：自社のみ	該当に○を付ける 独自性を観る：自社他社両方ある	利益や業務効率への貢献	模倣困難性	価値合計 859 価値（24点以上色付）	利益や業務効率への貢献（6：圧倒的に大きい 5：大きい 4：少し大きい 3：少し小さい 2：小さい 1：かなり小さい） 価値比重	資産別比重	模倣困難性（6：絶対真似できない 5：かなり困難 4：困難 3：少し困難 2：可能性はある 1：簡単に可能） 指標例（回数、頻度、人数、時間、金額、割合、変化率）
人的資産（人そのものの… 組織活動において、人に依存している資産（該当…	検品・検針に対応できる社員	中国やインドネシアでもどこでも対応出来る、また経験値がある。		○	6	4	24	2.8%	18.3%	
	縫製技術者がいる(社員/パート)	裾上げ及びユニホーム等のライン付け加工、修理修繕も行える	○		5	5	25	2.9%	-	
	社長	社外(一部上場企業)経営陣とのつながりを持っている 決断が早い、若い人の意見を取り入れて頂ける		○	6	4	24	2.8%	-	
	得意先への出向を行った社員	得意先様とのつながり及び各種情報(入出荷・予算・売上)をもって業務を行える	○	○	4	3	12	1.4%	-	
	入荷担当に経験豊富な作業者がいる(7年以上が20名以上)	入荷情報が無い場合にも柔軟に対応している 荷主様評価があり、継続的に仕事を続けられている		○	3	4	12	1.4%	-	
	出荷時急なイレギュラー発生時									

知的資産台帳〈情報資産、風土・理念資産〉

資産名	「1.ええとこ経営モデル」に記載された資産（ええとこ）を転記します	〈その資産の具体的な内容〉どのような「ええとこ」や強みがあるかを記載します	該当に○を付ける 独自性を観る：自社のみ	該当に○を付ける 独自性を観る：自社他社両方ある	利益や業務効率への貢献	模倣困難性	価値合計 859 価値（24点以上色付）	利益や業務効率への貢献（6：圧倒的に大きい 5：大きい 4：少し大きい 3：少し小さい 2：小さい 1：かなり小さい） 価値比重	資産別比重	模倣困難性（6：絶対真似できない 5：かなり困難 4：困難 3：少し困難 2：可能性はある 1：簡単に可能） 指標例（回数、頻度、人数、時間、金額、割合、変化率）
情報資産（会社が蓄積… 組織活動において情報として蓄積され…	半世紀続く大手スポーツアパレル業者との半世紀にわたるノウハウ	システムだけでは対応出来ない業務情報が蓄積されている。	○		4	5	20	2.3%	13.2%	
	入出荷在庫のデータベース	日別の入出荷在庫及び運送実績のデータを保有している		○	5	4	20	2.3%	-	
	商品の場所を管理するWMSを有している。	品番/カラー/サイズ単位での場所管理が可能	○	○	5	2	10	1.2%	-	

※図表の一部のみを表示しています。図表全体をご覧いただく場合は10頁のリンク先もしくは右記QRコードから表示・ダウンロードをお願いします。

知的資産台帳〈関係資産、顧客資産、物的資産〉

資産名	「1.ええとこ経営モデル」に記載された資産(ええとこ)を転記します	〈その資産の具体的な内容〉どのような「ええとこ」や強みがあるかを記載します	該当に○を付ける 独自性を観る 自社のみ	自社他社両方ある	利益や業務効率への貢献	模倣困難性	価値合計 859 / 価値 24点以上色付	利益や業務効率への貢献 6:圧倒的に大きい 5:大きい 4:少し大きい 3:少し小さい 2:小さい 1:かなり小さい / 価値比重	資産別比重	模倣困難性 6:絶対真似できない 5:かなり困難 4:困難 3:少し困難 2:可能性はある 1:簡単に可能 / 指標例(回数、頻度、人数、時間、金額、割合、変化率)
関係資産（外部との関わりで持ってい… 外部との関係で生み出されている資産自社の価値に…を 資産変わるための関係資産。変わったあとの関係資産。	4PLに特化した大手物流会社	物流のロジカルな思考、取り組み	○		6	6	36	4.2%	15.4%	
	協力していただいている運送会社がある	急な対応(量や時間)の対応や配送条件(車の指定や納入時間)への対応を行って頂ける	○		5	5	25	2.9%	-	
	マーク加工業者が駐在していることによりマーク加工のリードタイムを短くすることが出来る	バリエーションは100%対応可能 協力運営10年以上 横持ち運賃3000万以上費用が掛かっていた コスト削減&リードタイム短縮。	○		5	5	25	2.9%	-	
	大手運送路線業者様の作業場が隣接していることで、商品の引渡…	個口配送のメインが特定運送路線業者様であったため、東神…	○	○	6	6	36	4.2%	-	

※図表の一部のみを表示しています。図表全体をご覧いただく場合は10頁のリンク先もしくは右記QRコードから表示・ダウンロードをお願いします。

資産台帳で資産の評価を行うことで、どの分野に持ち味があるのか、価値ストーリーに示した時の強さや補強点が分かり、将来ビジョン構築時の参考となる。

評価項目は２つある。１つ目は業務の効率化あるいは顧客への提供価値の高さ、２つ目は模倣困難性である。

この２つをそれぞれ６段階で評価し、かけ算を行い、評点を導き出す。

下記表は「ええとこステップ（価値の階段）」である。

現在の価値のストーリーを描く
（価値の階段）

ストーリー化の要素　書き出し　　　　付箋紙に書いて、模造紙に貼り付けても構いません

	要素	内容
顧客から頂いている価値	お客様から頂いている価値は何か、何を頂けば良いか それをどのように社内にフィードバックしているか	新規顧客獲得のための営業活動 アパレル関連の仕事に強いという点を倉庫協会にア ることで他社からの紹介案件を受けることが出来る
顧客提供価値	お客様にお届けしている価値は何か （お客様が楽になる、役に立つ、都合が良くなる、笑顔になるetc、etc）	安全な品質を、効率的で廉価に物流管理をしてもら そのことで任せられる安心と信用
・GO	お客さんにとってどのようなGOODな製品 サービス	①裾上げ及びユニホーム等のライン付け加工、 修理修繕も行える

※図表の一部のみを表示しています。図表全体をご覧いただく場合は10頁のリンク先もしくは右記QRコードから表示・ダウンロードをお願いします。

価値ストーリーを描く時に、描き方で迷う場合がある。特に知的資産経営を学ぶ初心者にとって、ストーリー化は取り組み難いという声を聞く。そこで、価値ストーリーを描きやすいように考えたのが「ええとこステップ」である。ええとこステップの肝は、価値をステップとして捉えるのである。

ステップは上から、

・お客さまからいただく価値

・お客さまに届けている価値

・GOODな製品やサービス

・GOODな製品やサービスを生み出している仕組みや仕掛け

・その仕組みや仕掛けを作るために行っている活動や取組み

・それらの活動や取組みがうまくいくための方針

・方針の根本にある理念やミッション

というステップである。

ええとこステップの作成はどこから始めてもよいが、多くの場合は「GOOD

な製品やサービス」から始めると進めやすい。それは既に製品やサービスとして見えているからである。

手順は、まず、「GOODな製品やサービス」を定義する。それは、顧客が求める機能面、品質面、スピード面、サポート面、コスト面等の良さなどや他社との違いなどである。

そして下に向かって、「GOODな製品やサービスを生み出している仕組みや仕掛け」を考える。例えば、品質を高める一貫生産体制や顧客の心を掴んだ接客などもある。

次の段階である「その仕組みや仕掛けを作るために行っている活動や取組み」では、一貫生産体制を実現するために行っている人材育成制度などが該当する。

さらに「それらの活動や取組みがうまくいくための方針」は、活動の意義づけとして定める方針の明確化であり、どのような方針を立てているかを明示する。

そして最後は「方針の根本にある理念やミッション」である。理念なくして経営なしといえる。ここまでたどり着けば、次は下から上に向かってステップを上っていく。

ステップを降りるとき、そして、上っていく中で、うまく下がれない・上がれない場合は、そこに課題を見つけることができる。

また、最上段にある「お客さまからいただく価値」をどのように社内に展開できているかも考慮しなければならない。何をもらっているか、また何をもらうべきか。「お客さまからいただく価値」を社内に活かすことで価値が循環し、さらに価値を高めることができる。価値の連鎖は循環させなければならない。

企業は内部・外部の多くのステークホルダーに支えられている。それらのステークホルダーの求めに応えていかなければ持続的発展は望めない。この

「ええとこステップ（価値の階段）」で価値の連鎖や循環を明確にすることで、繋がりの確認と見直しができる。

このステップを横に倒し、矢印で繋げることで、価値ストーリーを描くことができる。ステップだけでなく価値を矢印で繋げ循環を可視化することで、会社全体の姿を見ることができるのだ。

三鷹倉庫が選ばれる理由　人的資産

▶ **検品・検針に対応できる社員**

中国やインドネシアでもどこでも対応出来る、また経験値がある。

▶ **縫製技術者がいる**（社員/パート）

裾上げ及びユニフォーム等のライン付け加工、修理修繕も行える。

▶ **返品作業で、イレギュラー発生時にも柔軟に対応出来る経験豊富な担当者がいる**

品番・カラー・サイズ・数量だけではなく、得意先別返品単価の処理や不良品や別注商品の判別も行うことが出来ています。

▶ **人材育成**

e-ラーニングによる新入社員から管理職まで幅広い教育をしている。

▶ **変形労働時間制**

働きやすい職場環境つくりです。

e-ラーニング

教育制度の充実

e-ラーニングを導入しており、
新入社員から管理職まで幅広く教育の機会が
与えられています。
時間や場所にとらわれず、
効率的に学ぶことができます。

e-ラーニングの良いところ

- 時間や場所にとらわれず学習できる
- 業務の効率化が図れる
- 自分のペースで学ぶことができる
- 学習履歴がわかる
- OJTなど講師の違いによる習熟の差が無い

教育メニュー

分類別
人事(6)
営業/接客(53)
経理/財務(6)
IT/PCスキル(31)
全社共通(26)
資格(22)
与信管理(25)
製造/物流(17)
多言語対応(6)

階層別
管理職(45)
新任管理職(15)
中堅社員(41)
若手社員(21)
新入社員/内定者(43)

新入社員向け

研修名	分類/階層	標準学習時間
【動画】新社会人のビジネスマナー（社外編）（スマホ対応版）	新入社員/内定者	9時間
【動画】新社会人のビジネスマナー（社内編）（スマホ対応版）	新入社員/内定者	9時間
【動画】新社会人のビジネスマナー（基本編）（スマホ対応版）	新入社員/内定者	8時間
【電子書籍】新社会人のビジネス・ベーシックコース（スマホ対応版）	新入社員/内定者	-
【電子書籍】ビジネス文書マスターコース（スマホ対応版）	新入社員/内定者	-
【電子書籍】ビジネスマナー・マスターコース（スマホ対応版）	新入社員/内定者	-
仕事で使う！E-mail（第3版）（スマホ対応版）	新入社員/内定者	3時間

管理職向け

研修名	分類/階層	標準学習時間
チームを動かす　モチベーション・リーダーシップ　実践編	管理職	6時間
チームを動かす　モチベーション・リーダーシップ　完全版	管理職	13時間
【動画】ケースで学ぶメンタルヘルスマネジメント編（第2版・2013年版）（スマホ対応版）	管理職	3時間
事業計画の立て方・書き方講座（第3版）（スマホ対応版）	管理職	8時間
【電子書籍】アドバンストマネジメント21（スマホ対応版）	管理職	-
【動画】人事考課の考え方（第3版）（スマホ対応版）	管理職	0.5時間
【動画】リーダーシップの本質（第3版）（スマホ対応版）	管理職	0.5時間
【動画】職場のモチベーションを高める（第3版）（スマホ対応版）	管理職	0.5時間

三鷹倉庫における「選ばれている価値」は、人財資産では、イレギュラー発生時にも柔軟に対応できる経験豊富な担当者がいることや、検品・検針に対応できる社員、品番・カラー・サイズ・数量だけではなく、得意先別返品単価の処理や、不良品や別注商品の判別も行うことができる社員。中国やインドネシアでもどこでも対応できるなど経験値のある社員、という幅広い技術・能力を持った社員がいることが挙げられる。

三鷹倉庫が選ばれる理由　**組織・技術資産**

検査&縫製機能設備一式　P15
商品検査業務及び縫製に関わる
機器・機材（ミシン/アイロン・検針機）を保有しています。

在庫ロケーション管理　P16
正しい在庫管理と適切な商品補充をしています。

EC事業推進　P17
お客様の業務サポートの為に eコマース向け
フルフィルメントサービスの体制を構築しています。

4PL事業　P18
荷主様目線でのロジスティクスソリューションの基盤づくりと施策展開をサポート。

ろじたん　P19
物流倉庫現場の見える化。

写真撮影　P19
ブランド様のカラーに合わせたイメージに沿って
様々な撮影を展開しています。

安全衛生委員活動　P20
従業員の「安全・安心」を守ると共に、
笑顔あふれる健康な職場づくりを行っています。

プライバシーマーク　P20
個人情報保護に関する法令を遵守し、個人情報を適切に
扱いプライバシーの保護を実施しています。

保有資格

- 倉庫業　港倉 第232号（第1845号）1970年（昭和45年）10月30日
- 倉庫証券発行　近運倉 第69号（倉許 第2号）1985年（昭和60年）3月18日
- 保税蔵置場　指令 第228号　2000年（平成12年）9月1日
- 保税蔵置場　指令 第432号　2016年（平成28年）11月1日
- QTEC検品技術（QK-N710-44）指導工場
- 第1種貨物利用運送事業
- 一般労働者派遣事業（派）27-302708　2017年（平成29年）9月1日
- プライバシーマーク　20002250　2017年（平成29年）3月

また、そのような人材を育てる仕組みとして、教育制度の充実やeラーニングの実施などがあり、教育環境として変形労働時間制の導入など、人材のKPIとして教育メニューの充実度が挙げられている。

一方、組織・技術資産では、

ア. 在庫ロケーション管理：物流WMSによって、荷主の商品特性にあわせた正確な単品在庫管理と適切なケース（商品）補充の実現

イ. 検査&縫製機能：品質ネームの付け替えや商品の補修、パンツの裾上げなど、工業用ミシン活用技術を通して顧客の様々な依頼に対応

ウ. EC事業推進：顧客がコア業務へ集中できるよう、ECサイトの設計・販促・企画や、運営、注文から荷物の配達までEC事業の全てをカバーするフルフィルメントサービスの体制構築。また、同時に中国・東南アジアと日本を結ぶネットワークによる貿易事業の支援

エ. 「4PL事業」：顧客の物流全体の計画、輸送・倉庫の運用管理と業務改善を顧客と連携して行う、荷主目線でのロジスティクスソリューションの基盤づくりと施策展開のサポートサービス。KPI管理を行うことで改善活動を展開

オ. ろじたん：倉庫作業時間計測ツール（ろじたん）を導入。倉庫内の作業時間を測定しデータ化。測定データにより物流現場の見える化により効率の良い物流業務への継続的改善の実現

カ. 先端技術開発：

i）RFID Tag（Radio Frequency Identification 電波式の個別識別）を導入推進。作業時間の簡略化、人件費コストの削減と人為的ミスの削減が可能

ii）AI自動化による多様化した要望への柔軟なサービス、迅速かつ正確な業務ニーズに対応したさらに高いパフォーマンスの実現と物流のリノベーション提供

キ．安全衛生委員活動：多くの仕組みを実現させるのは従業員であり、従業員の安全・安心を守るとともに笑顔あふれる健康な職場づくりを委員会活動で推進

ク．変形労働時間制：自身や家族の都合に合せた勤務。業務の繁閑に併せた勤務による効率的な労働時間により、プライベートの充実。自分で働き方をコントロールできる労働環境づくりの実現

そのほか、ブランドのイメージに沿って様々な撮影を展開する写真撮影組織や、プライバシーマーク取得による個人情報保護に関する法令遵守や個人

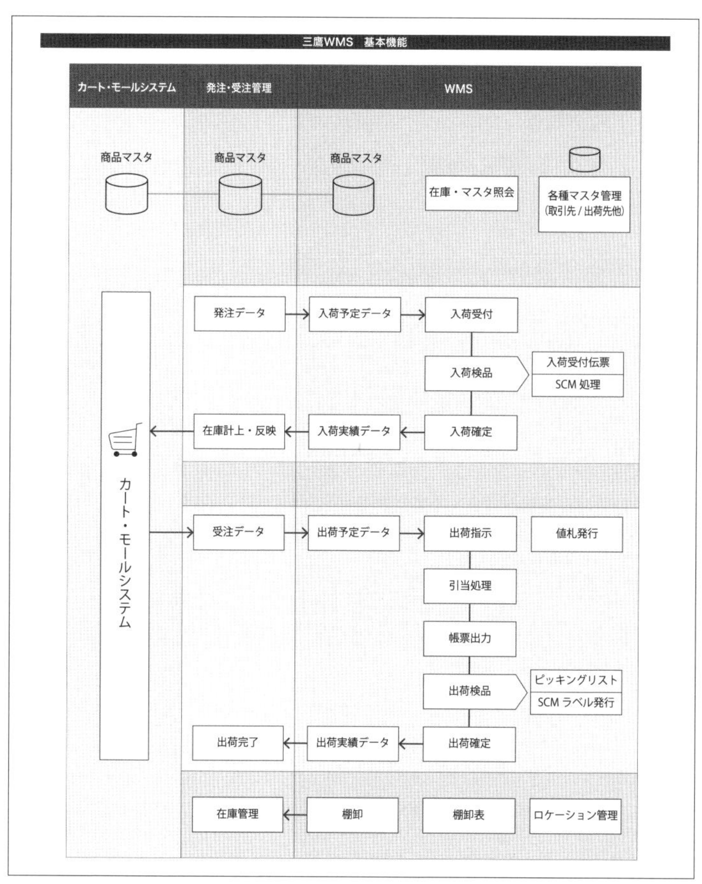

情報の適切な管理によるプライバシーの保護の実現などがある。

情報資産では、独自の三鷹WMSを導入している。

その機能は、加工業者との連携（倉庫内での加工）や撮影ラボ、検査業務及び業務に応じた客先ニーズに柔軟に対応できる利便性の提供である。

具体的には、得意先に代わり、受発注から在庫管理までの管理や出荷時のバーコード検品を行えることで量販に対応できるシステムである。

その内容は、

- ・荷姿に応じた在庫の管理システムとして、ケース（1箱）単位／ピース（商品1点）単位の在庫ロケーション管理や、ロケーション別棚卸機能
- ・統一伝票や専用伝票、納品書、納入明細書など出荷先単位での帳票出力機能
- ・佐川急便、ヤマト運輸、福山通運、ワールドサプライなど運送会社別送り状発行
- ・量販店、チェーン店向け値札発行も可能

SCM 入荷　自動ラック
バーコード検品（P 検品、集中検品）　音声配分システム　カメラスキャン（ソーター）

その他、ハンディーターミナル処理でSCMラベル入荷やバーコード出庫検品が可能である。

また、商品は自動ラックで管理され、ケース（アイテム・カラー・サイズ・入数）の自動化や、カメラスキャナー＆ソーターで、商品単品～ケース外装

のバーコード読込処理が可能になっている。

三鷹倉庫の情報システムは業務を下支えし、顧客ごとの利便性を迅速にかつ柔軟に提供しているといえる。

拠点紹介では、国内・海外の拠点を紹介しているが、各々の拠点の特徴や担当者からの声を掲載し、人財資産として職場紹介に具体性を持たせている。

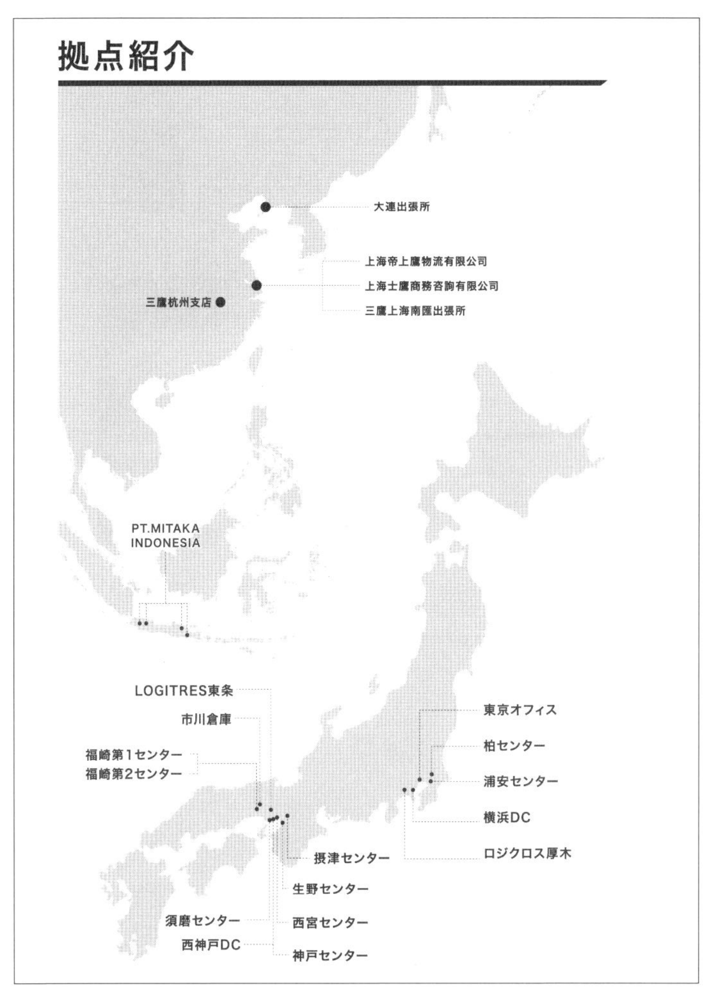

生野センター

住　　所	〒544-0012 大阪市生野区巽西1丁目9番26号
建　　物	鉄骨ALC張6階建
延倉庫面積	1,000坪 全フロア コンベアー搬送システム設置
電　　話	06-6757-7891（生野）06-6757-2361（本社）
F　A　X	06-6754-8415（生野・本社）

生野センターは全社において、最初に量販店物流分野を手掛けたセンターであり、現在においても数多くの量販店への出荷業務を執り行っております。入荷～加工～出荷までの一連の流れの中で付帯する、荷主様からの各種御依頼に対し、従業員一同誠心誠意業務を遂行しています。当センターの特色は、手掛ける量販店が非常に多い為、作業効率が低下しがちである部分を、作業員が業務を行いやすく又負担軽減となる様、創意工夫しているところにあります。分業化には無い強みを生かし、"お客様に満足のいくサービスを"の精神で取り組んで参ります。

吉井 生野C責任者

VOICE -担当者の声-

生野センターの甲山です。当センターでは、主に財布やアパレル関連商品を取り扱っています。
財布に関しては、非常に種類が多く、類似した商品が多数あります。その上、在庫管理が難しいのですが様々な工夫をし、少しでも在庫に誤差が出ない様、日々努力をしています。
56 期経営方針にもあるコミュニケーションを大切にしています。他センターに比べパートナーさんの人数は少ないですが、その分一人一人とコミュニケーションが取れ信頼関係を高められています。
これからも社員・パートナーが高い意識を持ち、誤出荷、ミスが無い様全力で取り組んでいきます。

摂津センター

住　　所	〒566-0053 大阪府摂津市鳥飼野々3丁目3番21号
建　　物	鉄骨 2階建（4層）
延倉庫面積	1,400坪
電　　話	072-654-3431
F　A　X	072-654-3432

摂津センターには様々な荷主様が入っており、他センターからスポット作業の依頼をもらい作業したりと年間を通じて繁忙期、閑散期、関係なく積極的に売上向上の為に頑張っています。
夏場は水着の大量オーダーが入り、冬場になると財布などの出荷作業があります。また本来抱えている荷主様からのイレギュラー等が多い部署もありますが柔軟に対応しお客様との親密な関係を築けていると思います。

鯰江 責任者

VOICE -担当者の声-

こんにちは。摂津センターの中東です。
お得意先様から無理難題のオーダーをいただく事が多いですが少ない人数で、出来る限りのイレギュラー対応をしています。
お得意先様、パートナーさんの残業による協力で何とか乗り切っております。
そういった要望にお応えする分、弊社の要望も聞いていただけたりと、良好な関係を築けています。

関係資産では、三鷹倉庫のパートナー企業の紹介を行っている。

物流では、量や時間の急な変更への対応や車の指定や納入時間への対応が可能な運送業者、マーク加工業者が常駐していることで、加工の短いリードタイムの実現など、協力会社との連携の強さが語られている。

さらに、地域貢献活動や社員活動についても掲載している。

（3）将来ビジョン

三鷹倉庫が今後も発展していくには、将来に向けた価値創造のビジョンを描かなければならない。そこで今後の変化予測を検討している。

変化予測表

検討項目（引出し）	現在	数年後の予測変化	自社にとっての効果や影響（+）プラスと（−）マイナスの両面を検討する	大・中・小	どんなええとこ（資産）を活用して	どのように対応す（誰が、いつから、どのように、
顧客（業種） ex. 年代、性別 顧客ニーズの変化 地域性、業種、 流通チャネル 製品・サービスの 利用方法	シニアメンバーが主担当になっている	1年以内に若手メンバーに入れ替わる	(−)営業様とのオーダー調整が困難になる (+)三鷹出向者の影響力強くなる。細かな部分を営業様と調整が可能になる。	大	KPI数値を元にオーダー調整をお願いする	継続して数値採 を【現状維持】(4PL して生産性の数 を き纏める)
	荷主催事が全国で開催されている。	Online販売での催事に変化する。	(−)加工作業が減り、売上が減少する。 リードタイム短縮、365日稼働24時間対応の発生 (+)作業の集中が緩和される。	小	他センターの知見を取り入れる。	EC出荷での対応 (梱包・情報管理 な
マーケット ex. 市場ニーズの変化、流行 成長分野、衰退分野 販売流通チャネル 製品・サービスの利用方法	チェーン(アルペン、ヒマラヤ、ゼビオ)店出荷がメイン	ECやその他専門店への出荷が増えてくる 大型家電量販店との共同出店等	(−)ノウハウが通用しなくなる。新規の出荷形態への対応が必要になる。リードタイム短縮、365日稼働24時間対応の発生 (+)新しいノウハウが出来る。	大	他センターでのノウハウを横展開する	新規対応発生時に担 者 出荷形態の方法を教 て 。もしくはマニュアルを 現場及び得意先様と 【発生時対応】
技術、製品、商品、サービス技術や商品等の入れ替わり ex. ニーズ、革新 新しい技術、 捨てられる技術	二次元バーコードでの商品スキャン出荷・返品	コード形態(2次元→QR)やカメラ技術の進歩による機器入替を行う費用が発生する	(−)競合他社に負けてしまう。対象商材を扱うことが出来ない。設備投資が必要になる。 (+)先進技術を採用しない商材が回ってくる可能性がある	大	出荷・返品量の多くない荷主様からスモールスタートでテスト運用する	複合荷主の神戸セン 下期(10月)より対 荷 とタイミングを決定 を開始する
	縫製加工業務を行っている。	縫製経験者が減っていく。	(−)縫製加工業務の維持が困難になる。 (+)増員出来ると、競合他社と差別化が出来る。EC関連の加工業務を伴う仕事を受注出来る。	中	経験者、指導出来る人がたくさんいる間にOJTを実施する。	ミシン未経験者でも採 グラムを作成する。映 で も検討する。神戸・福 の 採用の人員へのOJT 加 →神戸技術者による福 修指導。
	運送業界の集荷締切	現状よりさらに締				現状システムのままで

※図表の一部のみを表示しています。図表全体をご覧いただく場合は10頁のリンク先もしくは右記QRコードから表示・ダウンロードをお願いします。

環境に対する切り口を、顧客や市場、技術面、業界、競合、協力会社、日

本・世界などとともに自社自身の変化についても取り入れている。

変化については、現状、将来予測、その影響（プラス面マイナス面）と影響度の大きさを定義し、それらへの対応を５Ｗ２Ｈで活動内容を明確にしている。

また、検証日を設定し見直しの機会を設けている。

将来ビジョンが固まれば、将来に向かう価値創造ストーリーを「ええとこステップ」として描き、価値の連鎖や流れを一貫性のある仕組みに見える化できる。

これまでの取組みを経営デザインシートに整理し、現在と将来を比較し見える化を行った。

将来に向けた価値創造のストーリーを描く
（価値の階段）

ストーリー化の要素　書き出し　　**付箋紙に書いて、模造紙に貼り付けても構いません**

価値の階

	要素	内容
顧客から頂いている価値	お客様から頂く価値は何か、何を頂けば良いか それをどのように社内にフィードバックするか	新規顧客獲得のための営業活動 アパレル関連の仕事に強いという点を倉庫協会にアピー 件を受けることが出来る
顧客提供価値	どのようなお客様に、何をお届けしないといけないか（お客様が楽になる、役に立つ、都合が良くなる､笑顔になるetc、etc）	安全な品質を、効率的で廉価に物流管理をしてもらえる そのことで任せられる安心と信用 ECでは購入する一般のお客様が、一般的な店舗店頭で にECサイトで受けれるようにする。
6	**どのようなお客さんに、どのよう**	既存の卸物流では、 ①裾上げ及びユニホーム等のライン付け加工、修理修 ②効率の良い入出荷返品 ③物流コスト(単価)が安い

※図表の一部のみを表示しています。図表全体をご覧いただく場合は10頁のリンク先もしくは右記QRコードから表示・ダウンロードをお願いします。

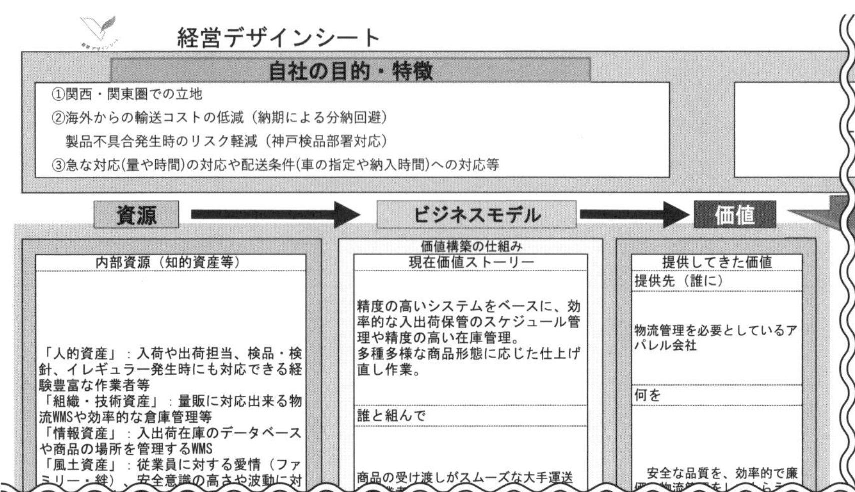

経営デザインシート
自社の目的・特徴
①関西・関東圏での立地
②海外からの輸送コストの低減（納期による分納回避）
製品不具合発生時のリスク軽減（神戸検品部署対応）
③急な対応(量や時間)の対応や配送条件(車の指定や納入時間)への対応等
資源
ビジネスモデル
価値
価値構築の仕組み
内部資源（知的資産等）
「人的資産」：入荷や出荷担当、検品・検針、イレギュラー発生時にも対応できる経験豊富な作業者等
「組織・技術資産」：量販に対応出来る物流WMSや効率的な倉庫管理等
「情報資産」：入出荷在庫のデータベースや商品の場所を管理するWMS
「風土資産」：従業員に対する愛情（ファミリー・絆）、安全意識の高さや波動に対
現在価値ストーリー
精度の高いシステムをベースに、効率的な入出荷保管のスケジュール管理や精度の高い在庫管理。
多種多様な商品形態に応じた仕上げ直し作業。
誰と組んで
商品の受け渡しがスムーズな大手運送
提供してきた価値
提供先（誰に）
物流管理を必要としているアパレル会社
何を
安全な品質を、効率的で廉

※図表の一部のみを表示しています。図表全体をご覧いただく場合は10頁のリンク先もしくは右記QRコードから表示・ダウンロードをお願いします。

また、経営デザインシートBen's版の場合は、下記の形式になる。

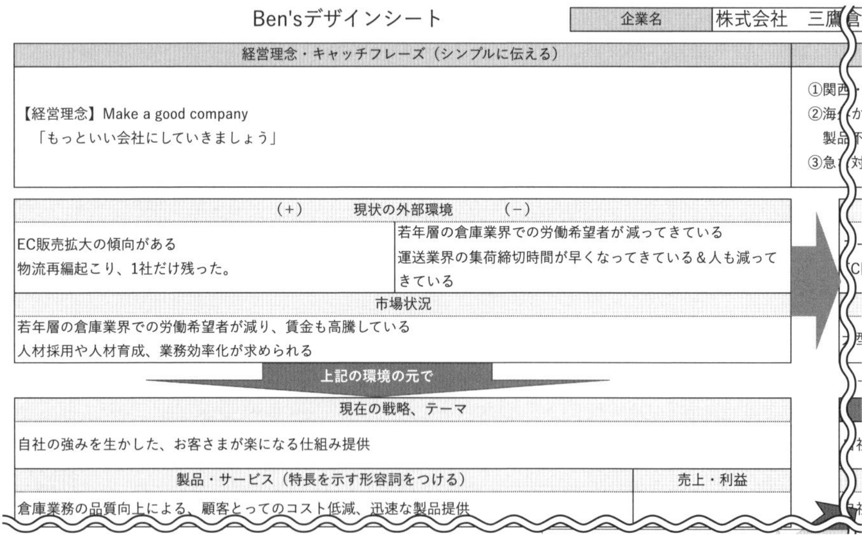

Ben'sデザインシート
企業名
株式会社　三鷹倉
経営理念・キャッチフレーズ（シンプルに伝える）
【経営理念】Make a good company
「もっといい会社にしていきましょう」
(+)　現状の外部環境　(−)
EC販売拡大の傾向がある
物流再編起こり、1社だけ残った。
若年層の倉庫業界での労働希望者が減ってきている
運送業界の集荷締切時間が早くなってきている＆人も減ってきている
市場状況
若年層の倉庫業界での労働希望者が減り、賃金も高騰している
人材採用や人材育成、業務効率化が求められる
上記の環境の元で
現在の戦略、テーマ
自社の強みを生かした、お客さまが楽になる仕組み提供
製品・サービス（特長を示す形容詞をつける）
売上・利益
倉庫業務の品質向上による、顧客とってのコスト低減、迅速な製品提供

※図表の一部のみを表示しています。図表全体をご覧いただく場合は10頁のリンク先もしくは右記QRコードから表示・ダウンロードをお願いします。

（4）プロジェクトメンバーからのメッセージ

三鷹倉庫では、将来を担う中堅のメンバーが取組みを行った。彼らが取組みにおいて感じたことや考えたこと、どのような変化があったかについて、以下に語ってもらった。

<海外事業部　業務責任者　谷本俊夫 氏>

今回のプロジェクトでは本当に良い経験をさせていただきました。正直なところ会社の経営方針・経営計画・自社の強み・弱みについては、自分達では既に理解しているつもりでした。

自分達の思い込みを排し、見る角度を少し変え、深く掘り下げることで改めて気づくことも多く、今後自分達がどの方向に向いてベクトルを合わせていくのかという再認識にもなりました。今後は自分達が主流となり次世代とともにプロジェクトを継続させ「Make a good company」もっと良い会社にしていきたいと思います。

<事業推進部　4PL推進課　課長　中西剛士 氏>

今回のプロジェクトに参加させていただいた中で、自身で考える強みではなく、当たり前にあることの中から「ええとこ」が発見できたことが新鮮でもあり面白みを感じました。

また、社内の各部署から集まったメンバーで話し合うことで、自分が知らない「ええとこ」やお客さまからの評価など新たな気づきを得ることもできました。社内には色々な価値があり、良い会社だと自信が持てました。また、普段接することが少ないメンバーとも時間共有できたので、プロジェクト以外でも引き続き交流が生まれたことが良かったと感じています。

<第一事業部　神戸センター　業務統括　中野剛 氏>

今回初めてこのような取組みに参加させていただき、自社を客観的に見るための手法や将来に向けてやるべきことを具体的に認識する工程を知ることができたこと

は非常に貴重な経験となりました。

また、普段は違う業務を行っているメンバーが集まり話し合いの機会を持てたことで、それぞれの目線からの意見を聞くことができたことも大変良い勉強になりました。

＜西神戸DC　業務責任者　中畑智亨 氏＞

まずは、通常業務においてあまり接点のないメンバーが集まり意見を出し合うことができ、同じ会社の人間でも見え方が違うことに新鮮さを感じました。

そして、改めて一緒に働く従業員、協力会社に助けられていることに感謝しなければならないことに気づかされました。

「ええとこ」がどんどん出てきましたが、活かしきれていないことも感じました。

「ええとこ」をさらに伸ばし、自社のみの独自性に磨きをかけ、模倣されることは差別化できるように取り組んでいきたいと思います。

＜システム課　課長　西野秀彦 氏＞

三鷹倉庫が選ばれる理由という部分では、なぜ得意先が弊社を選んでくれているのかということについては通常業務では考えていなかったため、難しいという印象がありましたが、取組みの中で普段当たり前だと感じていた内容が実は会社の「ええとこ」（選ばれている理由）であったということの発見は非常に面白いと感じました。

業務を川上から川下まで見直し、業務の詳細についても考え直す良い機会を得ることができました。

センター・業務別担当者の人数であったり経験年数というような部分は、調査で初めて知ることになり、社内のことについてもまだまだ知らないことがあるという気づきがありました。また、多くの協力会社にも助けていただいているということを再認識させていただきました。

人財資産、組織、技術資産、情報資産、風土資産、理念資産、関係資産を点数化して見るという技法や考え方が知識となり、自身の業務への見方に変化が出ました。

<営業部　丸山将美 氏>

今回、関東からプロジェクトに参加させていただき、三鷹倉庫全体の強みと弱みがわかるプロジェクトだったと感じました。日頃交わることのないメンバーでの話し合いは自分自身大変勉強になりました。特に関西の強みが認識できたのは私にとって大きな財産となり、今後の営業展開にプラスになりそうです。

本プロジェクトはこれで終わりではなく、継続的させることで、良い会社に時代とともに変わっていくと確信しています。

このように、参加メンバーからの意見によれば、異なった部門からメンバーが集まり、「ええとこ」探しに意見を交換することで、今まで気づかなかったお互いのことを知ることができていることが分かる。

組織は、お互いが理解できているようで理解できていない部分も多い。知的資産経営に取り組み、「見える化」に繋がる１つの方法として、異なった部門のメンバーからなるプロジクトを構成することも効果的である。

また、三鷹倉庫では各部門の将来を担うメンバーを集めたことも有効であった。それは選ばれたメンバーであることによるモチベーション向上への効果や、若手という意味で自身の将来を真剣に考える年代であることも「見える化」への成果に繋がっているといえる。

5　有限会社ヤナギオートサービス

(1) 企業概要

企業名　有限会社ヤナギオートサービス
代表者名　柳　直仁
住所　大阪市天王寺区城南寺町5-30
資本金　3,000,000円
URL　https://www.yanagiauto.com/

(2) 理念～YANAGIの考え～

下記のメッセージが、ヤナギオートサービスの考え・理念である。

① 車の購入について

ハードは変わっても、ソフトは変わりません！

ディーラーでは、1つのメーカーの車しか取扱いできません。
販売台数のノルマもあるでしょうし、他のメーカーの車を勧めることはありません。

どの車にしようか迷っておられるお客さまにとっては、本当のところを知りたいと思います。

当社は、迷っておられるお客さまにとっては最適ではないでしょうか？

全輸入車の中から、新車、中古車、両方ともご相談に乗れます。

もちろん当社で購入していただきたいのですが、お客さまが購入される愛車はどのメーカーのどの車種でもいいのです。中には完成度の低い車種や、使い勝手の悪い車種など、その車種のウィークポイントなど、ディーラーの営業マンが口にできないこともしっかりご説明させていただきます。

購入条件（ローン、リース、金利、メーカー保証）はディーラーとまったく同じ条件で購入していただけます。

また、購入時より担当している方が転勤になったり、退職されたり、違うメーカーの車を購入したりすると、今までのように、スムーズに行かなくなり、勝手が悪くなりますが、当社では、そういったこともございません。

愛車（ハード）が変わっても、人（ソフト）は変わりません！

当社は整備主体の整備工場です。

いつでも、いつまでも愛車を大切に乗っていただけます。

②　メンテナンスについて

私達は、オリジナルを大切にしています。

自動車メーカーが造る、車の基本性能（走る、曲がる、止まる）を十二分に発揮できるよう、メンテナンスすることを心掛けております。

輸入車のオリジナルの性能は、必要十分だと考えていますが、お客さまのご使用状況、好みに応じて提案させていただき、改良させていただくことも行っています。

ただし、改造は致しておりません。

当社で提案させていただく内容は、分かりやすく言えば、オリジナル＋30％までの性能です。それ以上は、限られた状況下での性能だと考えています。

例えば、ホイールのインチアップは、１インチアップまでが許容範囲です。

２インチ以上のアップのメリット、デメリットは、以下のとおりです。

メリット　：　かっこいい、コーナーリング時のタイヤのヨレが少ない。

デメリット：　加速性能の低下、最高速度の低下、バネ下荷重の増加にともなうサスペンションへの負担増加、ロードノイズの増加、ハブベアリングへの負担の増加、各リンケージへの負担の増加、ホイール重量増加によるブレーキ性能の低下、維持費の増加などなど

極端な改造は車に負担がかかり、メリットよりもデメリットのほうが多く、各部品の寿命を縮めてしまい、挙句の果てには、愛車に乗るのが嫌になってしまいます。

日本車の「ノーマルはかっこ悪い」という感覚とは、また別のものです。

お客さまが「乗り換える」と言われるまで、大切な愛車を、いつでも、いつまでも乗っていただけるようにメンテナンス致します。

また、乗り換えられたあと、今まで大切にされてきた愛車を、次のオーナーに引き継いで乗っていただくよう、お手伝いさせていただくのも、私達の仕事と考えております。

上記のことから、同社は系列ディーラーにはない持ち味や違い、技術力を事業価値の軸においていることが分かる。企業の強みや持ち味は、違いを作ることである。その違いについて情報発信しステークホルダーに知ってもらうことが重要である。

（3）取組み内容

① きっかけ

大阪府中小企業診断協会・知的資産経営研究会では、経済産業省が推奨している「ローカルベンチマーク」を用いたワークショップを定期的に開催している。

そのワークショップに参加し、今まで見えてこなかった自社の良さや持ち味をローカルベンチマークを使って見える化した経験が、同社が知的資産経営に取り組むきっかけとなった。

ローカルベンチマークの財務部分や非財務部分に表れている価値や価値を生み出している取組みを研究会メンバーと対話しながらドキュメントとして整理することで、自社が行ってきた成果を客観的に把握することができたのである。また、価値ストーリーを描き、そこから見えてくる事業の見える化に興味を覚えていただいた。

ローカルベンチマークは、企業の健康診断ツールとして経済産業省が有識者を集めて作成したツールである（筆者も委員の一人として参加している）。

「財務情報」（6つの指標※1）と「非財務情報」（業務プロセス、商流、4つの視点※2）に関する各データを入力することにより、企業の経営状態を把握することで経営状態の変化に早めに気づき、早期の対話や支援に繋げていくものである。

（※１）６つの指標：①売上高増加率（売上持続性）、②営業利益率（収益性）、③労働生産性（生産性）、④EBITDA有利子負債倍率（健全性）、⑤営業運転資本回転期間（効率性）、⑥自己資本比率（安全性）

（※２）４つの視点：①経営者への着目、②関係者への着目、③事業への着目、④内部管理体制への着目

下記はヤナギオートサービスの財務分析結果である。

３年前に事業承継を行い、新社長の元で改革に取り組み、業績の向上を図ってきた成果が徐々に見えてきている。

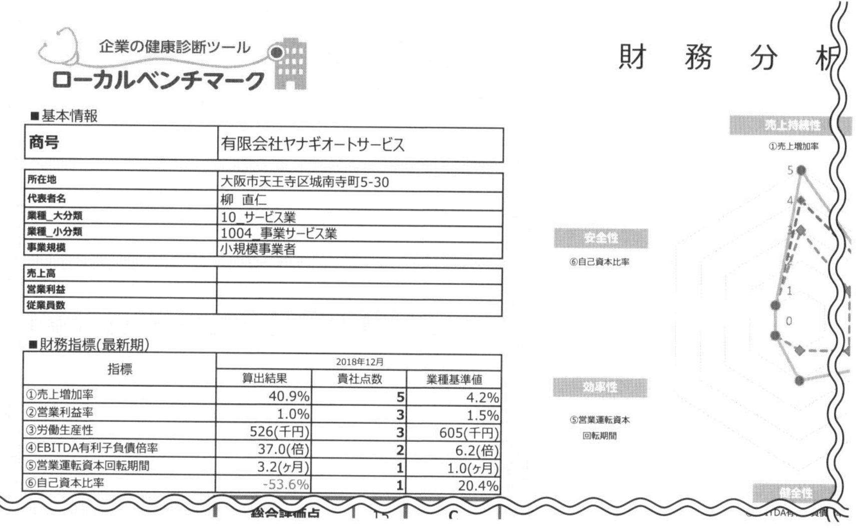

企業の健康診断ツール
ローカルベンチマーク

財務分析

■基本情報

商号	有限会社ヤナギオートサービス
所在地	大阪市天王寺区城南寺町5-30
代表者名	柳　直仁
業種_大分類	10_サービス業
業種_小分類	1004_事業サービス業
事業規模	小規模事業者
売上高	
営業利益	
従業員数	

■財務指標(最新期)

指標	2018年12月		
	算出結果	貴社点数	業種基準値
①売上増加率	40.9%	5	4.2%
②営業利益率	1.0%	3	1.5%
③労働生産性	526(千円)	3	605(千円)
④EBITDA有利子負債倍率	37.0(倍)	2	6.2(倍)
⑤営業運転資本回転期間	3.2(ヶ月)	1	1.0(ヶ月)
⑥自己資本比率	-53.6%	1	20.4%

※図表の一部のみを表示しています。図表全体をご覧いただく場合は10頁のリンク先もしくは右記QRコードから表示・ダウンロードをお願いします。

それらの新たな取組みは、非財務情報である業務プロセスや商流、４つの視点を対話によって深めることで見えてくる。

単年度の財務だけを見て事業を評価するのではなく、時系列的に見ること

も重要であり、財務結果を生み出している非財務、いわゆる知的資産に着目する必要がある。そして、知的資産は価値の連鎖、いわゆる価値ストーリーとして描くことで事業価値の見える化が可能になる。

ヤナギオートサービスの財務分析結果を見ると、特に、営業運転資本回転期間の長さが３年前は5.8カ月と長い。自動車整備の場合、整備料金は現金かあるいは翌月には回収されるべきであり、営業運転資本回転期間は２カ月程度になると考えられる。

事業承継時に現社長の柳氏が回収状況を見た時、未回収の債権が数多く残っており、前社長が回収に関して放置していたことが判明した。柳氏は未回収の債権の回収に努め、２年後に営業運転資本回転期間を3.2カ月まで短くすることができている。財務的に豊かでない中小企業にとって、資金繰りの悪化は企業存続に直結する。柳氏は、資金繰りの悪化が財務体質を悪化させていると考え、回収の強化を図った結果がローカルベンチマークの財務分析結果に表れている。

一方、財務体質を強化するだけでは、将来に向けた事業価値の向上は図れない。そのため柳氏は非財務的な取組みを商流と４つの視点で整理した。

商流においては、川上である仕入先や協力先を選んでいる理由、川下である顧客などから選ばれている理由を考えることで、自社の価値のありかを知ることができる。

業務プロセスにおいては、各プロセスにおける実施事項を踏まえ、差別化のポイントなどを考える。業務プロセスは連続性を考慮する必要があり、前工程から後工程への流れが円滑であることや、工程での工夫などが顧客に向けてどのような価値になっているかを考える。

業務プロセスや商流で見いだされた価値などは、４つの視点にも関連性があるので、業務プロセス、商流、４つの視点を関連性を以って対話することも必要になる。

非財務の分析結果と、財務分析結果を比べると、財務の結果を生み出している非財務（知的資産）との関連性が見えてくる。知的資産を活用した事業

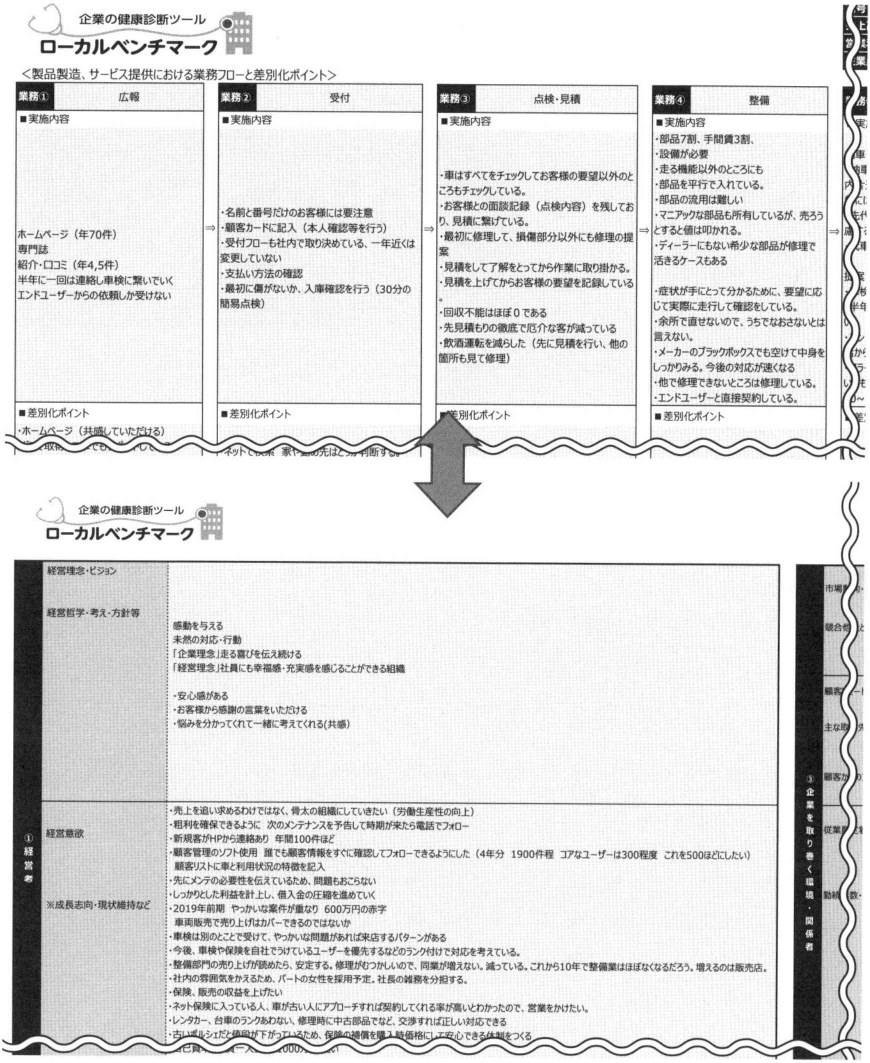

企業の健康診断ツール
ローカルベンチマーク

<製品製造、サービス提供における業務フローと差別化ポイント>

業務① 広報		業務② 受付		業務③ 点検・見積		業務④ 整備
■実施内容 ホームページ（年70件） 専門誌 紹介・口コミ（年4,5件） 半年に一回は連絡し車検に繋いでいく エンドユーザーからの依頼しか受けない	⇒	■実施内容 ・名前と番号だけのお客様には要注意 ・顧客カードに記入（本人確認等を行う） ・受付フローも社内で取り決めている、一年近くは変更していない ・支払い方法の確認 ・最初に傷がないか、入庫確認を行う（30分の簡易点検）	⇒	■実施内容 ・車はすべてをチェックしてお客様の要望以外のところもチェックしている。 ・お客様との面談記録（点検内容）を残しており、見積に繋げている。 ・最初に修理して、損傷部分以外にも修理の提案 ・見積をして了解をとってから作業に取り掛かる。 ・見積を上げてからお客様の要望を記録している。 ・回収不能はほぼ0である ・先見積もりの徹底で厄介な客が減っている ・飲酒運転を減らした（先に見積を行い、他の箇所も見て修理）	⇒	■実施内容 ・部品7割、手間賃3割、 ・設備が必要 ・走る機能以外のところにも ・部品を平行で入れている。 ・部品の流用は難しい ・マニアックな部品も所有しているが、売ろうとすると値は叩かれる。 ・ディーラーにもない希少な部品が修理で活きるケースもある ・症状が手にとって分かるために、要望に応じて実際に走行して確認をしている。 ・余所で直せないので、うちでなおさないとは言えない。 ・メーカーのブラックボックスでも空けて中身をしっかりみる。今後の対応が速くなる ・他で修理できないところは修理している。 ・エンドユーザーと直接契約している。
■差別化ポイント ・ホームページ（共感していただける）		■差別化ポイント		■差別化ポイント		■差別化ポイント

企業の健康診断ツール
ローカルベンチマーク

①経営者		
	経営理念・ビジョン 経営哲学・考え・方針等	感動を与える 未然の対応・行動 「企業理念」走る喜びを伝え続ける 「経営理念」社員にも幸福感・充実感を感じることができる組織 ・安心感がある ・お客様から感謝の言葉をいただける ・悩みを分かってくれて一緒に考えてくれる(共感)
	経営意欲 ※成長志向・現状維持など	・売上を追い求めるわけではなく、骨太の組織にしていきたい（労働生産性の向上） ・粗利を確保できるように　次のメンテナンスを予告して時期が来たら電話でフォロー ・新規客がHPから連絡あり　年間100件ほど ・顧客管理のソフト使用　誰でも顧客情報をすぐに確認してフォローできるようにした（4年分　1900件程　コアなユーザーは300程度　これを500ほどにしたい） 顧客リストに車と利用状況の特徴を記入 ・先にメンテの必要性を伝えているため、問題もおこらない ・しっかりとした利益を計上し、借入金の圧縮を進めていく ・2019年前期　やっかいな案件が重なり　600万円の赤字 車両販売で売り上げはカバーできるのではないか ・車検は別のとこで受けて、やっかいな問題があれば来店するパターンがある ・今後、車検や保険を自社でうけているユーザーを優先するなどのランク付けで対応を考えている。 ・整備部門の売り上げが読めたら、安定する。修理がむつかしいので、同業が増えない。減っている。これから10年で整備業はほぼなくなるだろう。増えるのは販売店。 ・社内の雰囲気をかえるため、パートの女性を採用予定。社長の雑務を分担する。 ・保険、販売の収益を上げたい ・ネット保険に入っている人、車が古い人にアプローチすれば契約してくれる率が高いとわかったので、営業をかけたい。 ・レンタカー、台車のランクあわない、修理時に中古部品でなど、交渉すれば正しい対応できる ・古いポルシェだと値段が下がっているため、保険の補償を購入時価格にして安心できる体制をつくる

③企業を取り巻く環境・関係者

※図表の一部のみを表示しています。図表全体をご覧いただく場合は10頁のリンク先もしくは右記QRコードから表示・ダウンロードをお願いします。

活動は、財務結果に結びついてくるのである。

② 取組みの経過

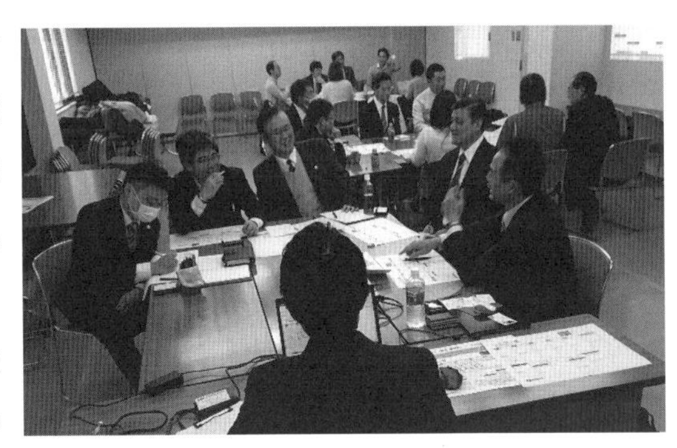

ワークショップでは、経営者を囲んで知的資産経営研究会のメンバーが、ローカルベンチマークを使って事業の見える化を行う。

ヤナギオートサービスは主にポルシェの整備をしている。まず顧客に何を提供しているか、顧客はどのような利便性を感じてヤナギオートサービスを選んでいるのかを考える。

顧客に提供しているものは整備だけではない。顧客が欲しているのは、整備そのものではなく、整備を通して得られる「安心」である。では、その「安心」は何から導かれるのかを考えると、同社の「充実した整備機械類」を使った「確実な整備」や「未然提案」「未然予防」であり、それを「整備担当とのFace to Faceで実施」していることである。

さらに、「確実な整備」「未然提案」「未然予防」などはなぜできるのかについては「技術力の高いベテラン整備士」がいるから、となる。そして、そのような「技術力の高いベテラン整備士」がいるのはなぜかと考えると、「充実した社員教育」や「社員からの改善提案を採用する仕組み」などがあるから。そしてそれが「働きやすい職場環境の整備」という経営方針に繋がっている。では「働きやすい職場環境」の方針があるのはなぜかと考えると、経営理念である「走る喜びを伝え続ける」や「社員にも幸福感、充実を感じることができる組織をつくる」に繋がっていく。

このように根幹に経営理念があり、それに沿った方針やビジョンを立て、物的資産以外に知的資産を組み合わせて顧客に価値として利便性を提供していく。そして顧客からはフィードバックをもらっている。フィードバックとは売上や利益もあるが、それ以外に会社への評価がある。自社の何が評価されているかを知ることは、自社の価値を知ることになる。自社への評価という価値を活かし高めていくことで将来ビジョンを立てることができる。将来ビジョンは顧客へ提供している利便性を軸に考えることが重要だ。

ヤナギオートサービスの顧客は誰なのか？ それは「ポルシェを愛する人」である。ヤナギオートサービスの価値を知ってくれている顧客である。既存、新規含めて「ポルシェを愛するお客さま」に多数来店してもらうことで、同社の価値の連鎖を活かせるビジネスモデルが実現できることになる。

「ポルシェを愛するお客さま」には、社員や同社を取巻く人々も含まれる。経営理念から方針、活動、取組みを通して独自のサービスを生み出し、「ポルシェを愛する人」に「安心」を届け、「評価」をもらい、それを社内にフィー

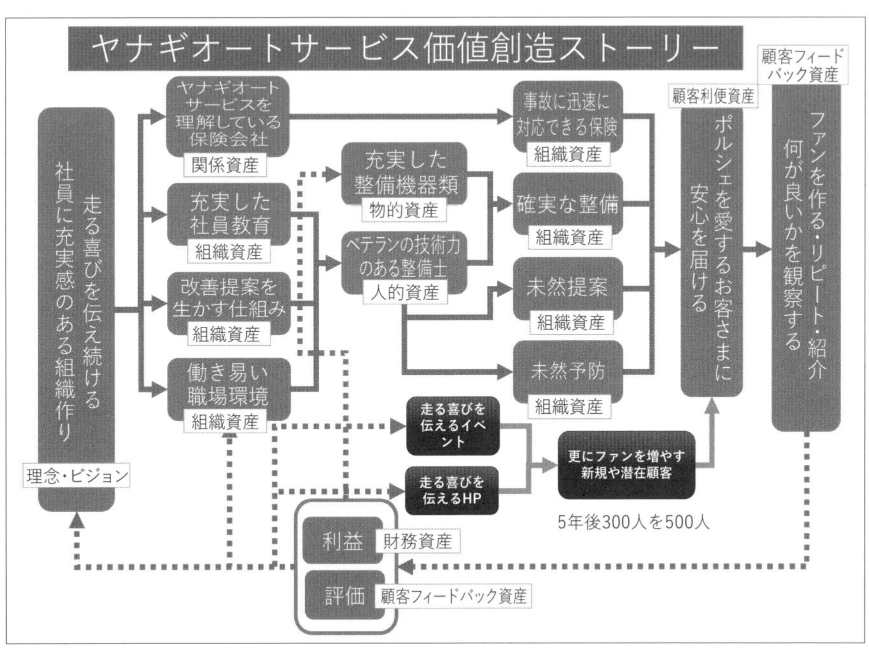

ドバックさせるという輪廻転生が起きる。この循環をいかに速く確実に回すかが企業価値を高め、顧客とともに発展することに繋がる。

（4）成果

ヤナギオートサービスは大阪府中小企業家同友会に属している。中小企業家同友会は「よい会社をつくろう」「よい経営者になろう」「よい経営環境をつくろう」という３つの理念により活動している。その中の活動の１つに、経営指針の確立を掲げ、企業と経営者のより良いあり方を模索すること目指している。経営指針を確立する際に、事前にローカルベンチマークを活用し事業の見える化を行っておくことで、経営指針の確立が円滑に取り組めると考えている。

中小企業家同友会は、経営を真剣に考える経営者集団であり、様々な取組みを通して、強靭な経営体質をつくること、経営者に要求される総合的な能力を身につけること、中小企業の経営を守り、安定させ、日本経済の自主的・平和的な繁栄を目指している。

ローカルベンチマークは、真剣に経営を考える経営者が、定期的に健康診断として活用する意義は深い。ヤナギオートサービスの場合、ローカルベンチマークや価値創造ストーリーを描くことで将来ビジョンが明確になり、何をするべきかという活動も明確化された。

価値ストーリーに描くことで、今まで何となく考えていたことが明確になり、社内に対して今までの活動の良さや、顧客に提供している価値を確認でき、自分たちの持ち味や価値の再認識ができた。社員にとって自社の位置づけの明瞭化は、働く意味の認識や働きがいに繋がってくる。

ローカルベンチマークは内容を単に埋めるだけでなく、経営そのものを理解しているメンバーとの対話を通して、事業活動の内容を深めることで有効的に活用できる。形だけを埋めるだけに終わってはならない。

第７章

金融機関による
知的資産経営への取組み

1 但陽信用金庫における取組み

（1）但陽信用金庫の概要ときっかけ

但陽信用金庫は兵庫県に拠点を置く信用金庫である。店舗数は34店で主に兵庫県の中部を営業エリアにしている。

創業は兵庫県のやや北部の朝来市生野町であり、元々は林業を営んでいた。林業の特徴は山林経営であり、次の世代に繋げるために植林をするという長期的な視野にたった考えの経営姿勢であった。

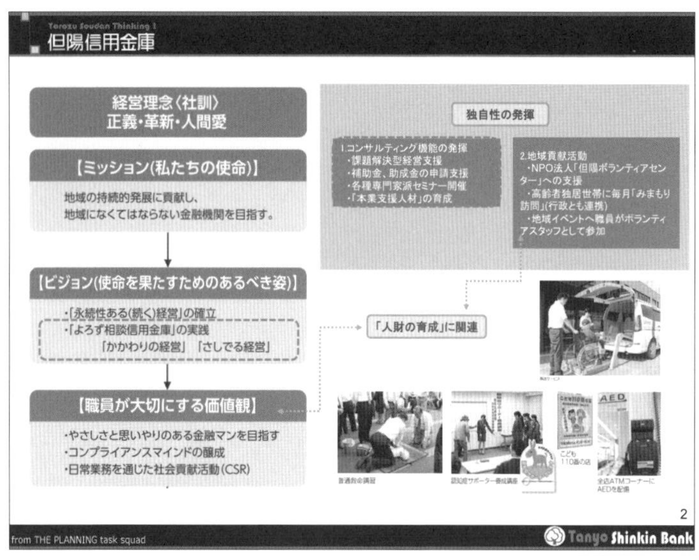

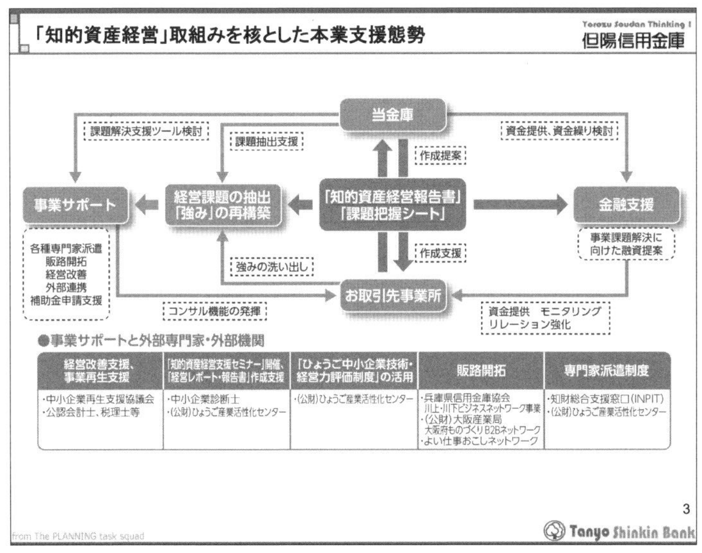

同金庫のミッションはこの20年来一貫している「よろず相談所」である。お客さまの役に立つことを第一に、企業価値の創造はお客さまのあらゆる相談を受け付けることにあり、利益はあとから付いてくるという考えのもとに経営を行っている。また、「かかわりの経営」「さしでる経営」を念頭に、時には企業のことを思い､口うるさいことも言う存在であるべきと考えている。同金庫が行う企業価値の創造がまさに知的資産経営である。

同金庫の知的資産経営の取組みは2009年から始まっている。取組みの経緯は、2008年に兵庫県の外郭組織である公的財団法人ひょうご産業活性化センターにおいて、筆者が開催している「知的資産経営ワークショップ」の発表会に但陽信用金庫が見学に来られたことが始まりである。

発表会での事例報告において、企業の社長ではなく社員が生き生きと発表していたのを目にし、地域性や事業規模に関係なく経営陣と社員が一体となって「自社を見つめ直す」取組みの良さを感じられた。これは同金庫の「よろず相談所」の実践にも合致した内容であり、一歩踏み込んで企業が有する

「強み」を掘り起こし、企業経営に活かすとともに、浮かび上がった「課題」についても共有し、解決を図る糸口となると確認したそうである。

同金庫では、下記の事項を共有化し知的資産経営支援に取り組んでいる。

◆「中小零細企業経営の強さ」の見直し～"我が社"の見直し

1．取引先が「自社のこと」をどれだけ分かっているか？
- 自社の「強み」・「経営課題」の認識と共有化
- 経営者と社員、社員と社員の一体感・コミュニケーションの強化

2．我々金融機関が「顧客企業のこと」をどれだけ分かっているか？
- 当金庫職員が「取引先の本業」への踏み込み
- 保有する「強み」と「経営課題」の認識と共有化
- 取組みから生まれる「企業を見る目」の強化と「コンサルティング機能の発揮」

但陽信用金庫における知的資産経営の位置づけは、「知的資産経営報告書」や課題把握のための「事業性評価シート」を取引先企業とともに作成することで、当該企業の強みの再構築や経営課題を抽出・共有化し、将来ビジョンを実現するための活動であるとしている。そして知的資産経営の取組みはを共創価値の創造に繋げ、日常業務に落とし込むことで継続している。

（2）取組み内容

同金庫が知的資産経営に取り組みはじめてから十余年を経過しているが、これまでの取組み実績は累計で、「知的資産経営セミナー」への参加数1,469社、経営レポートや知的資産経営報告書の作成数は429社にのぼっている。

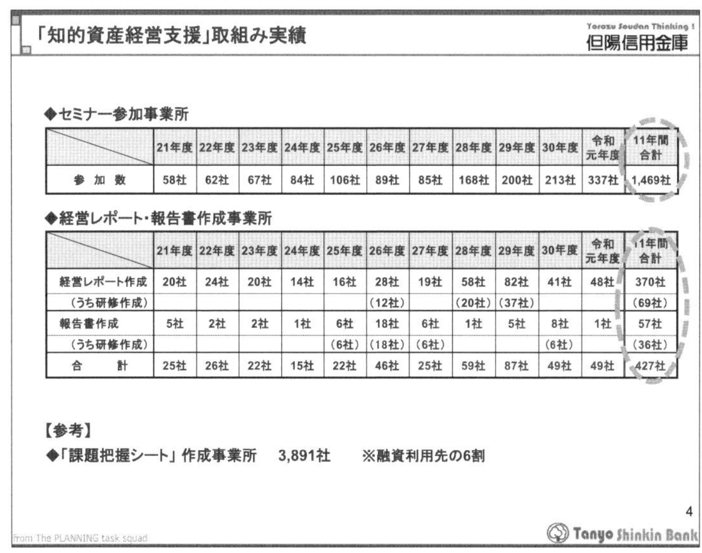

「知的資産経営支援」取組み実績

◆セミナー参加事業所

	21年度	22年度	23年度	24年度	25年度	26年度	27年度	28年度	29年度	30年度	令和元年度	11年間合計
参加数	58社	62社	67社	84社	106社	89社	85社	168社	200社	213社	337社	1,469社

◆経営レポート・報告書作成事業所

	21年度	22年度	23年度	24年度	25年度	26年度	27年度	28年度	29年度	30年度	令和元年度	11年間合計
経営レポート作成	20社	24社	20社	14社	16社	28社	19社	58社	82社	41社	48社	370社
（うち研修作成）						（12社）		（20社）	（37社）			（69社）
報告書作成	5社	2社	2社	1社	6社	18社	6社	1社	5社	8社	1社	57社
（うち研修作成）					（6社）	（18社）	（6社）			（6社）		（36社）
合計	25社	26社	22社	15社	22社	46社	25社	59社	87社	49社	49社	427社

【参考】

◆「課題把握シート」作成事業所　3,891社　※融資利用先の6割

また、知的資産を切り口にした課題把握シート作成事業所は約4,000社にのぼり、融資先の約６割となっている。

取引先への知的資産経営の取組みについては、

① 「知的資産経営支援セミナー」開催

② 「経営レポート作成セミナー」開催

③ 「知的資産経営報告書」作成支援

という順をたどるが、同金庫では職員自身が、取引先の知的資産経営の支援者となるべく、「経営レポート作成研修」を実施している。これは職員が取引先企業に訪問し「経営レポート」を作成する実践型の研修である。この取組みが職員の力量向上に大いに役立っているようだ。

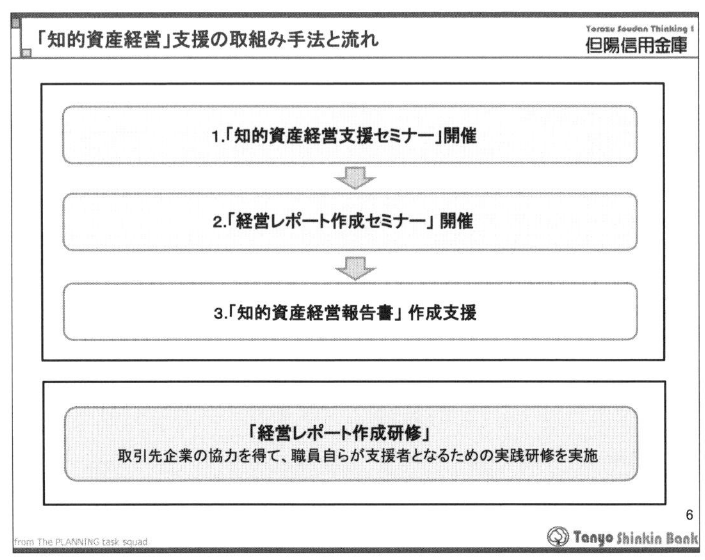

① 知的資産経営支援セミナー

知的資産経営支援セミナーは２部で構成され、第１部は「知的資産経営」創設時に核となった、近畿大学経営学部キャリアマネジメント学科の松本誠一准教授または筆者が、最近の経営環境に関する話題を交えながら知的資産経営の説明を行い、参加者に理解いただく。

そして第２部は、これまで知的資産経営に取り組む企業からの事例報告である。冒頭に述べたように、企業の社員に登壇いただき、どのような思いで知的資産経営を始め、どのような体制で取り組み、何に苦労したのか、また良かった点について体験談を披露していただく。実際に取り組んだ企業からのリアルな声なだけに、セミナー参加企業に方にも多くの気づきを得ていただけている。

本セミナーの参加企業については通常、営業店からお客さまを勧誘するのだが、単に「開催しますのでお越し下さい」ではなく、職員が既に実践研修などを経て知的資産経営に取り組み、その良さを自身で体感しているため、その成果を迫力を以って説明できるようだ。いわば、同金庫職員が知的資産経営の伝道師の役割を果たしている。

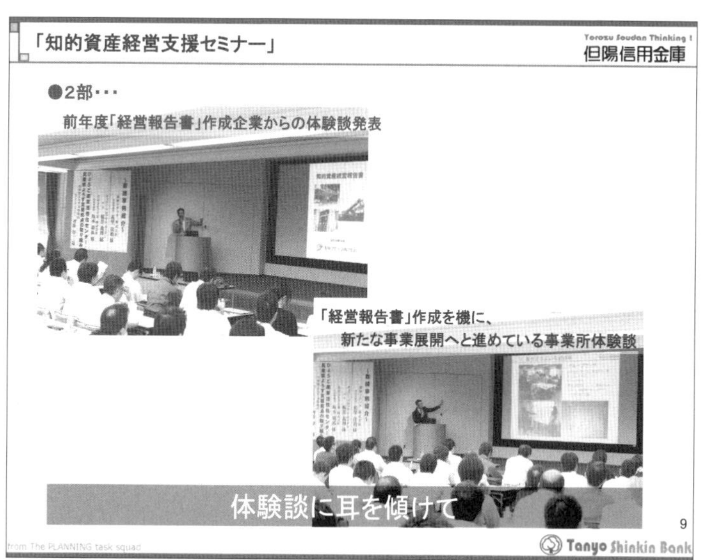

② 経営レポート作成セミナー

経営レポート作成セミナーでは、ゴールを「経営デザインシートBen's版」の作成に置き、「経営レポート」を作成していくワークショップだ。実施期間は３カ月、実施回数は４回、各４時間行う。

このワークショップの特徴は、参加企業のそばに、我々支援者とともに但陽信用金庫の担当者と支店長が寄り添い、業務プロセスなどの事業内容の掘り下げや、経営環境の分析などを行い、一緒になって「ああだ、こうだ」と考えることで事業内容への理解を深め、企業の良さや課題についての共有が図れ、真の企業支援に繋がっていることが特徴である。

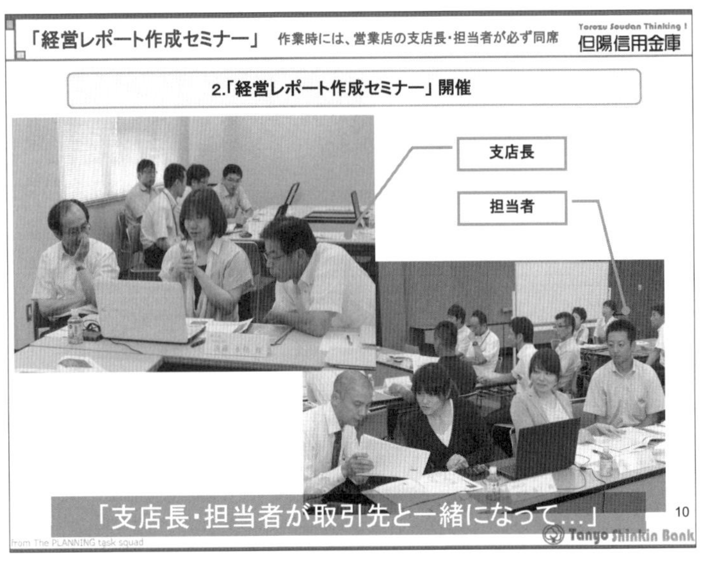

支店長とともに担当者が同席することで、金融機関職員としての企業を見る目が強化され、コンサルティング機能の発揮に、ひいては企業価値の向上などの成果に繋がっている。

ワークショップは３～４社を１つのグループとして実施している。グルーピングすることで、お互いの進捗が見えたり、他の企業の取組み内容が自社の参考になったりと刺激を受けたり、場合によっては事業連携に繋がる事例もある。

③　「知的資産経営報告書」作成支援

さらに事業内容を深め、知的資産経営報告書にまとめたい企業向けに用意しているのが「知的資産経営報告書」作成支援である。

本支援は、但陽信用金庫の職員が直接企業を訪問し、社員も参加してもらって、付箋などを使い、経営レポートで見える化できた内容をさらに深めることで自社を見つめ直したり、内部・外部への発信ができるツールとして知的資産経営報告書を作成する支援である。

なお、作成支援に同席した職員の感想は以下のとおりである。

太字で示している箇所が、知的資産経営に取り組む大きなメリットであるといえる。

◆「経営レポート」「知的資産経営報告書」作成に同席した職員の感想

- 取引先の強みや弱点、経営者の事業意欲はプロ意識等が理解できた
- 日常業務で得られる何倍もの情報が得られた
- **いかに日常業務での情報が表面的であるかが分かった**
- 取引先との関係がより深いものになったと感じる
- **代表者から、一緒に取り組み、自社を見つめ直すきっかけになったことを感謝された**
- 今、何を具体的に取り組むべきかの優先順位が明確になった
- これまで話をすることがなかった営業担当者や製造担当者と懇意になった
- 取引先の人材確保の厳しさが実感できた
- 業界動向が大変参考になった

④　経営レポート作成研修

取引先の知的資産経営を金融機関が支援するには、相応のスキルが必要になることは言うまでもない。そこで、但陽信用金庫では、以上の取組みとは別に、取引先企業の協力を得て、金庫職員自らが支援者となるための実践研修も実施している。これは筆者など外部支援者が同席せず、職員のみが取引先企業を訪問し、経営レポートや知的資産経営報告書にまとめ、最後に企業内で発表会を行う研修で、2013年から取り組んでいる。職員３～４名がグループになって取り組む。

「経営レポート作成セミナー」はトータルで約20時間を要するが、「経営レポート作成研修」は約30時間を超える。これにより職員のコンサルティング機能の発揮のためのスキルアップと企業を見る目の養成にも繋がる。

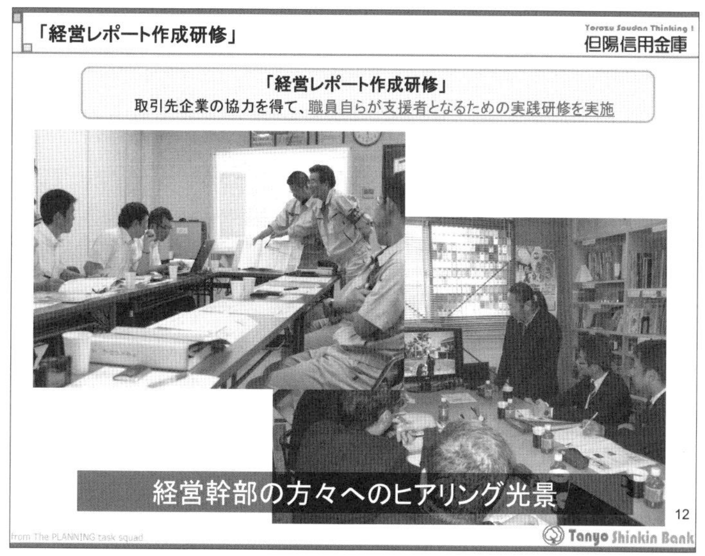

企業訪問を行いヒアリングや現場確認を通して、事業内容の見える化とともに現状や経営環境を踏まえて将来ビジョンも分析・検証した結果を発表することで、金庫職員にとってはプレッシャーと評価の醍醐味を味わえる場になっているようだ。

本研修を受けた側の事業所の意見並びに担当職員の感想は以下のとおりである。

<実践研修を依頼した事業所の話>

「金融機関にここまで詳しく事業内容等をヒアリングされたことは、現在の取引行でもなく、数字面だけではなく、事業そのものを評価しようとする姿勢が素晴らしい。自分達も話をしながら大いに参考になった」

このように高く評価されている。この高い評価が職員のモチベーションや今後の具体的な活動に活かされている。

一方、職員の感想は以下のとおりである。

<「実践研修に学んだこと」…職員の感想>

・顧客へ何が提供できているか？ 顧客が望んでいること、将来に向けての方針
・経営課題を明確にし、最初の段階からどう関わるか
・強みや弱みだけでなく、業務プロセスや事業内容、経営者の考え方を知る
・これまでのヒアリングがいかに表面的であったか
・現場を見ること、時間をかけて経営者や社員の話を聞くことの重要性
・企業の内側には、普段見えない問題、課題が多いこと
・社員のベクトルが揃う重要性とその必要性
・これまでの作成の関わりが間接的であったこと
・新規開拓でスムーズにできるヒアリング方法

これらの感想から、職員のコンサルティング機能の発揮のための「ヒアリング能力などのスキルアップ」と「企業を見る目の養成」に繋がっていることが分かる。

（3）成果

以下のグラフや表は「経営レポート」や「知的資産経営報告書」をどのような面で活用しているかを但陽信用金庫のアンケートからみたものである。

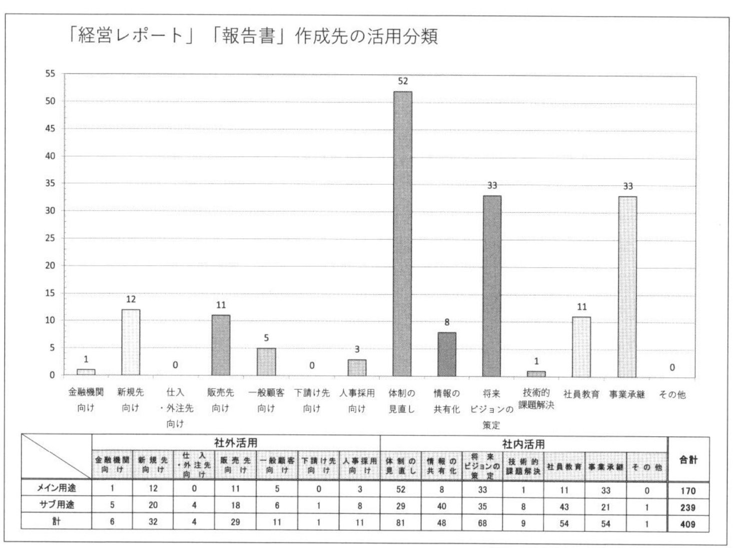

	社外活用							社内活用							合計
	金融機関向け	新規先向け	仕入・外注先向け	販売先向け	一般顧客向け	下請け先向け	人事採用向け	体制の見直し	情報の共有化	将来ビジョンの策定	技術的課題解決	社員教育	事業承継	その他	
メイン用途	1	12	0	11	5	0	3	52	8	33	1	11	33	0	170
サブ用途	5	20	4	18	6	1	8	29	40	35	8	43	21	1	239
計	6	32	4	29	11	1	11	81	48	68	9	54	54	1	409

	活用分類	メイン活用	サブ活用	計	合計	比率
外部	金融機関(事業理解、資金調達など)	1	5	1		
	新規顧客(営業活動など)	12	20	32		
	仕入先、外注先(事業への理解、関係強化など)	0	4	4		
	販売先(事業への理解、営業活動など)	11	18	29		
	一般顧客(事業への理解、営業活動など)	5	6	11		
	就職希望者(人事採用)	3	8	11	88	22%
内部	体制の見直し	52	29	81		
	情報の共有化	8	40	48		
	将来ビジョンの構築	33	35	68		
	技術的課題解決	1	8	9		
	社員教育	11	43	54		
	事業承継	33	21	54	314	78%

外部への発信が多いと思われがちだが、実際は内部に活用されていることが分かる。知的資産経営に取り組むことで、社内が見える化され、まずは社内体制を整えることや将来ビジョンの構築に活用されている。

また、取組みが社員教育になったり、事業承継にも活用されていることが分かり、知的資産経営に取り組む効果については、内部に対する効果が大きいと言える。

また定量的な評価としては、格付けの変化がある。

平均的なSDB（信用金庫業界の中小企業信用リスクデータベース）の格付けの変化と、同金庫で「経営レポート」や「知的資産経営」に取り組んだ先の比較である。

「知的資産経営」支援への取組み効果

Yorozu Soudan Thinking !
但陽信用金庫

◆「経営レポート」「報告書」作成が企業業績にどう反映するか！

一般査定先のＳＤＢ階級遷移
SDB(信用金庫:中小企業信用リスクデータベース)

	ランクアップ	変わらず	ランクダウン	未実施未算出	計
元年度	269	378	210	60	917
	29.3%	41.2%	22.9%	6.5%	100.0%
30年度	332	308	176	54	870
	38.2%	35.4%	20.2%	6.2%	100.0%
29年度	262	309	203	40	814
	32.2%	38.0%	24.9%	4.9%	100.0%
28年度	256	294	199	43	792
	32.3%	37.1%	25.1%	5.4%	100.0%
27年度	279	282	164	53	778
	35.9%	36.2%	21.1%	6.8%	100.0%
26年度	243	273	212	51	779
	31.2%	35.0%	27.2%	6.5%	100.0%
25年度	201	304	246	66	817
	24.6%	37.2%	30.1%	8.1%	100.0%
24年度	281	309	182	80	852
	33.0%	36.3%	21.4%	9.4%	100.0%
23年度	315	286	205	44	850
	37.1%	33.6%	24.1%	5.2%	100.0%
22年度	242	259	286	40	827
	29.3%	31.3%	34.6%	4.8%	100.0%
21年度	135	246	377	46	804
	16.8%	30.6%	46.9%	5.7%	100.0%
20年度	202	217	343	38	800
	25.3%	27.1%	42.9%	4.8%	100.0%
12年間平均	30.4%	34.9%	28.5%	6.2%	100.0%

from The PLANNING task squad

「経営レポート」「報告書」作成前年度 対 令和元年度対比
(平成20年度～令和元年度)
※基準年度…取組開始前年度

基準年度＼元年度	S01	S02	S03	S04	S05	S06	S07	S08	S09	S10	ランクアップ	変わらず	ランクダウン	未算出	総計
S01	37	6	3		1	1			1			37	12	3	52
S02	14	8	3	2	2	1		1		1	14	8	10	2	34
S03	7	15	3	4	1						22	3	5	1	31
S04	5	3	6		1	1		1	1		14	0	4	5	23
S05	3	4	5	4	3	1	3				16	3	4	2	25
S06		1	4	3	4	4	5	2	2		12	4	9	3	28
S07		2	2	4	8	9	6	2	2		25	6	4	6	41
S08	1		2	1			4	3	2	3	8	3	5	1	17
S09	1			2	3	2	3	5	4	2	16	4	2	3	25
S10					2	2	3		4	3	11	3		7	21
総計	68	39	28	20	25	21	24	14	16	9	138	71	55	33	297
											46.5%	23.9%	18.5%	11.1%	100.0%

＊20年9月リーマンショック

16

Tanyo Shinkin Bank

ランクアップ先を比較した場合、同金庫の46.5%に対してSDBは30.4%であり、その差は16.1ポイントである。また、ランクダウン先は同金庫が18.5%に対してSDBは28.5%と10ポイントの差がある。

この定量面の上下26.1ポイントの差が、定性面と合わせて但陽信用金庫が知的資産経営に継続して取り組んでいる理由の１つである。

平成20年度～令和元年度	アップ先比率	ダウン先比率
但陽信用金庫 取り組み企業	46.5%	18.5%
SDB(信用金庫：中小企業 信用リスクデータベース)	30.4%	28.5%
差	16.1ポイント	10.0ポイント

但陽信用金庫では取組み全体を下記のように整理している。

「知的資産経営」支援への取組み効果

◆取引先企業

・経営者と従業員が自社の「強み」と「経営課題」を共有し、強みを伸ばし課題を解決するために進むべき方向を明確にすることで社内が活性化。企業価値の向上に繋がっている。

※「企業業績へ反映」

◆当金庫職員

・「企業を見る目」の変化

・取引先企業の強みや課題を把握した上での積極的な本業支援提案

・「顧客との共通価値の創造」を体感：バンカーとしての「やりがい」

2　尼崎信用金庫における取組み

同じく兵庫県にある尼崎信用金庫でも知的資産経営の取組みを行っている。フレームワークは但陽信用金庫で行っている手順と同様である。

（1）尼崎信用金庫の概要

尼崎信用金庫は兵庫県尼崎市に本拠を置き、営業エリアは兵庫県東部と大阪市内を始め大阪府北部であり、信用金庫の中でも広範囲なエリアをカバーしている。

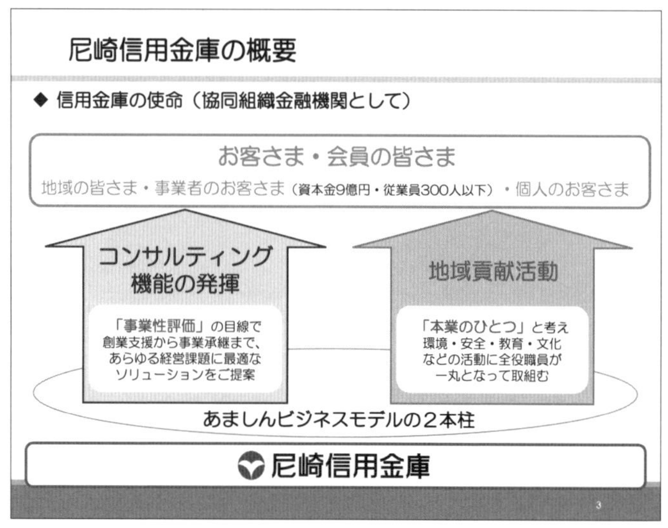

（2）取組み内容

同金庫のビジネスモデルは２本柱である。１つは事業性評価に基づくコンサルティング機能の発揮による経営課題に対するソリューションの提案であり、もう１つは地域貢献活動である。

同金庫におけるビジネスモデルゴールは「課題解決に向けた個別支援」に

あり、そのための取組みとして「知的資産経営」が位置づけられている。

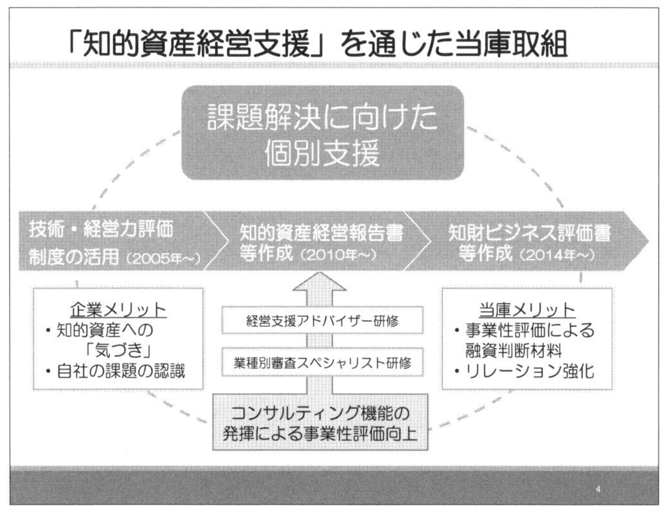

同金庫では（公財）ひょうご産業活性化センターが行っている「技術・経営力評価制度」を2005年から行い、その継続的な手法として「知的資産経営報告書等作成」支援に繋げている。また必要に応じて「知財ビジネス評価書」に取り組む。

「知的資産経営報告書」の作成支援

◆ 知的資産経営支援一覧

年度	支援（普及啓発）セミナー	実践セミナー			事業価値を高める経営レポート（サマリー版）	知的資産経営報告書	経営デザインシート
		兵庫	大阪	計			
2010年度	185	0	0	0	1	11	―
2011年度	170	0	0	0	14	5	―
2012年度	159	22	4	26	13	0	―
2013年度	134	9	4	13	9	2	―
2014年度	114	9	0	9	2	8	―
2015年度	64	7	9	16	5	4	―
2016年度	101	8	5	13	9	0	―
2017年度	92	7	3	10	6	1	―
2018年度	88	8	3	11	8	1	―
2019年度	84	10	5	15	2	1	8
合計	1,191	80	33	113	69	33	8

5

「知的資産経営」支援は2010年から取組みを始めているが、そのメリットは取引先企業にとっては「気づき」と「自社課題の認識」であり、尼崎信用金庫にとっては事業性評価による融資判断材料であることとリレーションの強化にある。

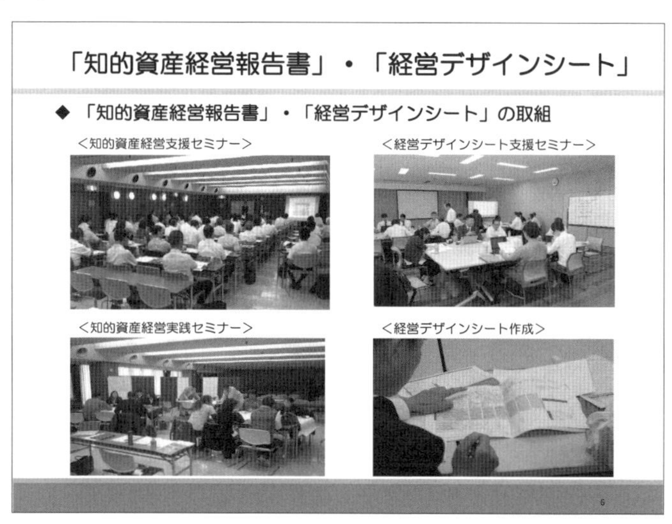

同金庫の「経営レポート」と「知的資産経営報告書」の作成件数は累計で102件にのぼっている。また、経営デザインシートBen's版の取組みも行い、件数は８件である。

同金庫においても、まずセミナーを開催し、お客様に知的資産経営の啓発を行っている。

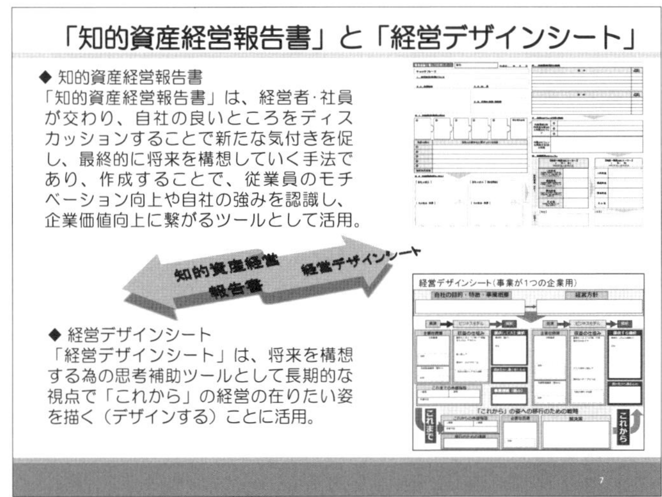

「経営レポート」や「知的資産経営報告書」支援のフレームは但陽信用金庫と同じ手順で進めている。

（3）成果

以下では、尼崎信用金庫の支援先の事例を取り上げる。

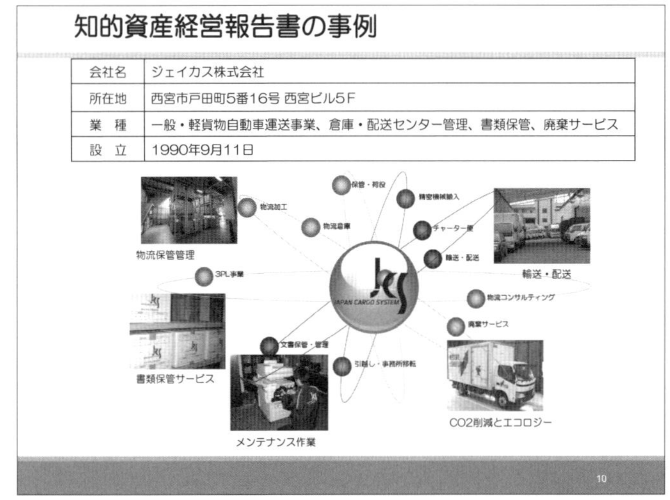

会社名	ジェイカス株式会社
所在地	西宮市戸田町5番16号 西宮ビル5Ｆ
業　種	一般・軽貨物自動車運送事業、倉庫・配送センター管理、書類保管、廃棄サービス
設　立	1990年9月11日

知的資産経営報告書の事例

ジェイカス株式会社　（業種：運送業、倉庫・配送センター管理）

昭和61年現代表者が軽トラック1台で創業。順調に売上拡大するも、リーマンショックの影響を受け売上急減。非運輸事業の売上で本業の運送事業の不振をカバーするも赤字体質が改善できず、取組みすべき施策が見出せない状態が続いていた。

＜知的資産取組前＞
漫然と荷物を動かすことに専念しており、赤字が積みあがることの繰り返しで何のために仕事をするのかどこに向かえばいいのかわからなかった。

＜知的資産経営を通じた気づき＞
知的資産の効果は、見えない課題があぶりだされることにある。社員との価値観を共有するために「仕事への共感」が必要だと気づく。

＜知的資産経営の活用＞
知的資産経営についての議論を社内で行った結果、社員一人ひとりが経営に関心を持つようになった。専門家の指導の下、アクションプランを検討する中で社員から建設的な意見が続出。問題意識が高まる。

＜知的資産経営報告書策定後の効果＞
- SWOT分析等を踏まえアクションプラン及び目標到達点を示した「知的資産経営報告書」を策定。アクションプランを確実に実行するため、「知的資産経営報告書」を自社ホームページ上で公開。
- アクションプランを策定する中で、ドライバーの意識改革も行い、各自で数字を随時確認できる体制を構築。

11

ジェイカス株式会社は運送業を営んでいる。リーマンショックの影響で売上が急減し、本業以外の事業を行ったが好転せず赤字体質のままであり、方向性が見つけられなくなっていた。

そこで、事業プロセスと工夫の洗い出し表を使い、知的資産を掘り下げた。

プロセスでは、「次工程への合格レベル・評価ポイント」を掘り下げながら、そのプロセスにおける「特長（GOOD POINT）」を見い出す。そしてその特長が生まれている根拠（秘訣、理由、根拠）をさらに掘り下げる。同時に指標も定義する。これは知的資産ごとに行う。このことで様々な知的資産が掘り下げることができた。

業務プロセス	プロセス名	トップマネージメント（経営会議）	営業推進	業務管
	PDCA	基本方針、意思決定	計画、実行、確認	計画、
	行っていること	・部門別計数管理 ⇒月単位の予実管理 ・各営業所業務管理報告 ⇒人事・車両・倉庫管理状況 ・重要事案について精査検討 ・経営計画指針書作成 ⇒全員の行動計画シェア	・担当別、荷主別売上利益管理 ・担当別アクションプラン策定、成果物報告 ・既存荷主動向の情報収集活動⇒個人ベース ・新規案件獲得への社外ネットワーク構築活動 ⇒個人ベースと現場ベース	・各営業 ・車両稼 合わせに ・チーム コミュニ ・品質 ・日報か
担当部門（者）		経営会議	営業部	所長、
次工程への合格レベル 評価ポイント ex. 次工程が楽になるように行っている事柄		・中長期目標の明確化と具体的施策の運用進捗 ・部門損益管理の精度up ⇒日計ベースの進捗管理 ・管理職アクションプラン策定、前月成果物報告	・部門間連動型アクションプランの策定と実施 ⇒社内資源（ヒト・モノ・カネ）の最適化を計る ・ＨＰ見直し⇒集客特化型WEB対策（総務担当）	・部門間 定と実施 ⇒社内資 適化を計 ・加工作 の拡大

※図表の一部のみを表示しています。図表全体をご覧いただく場合は10頁のリンク先もしくは右記QRコードから表示・ダウンロードをお願いします。

さらに、この掘り下げにより見えてきた知的資産を元に、他社との違いの見える化作業を行った。結果として、当社が持つ優位性のある違いをどのように活かせば、将来ビジョンが構築できるかについて検討する場ができた。

	他社（世間）		
	持っている or 行っている		
	自社=○　競合=○	”差”はあるか どんな”差”か	評価
持っ	① 配送 + 付帯作業（トナー、ドラム交換等）の提供		
	② 指定場所納品、先入先出し、冊だし棚入れ等の2次的サービス		
	③ 複数荷主によるオフィス共配		
	④ オフィスデリバリー専用車両の導入（一部エリア）		
	⑤ 機密文書の保管、溶解処理サービス		

※図表の一部のみを表示しています。図表全体をご覧いただく場合は10頁のリンク先もしくは右記QRコードから表示・ダウンロードをお願いします。

① 出張裁断サービス　⇒シュレッダー車保有

② 保冷蔵車によるチャーター便及び共同配送

③ 魅力あるダントツのネットワークと提案力

⇒担当者からの信頼を勝ち得ている

⇒顧客の困ったを解決・後方支援する

⇒顧客ニーズに合ったプレゼン力

④ 経営者と管理者との近い距離での意思交流と一体化

⇒意思決定の速さ

⇒現場目線をもった意思決定

⇒安心感の高い労使関係（運命共同体）

⑤ 独自手法でのリクルーティング力

⇒ＨＰの刷新と募集要項の工夫

⇒初任給を高く設定（同業他社と比較して）

⑥ 中小規模の物流会社にしては高い社員福利厚生

⇒社員旅行、各種イベント

⑦ 独自のメンタルケア ⇒ 経験値の高い専任カウンセラーに依頼

⇒各人の状況に応じたカウンセリングとコーチング

⑧ 家族にまで行き届く情報共有の一体化

⇒社内報を給料明細に入れ家族にシェア

違いを見た後、今後の経営環境の変化をみて将来の方向性を検討した。

	過去	現在
マーケット・顧客 ニーズ 流行 成長分野 販売流通チャネル 製品・サービスの利用方法	ブランド品.高級車,海外旅行,グルメ,億ション	100均,ファストファッション,すきやデート
	繁華街賑い,百貨店バーゲン,道路渋滞	近場の郊外モール,とマイルドやンキー思考
	金融システムの発達,、	カーシェアリング開始と自転車
	TVコマーシャル,雑誌,看板,車内中刷り広告	高齢者とアジア来日旅行者ビジネス
	タウンページ広告	高齢者ビジネス、ナイスミドルマーケット
	問屋,商社への営業、固定電話からの問合せ	NET検索問合せ、通販、ショピングモール
	訪問販売,テレアポ	アジア人の日本旅行者増大

※図表の一部のみを表示しています。図表全体をご覧いただく場合は10頁のリンク先もしくは右記QRコードから表示・ダウンロードをお願いします。

将来ビジョンを定義するにあたり、変化予測表にある取組み事項を時間軸と利益貢献度のマトリクスから優先順位を決めた。

⑥経営環境への対応　優先順位評価

「変化予測表」で示された事象や「自社らしさ発見マトリクス」を元に整理します。利益貢献(影響度)軸と時間軸を評価軸として、優先順位を決定しアクションプランに繋げます。

		時間軸		
		早く対応する	少し先でよい（2016年頃）	かなり先で良い(2019年頃)
利益貢献度（影響度）	大きい	・FLS研究会で先進物流会社ノウハウ・成功事例の収集 ・荷主メーカーに協力要請し商品知識とCI共有の研修を定期実施しCS向上を計る ・協力会社会設立によるジェイカス品質の確立向上と理念・方向性の共有 ・地域No.1物流企業を目指し社内と協力会社の意識改革 ・行政への情報収集活動 ・第３世代の人材発掘とリクルーティング・ヘッドハンティングを強化 ・新規分野へのチャレンジ～　得意分野の確立～伝統の創造 ・社内資源（ヒト・モノ・カネ）の効果的投資と回収設計の精度アップ（経営指針計画書の策定）	・エリア共配（オフィス）に特化し共配センターの運営 (兵庫・大阪地区でのエリア共配は2年先) ・専属システム担当者の登用 (専任は2年後) ・接客営業研修の導入 (価値はあるが体制を整えるのが先) ・ビジネスモデル構築,付加価値メニューの明確化と教育実践 （まずビジネスモデル構築とメニュー作りが先） ・強みを生かした独自のコンサルティングフロー確立 (現状経験不足・ノウハウの蓄積が必要) ・現場提案で顧客から共に戦うジェイカス、外せないジェイカスの確立	・首都圏エリア共配（オフィス）に特化した大型物流センターでの共配センターの運営 ・後継者不足による得意分野での効果的M&A 最新WMSから専属システム担当加工によるマーケティング顧客情報提供 ・接客教育された配送員での物販とサービスの提供
	中程度	・社外教育機関の活用と社外専任顧問によるゼロベース指導や気付き発掘 ・会社（仲間）好き勉強好きの社風作り ・全社/部門単位での一体化イベント ・地域社会貢献活動（西宮マリンフェスタ/海の甲子園）	・経営者・管理者等各階層による後任人材の育成の自社OJTの確立 ・人事評価制/給与/教育制度見直しで生産効率UP	・運輸業社専門（零細小企業）経営講座 ・幹部による海外先進物流視察とシェア
	小さい	・事務所の快適化と休憩整備 ・オートマ車両の導入 ・マーチャンダイジング車両導入	・新デザインのユニホーム ・年度スローガン自社ポスター制作 ・社員向けYOUTUBE制作	・社員寮の整備 ・社員カーのシェア ・社員持ち株会

そして、優先順位からアクションプランを下記のとおり設定した。

			背景	目
第一ステップ		・協力会社会設立によるジェイカス品質の確立向上と理念・方向性の共有	業界縮小と人手不足	協力会社囲
			法令遵守と企業承継	Jグループ
				管理者のス
				ハイタッチ
		・地域No.1物流企業を目指し社内と協力会社の意識改革	強みの差別化と生残り	
			新たな社会と経済	
			ゆとり世代とマニアル	J教育プロ
				社内風土の
				顧客満足度の

※図表の一部のみを表示しています。図表全体をご覧いただく場合は10頁のリンク先もしくは右記QRコードから表示・ダウンロードをお願いします。

このアクションプランを元に価値ストーリーを描いた。価値ストーリーに描くことで、管理層や社員に事業活動の見える化ができ、全社一体となって将来ビジョンの取組みができた。

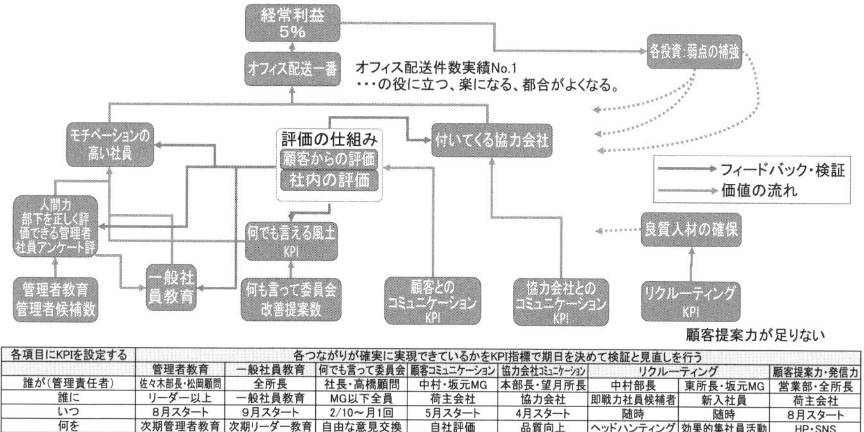

各項目にKPIを設定する	各つながりが確実に実現できているかをKPI指標で期日を決めて検証と見直しを行う							
	管理者教育	一般社員教育	何でも言って委員会	顧客コミュニケーション	協力会社コミュニケーション	リクルーティング		顧客提案力・発信力
誰が（管理責任者）	佐々木部長・松岡顧問	全所長	社長・高橋顧問	中村・坂元MG	本部長・望月所長	中村部長	東所長・坂元MG	営業部・全所長
誰に	リーダー以上	一般社員教育	MG以下全員	荷主会社	協力会社	即戦力社員候補者	新入社員	荷主会社
いつ	８月スタート	９月スタート	2/10～月1回	5月スタート	4月スタート	随時	随時	８月スタート
何を	次期管理者教育	次期リーダー教育	自由な意見交換	自社評価	品質向上	ヘッドハンティング	効果的集社員活動	HP・SNS
どのように	物流コンサル指導	社内OJT	座談会形式	顧客訪問	意見交換勉強会	人生相談	物流コンサル勉強会	荷主向け物流勉強会
いつまでに				今期中		1年間		
どれぐらい	１年間	１年間	１年間	1年間	1年間	予算売上３億毎		1年間
KGI	管理者候補２人	モデル社員３人	現場改善提案５件	顧客アンケート数値	参加社数・アンケート	労働分配率30%以内	定着率70%以上	案件問合せ数30件

これらの作業により、ジェイカス社は新たな方向性を見いだすことができ、社員と一団となって業績の向上に取り組むことができた。

社長の抱く知的資産経営への取組みに関する感想は以下のとおりで、知的資産経営によって将来ビジョンが明確になり、同社は窮地から救われることとなった。現在は、当初の運送業にとどまらず、「モノの流れを整理する」というミッションの下、「倉庫サービス」「引越・移転サービス」「重要書類・機密文書の処理サービス」といった事業も展開することができている。

苦境にあった当社に対して唯一、知的資産経営に関するアドバイスをしてくれた尼崎信用金庫には大いに感謝している。当時は藁にもすがる思いだった。

金庫の職員は、企業のことを良く勉強している。当社へのアドバイスも臆せず言ってくれるので、本当に助かる。金庫にとっては手間ばかりかかるかと思うが、企業との関係を深める取組みであり、今後も是非続けてほしい。本来であれば、他の金融機関にもこういう姿勢が必要だと思う。公的支援制度等についての情報提供も有益だ。尼崎信用金庫に直接メリットはないかもしれないがいずれビジネスにつながるはずだ。

中小企業に必要とされているのは、このような取組みを地道に続ける金融機関である。例えば、複数の企業で共同配送センターを計画するとなった場合、どのような公的支援制度があるのか、皆目見当がつかない。行政からはHP上に書面が掲示されるが、中小企業経営者にとって、大量の書面を読み込むような時間的余裕はない。このような場合に企業の施策に応じた適切かつ迅速なアドバイスを提供してくれるならば借入金利が多少下がるよりも価値を感じる。サービスに価値があれば元がとれると考え、金利に関わらず取引をしたいと思う経営者も多いだろう。

これからの運輸業のビジネスは付加価値が勝負であり、値下げ一辺倒では難しい。運輸業の考えがそのまま当てはまるか分からないが、金融機関のビジネスも、低金利を提供するだけのセールスでは厳しいのではないかとも思う。

今回の計画は、社員が一丸となって作り上げた自信作であると胸を張って言える。行動計画に基づき、着実にPDCAサイクルを回してきた自負もある。さらに第三者からのアドバイスが加われば、さらに計画のブラッシュアップを図ることもできる。その意味でも、尼崎信用金庫には引続き各種のアドバイスを期待したい。

ジェイカス株式会社 代表取締役　加賀澤　一

3　岐阜県信用保証協会における取組み

（1）岐阜県信用保証協会の概要

岐阜県信用保証協会は、1951年２月23日創立された信用保証協会法に基づく法人である。

その目的は、中小企業者等のために信用保証の業務を行い、中小企業者等に対する金融の円滑化を図ることである。

具体的な業務は、中小企業者等が銀行その他金融機関から資金の貸付、または手形の割引を受けること等により金融機関に対して負担する債務の保証、および中小企業者等が発行する社債のうち、銀行その他の金融機関が引き受けるものに係る債務の保証である。

事務所は、岐阜市内に本店があり、他に多治見支店と高山支店がある。常勤役職員数は95名（2020年３月末現在）である。

（2）岐阜県信用保証協会の取組み

同協会が知的資産経営に着目したのは、岐阜県や愛知県において知的資産経営に取り組む中小企業診断士、藤井健太郎氏の活動が契機である。

同氏は、愛知の税理士・中小企業診断士である井上新氏から知的資産経営の面白さを教わり、2016年に井上氏の事務所で開かれたセミナーで小職の話を聞いたのがきっかけであった。その藤井氏が愛知県や岐阜県で「知的資産経営研究会」を立ち上げ、中小企業診断士を中心に定期的な勉強会を行い、啓発セミナーや事例を積み重ねてきた。

一方、信用保証協会は、その業務に中小企業に対する経営支援が追加された2017年の信用保証協会法の改正を受け「必要とされる保証協会」「中小企業に寄り添う」を掲げ、信用保証協会から企業へ直接出向き「ローカルベンチマーク」を対話ツールとして有効活用しながら企業と経営課題を共有し、その課題に合った専門家派遣事業を展開している。

その中で岐阜県信用保証協会では、2018年11月にシンポジウム「対話で築く（気づく）明日の企業経営」を主催した。法改正への対応を模索する中で、藤井氏が開催していた勉強会に何度か保証協会職員が出席し、講師として登壇していた株式会社エフティーエス代表取締役の寺岡雅顕氏の講義に感銘を受け、保証協会職員研修にも同氏を講師に迎え「事業性評価」の必要性が叫ばれる背景やその本質について学び、今後の保証協会に何が求められているかを認識したことが始まりである。その後、事業性評価の入り口として活用が期待されていた「ローカルベンチマーク」の活用方法について藤井氏を講師に迎え職員研修を開催し、財務・非財務分析により中小企業者とより深い対話や理解を進めるための知識や考え方を学んでいった。

この２つの研修をきっかけにシンポジウム開催が大きく動き始めた。信用保証協会・企業経営者双方にローカルベンチマークが浸透することで、お互いに対話しやすい環境の構築がなされ、より一層企業に寄り添った支援が可能となると考えたからだ。

また、企業経営者としても、このツールを活用することにより自社の経営状況を整理し、金融機関等ステークホルダーと積極的に対話の機会を持つことで、自社が意識していない強みを発見しさらにはその強みをアピールする発信力を持つといった効果が現れることを期待してこのシンポジウムは開催されたものである。

H30.11.15 岐阜県信用保証協会主催シンポジウム アンケート結果

Q1.講演①「経営者と金融機関との関係のパラダイムシフト」の内容は役立つものでしたか。

項目	回答数	割合
1　役立つ内容だった	154	85%
2　普通	26	14%
3　役立つ内容ではなかった	1	1%

＜具体的な意見＞
・考え方の切り口がとても斬新で聞き入ることが出来た。発想と結びがとても勉強になった。
・価値の変化に敏感であることの重要性を感じた。
・話の展開がスピーディで鋭く、大変面白く聴かせて頂けた。時代を見る視点がすばらしい。
・日頃金融機関について思っていた環境変化に対応していない、イノベーションを起こしていないといったことを、明快に整理されていた。
・現在の金融情勢を鋭くえぐる話にインパクトがあった。

Q2.講演②「自社を理解・表現する手法としてのローカルベンチマーク」の内容は役立つものでしたか。

項目	回答数	割合
1　役立つ内容だった	112	62%
2　普通	65	36%
3　役立つ内容ではなかった	4	2%

＜具体的な意見＞
・企業の価値を見出す観点やツールを改めて考え直す機会となった。
・ロカベンの解説を通じ、企業改善に向かう取り組みや個別事例の紹介まで聞けて役に立った。
・ロカベン自体を知らなかったので勉強になった。作成過程が自社を知る過程になると思えた。
・ロカベンを作成してみたい。もっと詳しく話しをお聞きしたいと思った。
・ロカベンを使って、会社を良くしていきたい。

Q3.パネルディスカッション「なぜ対話するのか、なぜ対話しないのか、対話とは何なのか」の内容は役立つものでしたか。

項目	回答数	割合
1　役立つ内容だった	131	76%
2　普通	38	22%
3　役立つ内容ではなかった	4	2%

＜具体的な意見＞
・各立場からの視点や考察が楽しく興味深かった。心で見るマインドの重要性を理解出来た。
・保証協会の経営支援機能について大変素晴らしく参加者に伝えていた。保証協会の今後の展開が理解出来た。
・企業の立場に立った話で良かった。対話の素晴らしさを体感した。
・対話する価値が見出すことが出来るディスカッションであった。リアリティある話が聞けた。

Q4.今後ローカルベンチマークを活用したいと思いますか。

項目	回答数	割合
1　活用したい	112	76%
2　どちらともいえない	53	22%
3　活用する予定はない	1	2%

＜具体的な意見＞
・企業-金融機関双方に良好な関係を築くべく有効な手段に感じた。
・最初の一歩として自社について考えるきっかけとして活用したい。
・まだ活用出来るほどの理解はないため、直に活用するのは難しいが、更に勉強していきたい。
・今日の講演だけでは、すごく難しい作業が必要であると感じた。
・企業の全体像が見える化できる良いツールであると認識した。
・簡便に使えるツールであり是非利用したい。
・金融機関に対し自社をアピール出来るものであり、また自社の強みを分析してみたい。

Q5.その他のご意見・ご要望があればご記入ください。

＜具体的な意見＞
・大変有意義でためになるシンポジウムをありがとうございました。
・貴重なお時間を割いて有用なお話をいただきありがとうございました。
・対話というキーワードでの講演・パネルディスカションの企画内容は素晴らしかったと思います。今後も企業と金融機関を繋ぐ役割としての機能に期待しております。
・岐阜県信用保証協会が県内企業者及び全国の協会に呼びかけられ多くの参加者が集まり、経営支援への取組みを周知されたのは、大変に素晴らしいと感じました。県保証協会の本気を見ました。
・企業経営者として希望が持てる取り組みであり、活かされる中小企業が多くなることを祈念します。
・本シンポジウムをきっかけに東海地方の金融のあり方が変わると思う。
・運営スタッフの皆様、この日のために相当なご苦労をしたと思います。おつかれさまでした。

シンポジウム当日は、中小企業経営者や金融機関等、総勢280名の参加があり、筆者も講演およびパネルディスカッションのパネラーとして登壇した。次のアンケート結果からも分かるとおり、高評価を得ることができたシンポジウムであった。

また、同年には藤井氏が主催する知的資産経営研究会の中で行われた知的資産経営報告書に着目し、但陽信用金庫のセミナーを見学のうえ「知的資産経営報告書策定支援事業」を「事業承継支援」として岐阜県信用保証協会の新たな支援メニューとして創設した。

時期	支援内容	効果
H30.4～5	「ローカルベンチマーク」の作成	…現況・経営課題の共有
⇩		
H30.5～12	「経営改善計画書」の策定 各金融機関との金融調整	…企業の資金繰りに余裕を持たせる返済額設定 …全金融機関協調での支援
⇩		
R1.5～R1.11	「知的資産経営報告書」の策定	…自社の強みや将来ビジョンを可視化 …全社員参加の「報告会」で今後の経営方針を共有
⇩		
R2.4	事業承継特別保証	…無保証人での借換実施
⇩		
R2.5	事業承継（代表者交代）	

（3）岐阜県信用保証協会による知的資産経営報告書の策定支援事例

①　ローカルベンチマーク作成による現況把握

林金属工業株式会社は、各自動車メーカー向けの金型製造業者として、毎期安定した売上を計上していた。創業者である当時の代表者は、いわゆる職人気質なタイプであり、技術に関しては社内外から厚い信頼を寄せられていた。一方で、購買管理については十分に機能しておらず、近年は単価の高い仕入が多く発生していたことで、資金繰りは厳しい状況であった。しかしながら、後継者である専務が入社した後は、原価管理の見直しが強力に進められ、キャッシュフローはプラスとなっていた。同社に対し岐阜県信用保証協会は、経営支援の第一歩として、数回の企業訪問・ヒアリングを通じローカルベンチマークの作成に取り組み、専務からのヒアリングを重点的に行った結果、専務への事業承継手続を推し進めることとした。

②　知的資産経営報告書による事業承継支援

同社では、いずれ専務が後継者として承継する予定であったが、時期は未定であり、社内外への周知はまったく行われていない状態であった。そのため、岐阜県信用保証協会および藤井氏のもとで「知的資産経営報告書」の策定支援を行い、円滑な事業承継を後押しすることとした。

同社に対する知的資産経営報告書の策定支援では、まず事業のプロセスを細かく分解し、各段階の「強み＝知的資産」を引き出していった。代表者のみならず後継者や従業員を交えたヒアリングを繰り返し実施することで、経営者が気づいていなかった「知的資産」を発見できるように促した。社員らは、自社の知的資産として「他社製の金型でも修理ができる対応力」や「急な受注や小ロットにも対応できる生産体制」などが挙げられた。

事業プロセスごとの知的資産洗出しを行った後、これまでの事業活動で蓄積された知的資産をいかに維持・強化し、将来の業績に繋げていくかという視点の将来シミュレーションを「経営デザインシート」を活用して行った。これは同社の将来ビジョンを明らかにし、実現可能な活動目標を定めることで、全社員の目指す方向性のベクトルを揃えることに役立った。また、事業承継計画書の作成を同時に行い、代表者、専務と承継時期について目線合わせを行った。

藤井氏同席のもと何度も企業を訪れ、半年以上を経て同社の知的資産経営報告書は完成した。完成後に全従業員と取引金融機関を集め報告会を実施した。報告会では、後継者である専務が、同社の知的資産（強み）や今後の経営指針および事業承継時期について表明し、「従業員と顧客にとって必要不可欠な会社でありたい」「今いる従業員が誰一人欠けることのない、働きやすい会社にしていく」などと社員に呼び掛けた。一方、社員からは「専務がよく頑張っているのは知っており、代表者交代後もついていきます」といった声もあり、さらに事業承継の意思が固まった。また、将来ビジョンを明らかにし実現可能な活動目標を定めることで、社員が一丸となって事業のベクトルを揃える良い契機となった。

③　事業承継特別保証による経営者保証解除

林金属工業が「知的資産経営報告書」策定後、国が「事業承継特別保証」を創設した。同制度は経営者保証がネックで事業承継が進んでいない現状を受け、新たな事業承継支援施策の一環として作られたものである。事業承継実施先や、今後実施予定の中小企業に対し、一定の要件（資産超過、法人と経営者の分離など）を満たした場合に、無保証人での保証が可能となる制度である。

同社は、代表者の連帯保証が残存しており、同制度取扱いに合わせ代表者交代を実施し、経営者保証の解除を岐阜県信用保証協会と新代表者が一緒に各金融機関を訪問し要請した。これまでの経営支援により、同社の経営状態や事業ビジョンは十分に金融機関に共有されており、早期の借換えによる経営者保証解除に結びついた。

同制度は、プロパー借入を信用保証付きで借換え可能な制度であるが、各支援金融機関においては、上記の知的資産経営報告書等を基に、同社の事業ビジョンを評価した上での対応がなされた。これは、信用保証協会の取組みを通じ、金融機関の事業性評価を後押しできた確かな成果であったと考えている。

（４）岐阜岐阜県信用保証協会と岐阜商工信用組合の共催による価値創造セミナー

岐阜県信用保証協会が支援する知的資産経営報告書策定支援には、中小企業診断士および信用保証協会職員に加え、支援金融機関担当者も同席し、支援に携わることがある。

この知的資産経営報告書策定支援に立ち会った岐阜商工信用組合より、このノウハウを同組合にも取り入れ、既往先との関係強化や職員の目利き力向上に役立てたいと申入れがあり、開催が実現したのが「価値創造セミナー」である。

支援方法については、但陽信用金庫が行っているワークショップ方式での開催を採用した。価値創造セミナーは、当初2020年５月開始の予定であったが、コロナ禍の影響で同年10月スタートに延期開催となった。

「価値創造セミナー」は18社の参加企業が、知的資産経営の考え方をベースに、ローカルベンチマークや経営デザインシートなどを活用し、ワークショップ形式で自社の知的資産や将来ビジョンをまとめていく事業である。

同セミナー開催にあたり、岐阜県信用保証協会の小倉氏は、「企業にとってこれまで経営の前提となっていた多くの物事が変化していくことは想像に難くなく、マクロ経済をはじめとした外部環境の変化はもちろんのこと、企業の内部構造についても大きな変容を強いられている。そのような時代の中で自社をレビュー・検証することは、企業の本質的な経営課題を認識するという意味では非常に意義があり、その結果を踏まえ企業は今後の施策を組み立てる必要がある。岐阜県信用保証協会が実施している知的資産経営報告書策定支援は企業の目に見えざる知的資産を棚卸し、企業の状況・今後の展望を俯瞰的に示し今後の経営活動に活かしていく支援であり、まさしく最適の支援であると考える」と今後の発展を展望している。このような信用保証協会が主体となる活動は、知的資産経営の広まりが全国に広まるきっかけになるであろう。

事業者様向け
価値創造セミナー
参加費無料
定員18社
～知的資産経営で お客さま・社員・地域からも
選ばれ続ける企業になりませんか～
この度、岐阜県信用保証協会・岐阜商工信用組合 共催で「価値創造セミナー」を開催することとなりました。本セミナーでは事業者様が "人材" "技術力" "ノウハウ" などの財務諸表には表れない自社の「持ち味」を改めて知っていただき、それらを経営活動に活かすことを目指します。
経済産業省や内閣府が推奨する経営ツール「ローカルベンチマーク」「経営デザインシート」を中小企業診断士のサポートを受けながらグループワークで作成し、With コロナ・After コロナにおける経営改善や将来ビジョンの策定、売上アップ、事業継承などに活用してみませんか？
日時
令和2年 9月16日㈬・10月21日㈬・11月18日㈬・12月2日㈬
令和3年 1月20日㈬ 全5回 ※詳しい内容は裏面をご覧ください。
(各回 13：00～17：00)
会場
岐阜商工信用組合 本部3F ホール
岐阜市美江寺2丁目4番地3
講師
中小企業診断士 6名
※詳しくは裏面をご覧ください。
受講料
無料
定員
18社
知的資産経営とは
財務諸表には表れない自社の強み ＝「知的資産」
・経営理念、人材、組織力
・ノウハウ、技術力
・取引ネットワーク・ブランド力
収益・競争力の源泉
これらを棚卸し、「経営デザインシート」にまとめることで、事業者様の状況・今後の展望を俯瞰的に示し、経営活動に活かしていく手法のことです。
負担を少なくきっかけ作りができます！
事業者様は費用の負担なく自社の強み・弱みを知る「経営デザインシート」を作成できます。
より深く知的資産経営に取り組みたい場合には、岐阜県信用保証協会や中小企業診断士によるさらなるサポートもご相談いただけます。
ワークショップ形式
ワークショップ形式で中小企業診断士が事業者様の経営デザインシート作成の支援をいたします。
主催 岐阜県信用保証協会・岐阜商工信用組合

人材、技術、ノウハウ…
中小企業の価値再発見
参加者
自社の強みや経営課題など 気付き書き出す

第 8 章

持続的発展のために

1　利き脳に着目する

（1）右脳・左脳の働き

ハーマンモデルという人の大脳を研究した思考モデルがある。

・脳の働きを理解し、日々のビジネス状況に対し、効果的な対応ができるようになる。

・家族や友人、同僚の「こころ」を理解するようになる。

・生産性、動機づけ、仕事の設計・配置、創造性、戦略的思考など、リーダーシップに関する基本問題を、ユニークで新しい多角的な視点から理解できる。

などの効果が期待される思考モデルである。

ハーマンモデルは、1977年にゼネラル・エレクトリック（GE）社にいたネッド・ハーマンが開発したツールである。利き手、利き足と同じように、脳にも利き脳があることを発見し、そのことで「自己認識」「相互認識」および「創造的チーム開発」に活用されている。

ハーマンモデルは、以下の２つの研究成果から導かれている。

ア．ロジャー・スペリーの右脳左脳モデル

イ．ポール・マクリーンの三位一体型脳モデル

ロジャー・スペリーの右脳左脳モデルは、1981年にノーベル賞を受賞したことや、マスコミなどで話題に上ることもあり、多くの方がその機能の違いを知っている。

一方、ポール・マクリーンの三位一体型脳モデルは、進化による人間の脳機能の特徴を、辺縁系と大脳新皮質の部分とを分けることができると考えた。爬虫類の脳から哺乳類の脳になり、その後霊長類の脳に進化する。その進化による脳の機能を示している。

思考する脳は辺縁系と大脳新皮質であり、辺縁系は動物的な本能に基づいた思考モデルを持ち大脳新皮質は論理的な思考を行っている。

ネッド・ハーマンは右脳左脳と、辺縁系・大脳新皮質の４つの脳の部位の特徴から、人の思考モデルを示した。

左上：左脳大脳新皮質系（A)、左下：左脳辺縁系（B)、右下：右脳辺縁系（C)、右上：右脳大脳新皮質系（D）の４つである。

便宜上、それぞれをアルファベットで記載する。

Ａの部位の特徴は、左脳と大脳新皮質という特徴があり、思考モデルを一言で表現すると「理性的な自己」となり、Bの部位の特徴は左脳と辺縁系の特徴を持ち一言で表現すると「堅実な自己」となる。同じようにCの部位は「感覚的な自己」となり、Dの部位は「冒険的な自己」となる。

ハーマンモデルに関する詳細な内容は、「ハーマンモデル」（東洋経済新報社刊 ネッド・ハーマン著／高梨智弘監訳）ならびにハーマン・インターナショナル・ジャパンのホームページなどを参考にしていただきたい。

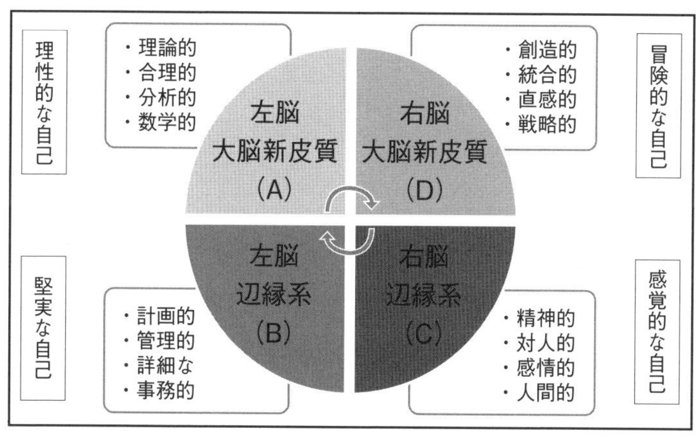

（2）右脳・左脳の有効な使い方

① モード別対応

利き脳を知ることでモードごとの対応方法も取れる。人は無意識のうちに自分で心地よい脳の部位を使っており、その使い方は各人異なる。この脳の使い方が「思考の好み」となって行動に現れる。

例えばAモードであれば、論理性を重んじるので筋道の通った会話が求められる。曖昧な内容ではなく、数値的根拠やなぜ？ の問いに答えることが必要になる。事実を踏まえて、論理的に伝える内容を組み立ててから話すのが良い。筋を通すことである。

Bモードの場合は、堅実性を求めるので、安全性に軸をおいた会話が必要になる。事例や前例、リスクに対する答えを示さなければならない。実行のイメージなど具体的な導入の詳細に重きをおいて伝える内容を組み立てるのが良い。紙に書いて示すのも安全性という観点から実施されても良い。

Cモードの場合、人間関係を大切にするので、一緒に食事をしたりノミニケーションも欠かせない。付き合いの良さも求めるのがこのモードの特徴である。その人の周囲の人の共感を事前に得ておき、周囲の人も納得していることを示すのが良い。皆と一緒、という雰囲気づくりがポイントになる。

Dモードの場合、飛んだ発想をするので、未来志向の会話や、アイデア、楽しさの会話が求められる。細かな話は苦手なので重箱の隅をつついた話題は避けるのが良い。コンセプト、新規性、全体観に重きをおいて伝える内容を組み立てるのが良い。

相手がどのような利き脳を持っているかを把握して会話の組み立てを考えるのが良い。伝える内容を相手の思考スタイルに合わせた形に加工して伝える。自分の思考スタイルのままで、自分が伝えたい形で伝えようとしても、スタイルの異なる相手は意識の深い部分で受け取ってはくれないかもしれない。

注意点は、A思考とC思考、B思考とD思考が逆の思考モデルを持っていることである。お互い避ける思考なので、コミュニケーションを図る場合は特に注意が必要でる。

② 人材育成

ハーマンモデルのモードを利用すると、動機付けや人材育成にも応用ができる。

Aの思考モデルは、物事を定義づけ論理的に学ぶことを好む。動機づけにおいては、疑問点がないように論理的に伝えること、可能であれば数値的に表すことが必要になる。

上下関係がある場合、言葉に出さず本人の気持ちの中でモヤモヤ感が起きていることもあり、納得していないようであれば、そのままにせず一歩踏み込んで根拠を説明しなければ動機づけにならず、良い成果も期待できない可能性がある。

Bの思考モデルは、体系的に編集された実用的なテキストを好み、決して横道にそれたり、ジャンプしたりする学習を好まない。手順書など紙に書かれたものに沿って順序よく進めないと理解してくれない。また、役割分担と責任を明確にすることも必要である。枠組みを大切にするので、例外を求めないようルールや手順に沿った内容を伝えることが必要になる。

Cの思考モデルは、気心の知れた人とのグループ学習を好み、お互いに共感を共有することを好む。「共に」「一緒に」がポイントで、「一緒にがんばろう」と声を掛けたり、食事を一緒にしたり、時にはスキンシップも効果的である。困った時には情に訴えることも必要になるだろう。ただし、感情で動くモードなので、良好な関係の維持は欠かせない。

Dの思考モデルは、先を見たワイワイガヤガヤな意見交換を好む。将来ビジョンを考える創造的な場を好む。枠組みが決められた環境ではDの持ち味は活かせないので、自由奔放に考えてもらうことが必要になる。また、Dは新しいものが好きなので、新しい提案やアイデアを考えてもらうと生き生きして良い成果を残す。

D思考は発想力はあるが、将来ビジョンを形作るには、A思考の論理性や定義化が必要になる。Dの発想をAが定義し、具体的な計画はBに委ねるのが良い。Bの細かさが活かされる。

お互いの特性（持ち味）を活かすことで組織の生産を向上させることが可能になる。リーダーは部下や周りのメンバーの利き脳を把握して、コミュニケーションを図るのが良い。

ハーマンモデルは以下の分野で活用されている。

◇個人への適用（自己認識）

⇒自己変革への気づき

⇒現在の職場に対する適性度と適職発見

⇒キャリア開発の目標と実行計画

◇コミュニケーションへの適用（相互認識）

⇒「ハーマンのメガネ」の認識によるコミュニケーションの配慮と相互理解

⇒思考プロセスの多様性を認識し、個性の違いに起因する人間関係の壁を越え、相互補完関係を築く（相互理解によるシナジー効果）

⇒ 学習する組織風土へ

◇創造的チーム（組織）開発

⇒ホールブレインによる創造的組織開発

⇒個人と組織のコンピタンシー最適マッチング

⇒リーダーシップスキル・マネジメントスキル

⇒組織診断（ミッション・コンピタンシー、適材配置）

ハーマン・インタナショナル・ジャパンより作成

ハーマンモデルは深く学ぶと多くの気づきを得ることができ、普段の生活や事業活動、リーダーシップの発揮など幅広く活用できる。

2　K-K-Kサイクル®

顧客ニーズを知り、新しい商品やサービス、あるいは新しいビジネスモデルを創るには、まず顧客を「観察する」ことである。他と違っている事を探してみるのも良い。

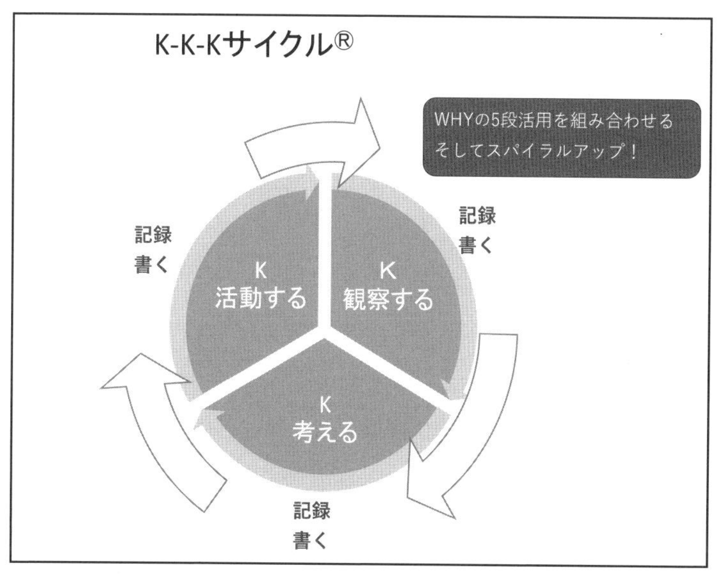

観察の次は、なぜそうなっているかを「考える」ことである。

また、考える際は「WHYの５段活用®」を使ってみる。

考えた結果、その原因や背景が理解でき対応策が決まれば具体的に「活動する」ことである。「活動する」は、５Ｗ２Ｈを決めることである。そして、活動した結果について再度観察を行い、K-K-Kサイクルをスパイラルアップさせていく。

各Ｋでは記録に残す。記録しておくと次のステップに取り組みやすい。また、人の脳は書くことで思考を深めることができるためである。

PDCAサイクルは中小企業には重たい仕組みである。最初に計画があることで、とりあえず計画になるか、あるいは細かく考えて時間が掛かって息切れを起こす。現実的な手法としては、K-K-Kサイクルで進めるのが効率よく進み、成果にも繋げやすい。

3　KET®で人材育成

リーダーの組織内部における役割は、次のリーダーを育てることだと考える。次の良いリーダーが育つことで事業は持続性が担保され、そのリーダーが次のリーダーを育ててくれれば、さらに事業の持続性は担保される。

そのためにリーダーが行うことは、自分自身が成長することやチャレンジすることで手本を示すことである。なぜなら、部下はリーダーの背中を見ているからである。

リーダーが行うもう１つの方法は、仕事の意味を伝えることである。なぜこの業務を行うのかを、利き脳に配慮して分かりやすく伝えることである。

また、職場における必要な活動は、感謝の言葉を伝えることである。感謝の気持ちは職場を明るくする。明るい職場、風土作りを行うのである。明るさは元気の素になりモチベーションを高める。モチベーションの高さは知的資産を生むのである。

人は認められて成長する。顧客からの評価を社内にフィードバックを行うことで何をするべきかが明確になり、新たな事業展開が容易になり迅速性も得ることができる。

もう一点、リーダーが部下を成長させる手法がK-E-T®である。

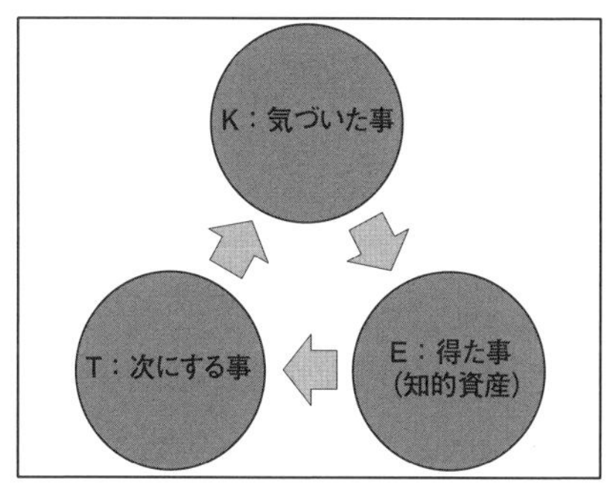

K-E-T®は、K：気づいたこと、E：得たこと、T：次にすることをノートに記載し、上司と交換ノートをすることである。

以下は社長と後継者（子息）が行っているK-E-T®ノートである。

「社長とK-E-T®をして、気づいたこと、得たこと、次にすることを書き出すことでじっくり考える習慣が生まれました。また、社長から赤ペンの添削が入るとさらに考える機会を得ました。またお互いに意見交換ができるので深く考える時間をとれ、新しいアイデアや提案も生まれてきました。新しい取組みのいくつかは、このK-E-T®から生まれました」と後継者のご子息は答えてくれた。

書くことで頭の中が整理できること、空想をしていても脳は活性化せず、書き出して始めて脳は考えを深めていくことができるのである。

部下を育てるとき、事業承継の場合などで活用して欲しいツールの一つである。

4 皮膚感覚

最近ではダーウィンの進化論は少し見直されているらしい。

今までは「最も強い者が生き残るではなく、最も賢い者が生き延びるのでもない。唯一生き残ることができるのは、変化できる者である」と言われてきた。

しかし池田清彦氏の「進化論の最前線」(インターナショナル新書刊)や長谷川眞理子氏の「進化とはなんだろうか」(岩波ジュニア新書刊)によれば、最近の進化の考え方は変わってきているようである。

つまり「自然淘汰が『目的を持って』働いていると考えられやすいこと。自然淘汰が働く大前提は、生き物に遺伝的な変異があることですが、変化は環境とは無関係にランダムに生じます。現れた変異がたまたま環境に適していて、生存や繁殖のうえで有利となる場合に自然淘汰が働き、その変異が継承されるのです」(長谷川)、「例えば動物が水中から陸に上がった理由として、『陸上の生活に適応するためにえら呼吸から肺呼吸に徐々に進化していった』と考えるよりも、『何らかのきっかけで、えら呼吸から肺呼吸になってしまったので仕方なく陸に上がった』と考えたほうが現実的です」(池田)という考え方である。

次頁の写真には生き物がいる。どこに何がいるかがお分かりだろうか。いわゆる擬態の例である。

この写真にある擬態はカエルである。右中頃にある葉の左横に擬態をしたカエルがいるのが見えるであろうか。

カエルは擬態をしたくて変化したのではない。何らかの事象で遺伝子に変化が起きて偶然に擬態ができ、擬態できたことで天敵に襲われることなく生き残り、擬態のできなかったものは滅び、幾世代も重ねることで命を繋ぐことができたのである。

熊崎孝典氏提供

この擬態の例など、これらの考え方から学べることは、環境変化を読んで目的を持って新しいことをすることも大切であるが、常に社内に変化を起こしておくこと、変化に対して迅速に柔軟に対応できる組織を作ること、チャレンジできる風土を作ることの重要性を物語っている。

環境変化は予測可能な部分もあるかもしれないが、予期しない、予想できない事態が発生する。既成概念にとらわれていると変化への対応が遅れる。日頃から新しいことに取り組む風土や迅速な意思決定ができる体制づくりが必要である。そのためには社内の情報共有が必要であり、企業の根幹であるぶれない経営理念と意思決定を行うための高いアンテナと収集力、いわゆる「観察力」が求められる。「観察」をしているとなんとなく感じる肌感覚がある。それは理論や理屈ではなく普段と異なることを感じる「違和感」である。

人類の進化について長年疑問に思われてきたことに、「なぜ人類は体毛が少ないのか」がある。ヒトに近いチンパンジーやゴリラなどの霊長類はすべて体毛が多い生き物であるが、共通の祖先をもっているヒトには体毛がない。

これが長らくの疑問であった。

研究者によれば、人類は水中生活を経験したことで体毛がなくなったという説もある。これはしっくりこない。アフリカを追われたホモサピエンスが水中生活をした証拠も見当たらない。しかし、肌を研究している皮膚科学研究者 傳田光洋氏は興味深い説を唱えている。

「肌は五感を持っている」という考えである。皮膚にあるケラチノサイトによって触覚だけでなく視覚、聴覚、嗅覚、味覚を持っていることが分かってきている。触覚は文字どおり触れることだが、学校で学んだ痛点という考えではなく、ケラチノサイトによってより敏感に変化を感じることができる。視覚については、眼は可視光線だけを感知するが、皮膚は紫外線や赤外線にも反応している。聴覚も耳は２万ヘルツが限度だが皮膚は超音波まで感知している。嗅覚は鼻にあるケラチノサイト、味覚は舌にあるケラチノサイトで複雑な匂いや味を感じることができる。

人類が森林を追われて平原に追い出された時、ケラチノサイトの機能を充分に発揮できる体毛のないヒトがたまたま生まれ、それが生き残り、体毛のあるヒトが淘汰され世代を重ねることで体毛の少ないヒトが生き残ったという考えである。

「人間の皮膚には途方もない機能があり、それは体毛をなくすというリスクを冒しても余りある恩恵をもたらした」（傳田光洋「皮膚はすごい」（岩波科学ライブラリー刊）より）。人類が草原で裸の生活をしたころの人の肌は、現代と比較にならないほど敏感だったと思える。体毛がないことで微妙な空気の変化や周りの変化に早く気づき、リスクを回避することで生き残ることができたのである。

この理論を知った時に、今までの疑問が解消した。

一方、皮膚と脳の関係も明らかになっていて、皮膚の変化を過去の経験データベース化された脳に送られ、次の反応に備える情報処理機能が構築されているのである。

優秀な経営者が事業を発展させた時に、「勘」や「なんとなく」、「運が良かった」という話を聞く場合がある。このような方は、皮膚にあるケラチノサイトが有効に働いていたと考えている。四つ足動物にある長いひげも感知道具の１つである。

アメリカ経営が国内に入り、企業経営には合理化、効率化が必須で、勘やどんぶり経営から脱却すべき、という理論が大手を振った。また成果主義も大きく旗振りがなされた。

しかし、経験豊富な経営者の「肌感覚」は研ぎ澄まされ、過去の経験がデータベース化された脳の働きと情報処理機能が発揮され最適な次の一手を踏み出せるのである。

「理屈じゃない」という考えは尊重されるべきであると考えている。そこで「Ben'sデザインシート」や「経営デザインシートBen's版」の将来ビジョンを考えるセルには、「観察」と「アプリオリ（無意識の経験則）」を追加し、感覚の大切さを含めて考えてもらうようにしている。

常にチャレンジできる風土作りや、迅速に柔軟に対応できる組織作りを考える時には、理論面だけでなく、皮膚感覚を生かした「観察」や「アプリオリ（無意識の経験則）」を将来ビジョンに考慮することも忘れてはならないと考えている。「観察力」と「違和感」が重要な経営センスの１つである。

「変化したものが生き残る」というよりは、「変化できるものが生き残る」といえる。

第９章

森下勉のつぶやき

～Facebookの徒然に（2018年４月から）

【いつお伺いしてもピッカピカ 😁】2018/04/19

工場がきれいと仕事がきれい
設備がきれいと製品がきれい
身だしなみがきれいと心がきれい。
“流れ”がきれいと、会社が良くなる。みんな良くなる。😉

【知的資産経営で業績飛躍的アップ！】2018/05/02

午後の支援先。奈良県　西和物流さん
知的資産経営マネジメントに取り組んで４年目。
「組織力」と「人を大切に」
知的資産と見える資産の両方をからめてKPIを明確に！
流れの整理！　継続は力‼
このお話は僕にとって「ほうれん草」です。
ポパイ・ザ・セーラーマン！

【きょうのツトム勉強会】2018/06/04

「人材活用と働きがいのある職場」（日色保　日本経営合理化協会）
働き甲斐のある職場は、ストーリーがあるか、成長できるか、貢献し認められているか。
リーダーとマネジャーは違う。
リーダーは、次のリーダーを育てられるリーダーをつくること。
きょうも学びは多いです。😊

【佐賀県、よかとこ活用経営 本日スタート】2018/06/22

支援者向けのセミナー。谷田建設さまからの事例報告です。
産業廃棄物処理、「捨てるから創るへ」
プロセスの見直しで、自社の良さが見えた‼
目から鱗が何枚も落ちたとの事。
資産別に整理され、見える化されています。
マイルストーンからアクションプランまで、将来ビジョンが明確になっています‼

【ローカルベンチマーク演習】広島県中小企業診断協会　理論更新研修 2018/07/22

ワークショップもさせて頂いています。
「習うより慣れろ」ですね。😚😚😚
ロカベンの良さ、知的資産経営マネジメントの良さを知って頂けたかな。😊😊😊
広島焼きを食べて帰ることにいたします。

【khronosさんの“ええとこ活用経営®”が終了し発表 】2018/08/04

３つの事業部からの報告です。
「曖昧な思いや考えが、お互いに共有化できたので、活動のベクトルが揃った。」
「なんや同じ思いやん、良かった。」
「時間生産会社khronos」
…
やってみると効果が分かる。
お勧めのマネジメントシステムです❗
と、宣伝してみました。😊😊😚

【朝から感動】2018/08/17

ええとこ探しにお伺いし、カバンを置こうと思ったら、生産現場の方が布を持って来てくださって、「ここに置いてください。」驚きました。
これだけで会社の価値が見えました❗😊😊😊
朝から爽やかです。

【知的資産経営経営マネジメント　その後のお話】2018/08/21

３年前と比較して
☆取り組みで気づいたこと
３年目に、頭にあった構想をシート（Ben'sメソッド®）に書き出していたので、
①社員に伝えることができた
②検証することができた
③事業が見えた
☆どのような成果につながったか
事業が見えたことで
①プロセス分析に基づいて改善を行えた
②違いが見えて新しいチャネルが開拓できた
③変化予測表でプログラマーの育成、cad/cam習熟で複合機が使える（多能工化）ことになった
④新工場ができたので早いデリバリが可能になった
☆今後の活用
募集に使う
あと、この10年が勝負

【資産台帳に整理すると】2018/09/13

資産全体が俯瞰されて、戦略も見えてきま

す。
見える化されるので、的確な意見が出て実現性が高まります。
こちらも楽しみです‼

【IIRC　国際統合報告評議会】2018/09/18
もう、６年前になるんだ。
経済産業省からの依頼で、昭和電機さんの知的資産経営の取り組みを世界に紹介するために、昭和電機の栗山隆史（Takashi Kuriyama）さんとIIRCの統合報告国際フォーラムに参加。
2012年　アムステルダム
2013年　フランクフルト
2014年　マドリード
の３年間。
IIRCが提唱しているタートルチャートが納得出来ず、こちらの「価値ストーリー」のほうが優れていることを確認した次第。
統合報告の作成対象はほとんどが上場企業、投資家向けの開示対象、開示対象と開示目的が違っているので、こちらは中小企業の立場とした独自路線で行こうと決めた。

【顧客に他社を選ばせない企業となる】2018/10/18
尼崎信用金庫さんと大阪府商工会連合会の共催「会社の価値を高めるええとこ探し」セミナー
ヒューテックの藤原多喜夫社長からの取り組み事例報告。
「速さがすべてを凌駕する‼」
日本企業の価値を高めるキーワード、「速さ」を語って頂いています。
素晴らしいです。

【企業様向けローカルベンチマーク体験ワークショップ】
11月10日（土）13時から大阪市立西区民センターです。
自社の価値をローカルベンチマーク（ええとこ探し）を通して把握し、内部・外部へ発信しませんか。
自分で考えるのと、第三者から見るのとでは価値は異なります。
改めて見直ししませんか。

【本日も熱心】2018/11/08
外も暑めですが、中も熱いです。
お一人でお越しの社長さん。
後継者と一緒に来られていた企業さんの親子のやり取りをご覧なられて、「次は、息子を連れて来るわ」との事。
“ええとこ活用経営マネジメント”の現場は、事業承継の現場。

【～知的資産WEEK 2018 in NAGOYA】2018/11/17
「捨てられない中小企業支援者となるために」
どえりゃ～タイトルだわ。
でも、無事任務を完遂いたしました。
金融庁の日下さんから「金融機関の明日を創る」と題して、金融庁内で動き始めた「地域金融生産性向上支援室」の位置づけや役割、目的。トランザクション・バンキングは、外部からの参入によってビジネスモデルは立ち行かなくなる課題提示。
橋本さんからは、「発見機能」がない組織は捨てられ、「共感資本主義」の時代になった。「数値化の危険性」「行かなくても済む革命」が起きていること。その中でどのように生き抜くかという課題提示。
寺岡先生からは、パネルディスカッションの中で、持続可能なビジネスモデルを構築するには「時間軸」でとらえること、そして「深度ある対話」の必要性について語って頂いた。
昨日の岐阜県信用保証協会主催「対話で築く（気付く）明日の企業経営」に続いて、内容の濃いセミナーとなりました。
それにしても、パネルディスカッションの事前打合せもなく、軸をずらさず、多方面から切り込んでくる橋本さんの投げ掛けは楽しませて頂きました。面白かった！
幹事役の藤井さん　ありがとうございました。
昨日の岐阜と同じく手作り感　満載でした。o(^-^)
素晴らしかったです。

【Khronosさんから“ええとこ活用経営®”の取り組み発表‼】2018/11/20
大阪府中小企業診断協会・知的資産経営研究会 月例会。
khronosさんの歴史から始まりました。

歴史を洗い出すと、企業の変遷から学び、次の方向が見えてきます。

【事業承継順調です‼】2018/11/28

前回、隣のチームが後継者と一緒に来られていて、「いいなあ、次はうちも息子を連れて来るわ」

ということで、今回はご子息同席‼

事業承継、順調です‼💖💖💖

親子会話で、見えない価値の共有。

サポートさせて頂いて、会話を楽しませて頂きました‼

「社長のためのええとこ探し」

〜知的資産実践セミナー〜

【今年もやります「知的資産WEEK in 大阪」】2018/12/06

キーワードは生産性向上！

・金融庁　地域金融生産性向上支援室長　日下智晴さま

・共同通信　「捨てられる銀行」「金融排除」橋本 卓典さま

・セイコー運輸　代表取締役　宮高 豪さま

選ばれる企業支援者になるためのヒントを最新動向から探ります。

もちろん、企業経営者にとって重要な「金融機関を選ぶ」もキーワードです。

1月18日（金）13:30から「マイドームおおさか」で。

【脳の活用】2018/12/07

きょう、明日の研修は脳‼

記憶力、集中力、人材育成法、切替法、巻き込み法。

海馬と側頭葉、運動性記憶、脳のバランスシート、ネオフィリア、脳は変えられる、自分の正体は分からない‼

今回も気付き、充実、ワクワクです。😉😉😉

【ということで、夜は中農製作所さんの望年会】2018/12/08

若き社長の開始挨拶。

みんな元気‼

エネルギーをもらいます。

知的資産経営報告書を作る時はプロジェクトメンバーで、「"流れ"の整理だけで会社が良くなる魔法の手順」を読み合わせしてから始めます。

光栄の極みです‼

【「ヒアリングツールとしてローカルベンチマークを活かす方法」at 大阪銀行協会】2018/12/20

無事、使命を達成できました。

1．ローカルベンチマーク

①ロカベンの背景と意義

日本経済からの展望

金融市場の変化

②ロカベンの施策展開紹介

「ローカルベンチマーク「参考ツール」利用マニュアル」（経済産業省）

「第8回ローカルベンチマーク活用戦略会議」（経済産業省）

「内閣府説明資料　経営デザイン」（内閣府）

2．支援ツール例

①資産分類

②WHYの5段活用

③2つの歯車

3．ローカルベンチマークの事例紹介

①A社（大阪狭山）訪問看護業

②D社（富田林）食品包装加工

4．ローカルベンチマークのロールプレイ

ロールプレイ事例　S社　運送業

事例S社　商流

事例S社　4つの視点

5．感想、質問

渡邉学さん　ロールプレイ社長役のお役目ありがとうございました‼

おかげさまで好評だったようで、嬉しいです。

40名ほどのご参加でした。

「金融排除」(橋本 卓典さん)は半分くらいの方が手を上げてくださいました。

「ベテラン融資マンの事業性評価」(寺岡雅顕先生)「よみがえる金融」(新田信行さん)は残念ながら手が上がらなかったので、必ず役に立つので読まれると良い‼　とお伝えしました。

「やっぱり会社は家族である」(但陽信用金庫 桑田理事長)もお伝え。

良著は、どんどん発信！

ちなみに拙著「"流れ"のせいりだけで会社が良くなる魔法の手順」は2名でした。（身内でした　^^；）

あしたも頑張ろ。

【昨日のロールプレイから】2018/12/21

渡邉学さんと二人で、ローカルベンチマークのヒアリング手法を披露。

ロールプレイが終わってからの質問で「なぜ４つの視点の経営理念から聞かないのか？」を尋ねられた。

どうも、ローカルベンチマーク（事業性評価シート）は「４つの視点」の最初（つまり経営理念）から聞いている方もいるようだ。

経営理念が確立している中小・小規模企業さんはまだまだ少ない。「なんちゃって経営理念」が多い。

それを経営理念から聞いたら、そこで誤った理解や混乱を起こすし、おそらく引かれてしまう。尋問になってしまう。

対話はお互いの信頼関係があって成立する。スタートから信頼関係が崩れてしまう。

まず､「商流」や「プロセス」をうかがって、その中で選び選ばれているポイント（違い、理由、そして秘訣）を見つけ出すと４つの視点に該当する事柄や価値が出てくる。そこで、４つの視点の該当箇所に記載していく。

記載すれば、また「商流」や「プロセス」に戻って選び選ばれているポイント探し（ええとこ探し®）をしていく。

この行ったり来たりが大切なんです。

経営理念をたずねるのは、最後で良い。

知的資産全体が見えたあと、これらの知的資産を生み出した社長の思い（根っこ）をたずねれば良い。そうしたら、本当の経営理念が見えてくる。

「なんちゃって経営理念」から本当の経営理念に変わる。新しい経営理念を提案すれば良い。

経営理念が明確になったら、経営理念と顧客提供価値を繋げている「方針」「取り組み」「仕組み」(「４つの視点」に記載されいるはず)を明確にして繋げること。(ストーリー化)

そうすれば事業価値の軸がみえる。軸がみえたら、ぶれない経営になる。

ローカルベンチマークは気付きのツールでもあるし、経営の軸を作るツールでもある。

あらゆる進歩、発展は気付きから始まる。軸のない経営は雨風に弱い。

根っこは、太く広く地面深く張った根が良いのだ。

【「家康　江戸を建てる（前編）」より】2019/01/05

「人ひとりが一生のうちにできることなど、たかが知れておる。しかし志は受け継いでいかねばならぬ。それが正しいかどうかなど、わしにも分からぬ。100年先、200年先の者に聞くしかあるまい。わしはそう信じてこの江戸を建てるのじゃ。」

< 正しいと信じてこの道を歩む >

【嬉しいお話】2019/01/09

３年前に診断士の実務補習をお願いした企業さんから、「以前診断報告をもらってから時間が経つのと、新しい事業が育ってきて変化してきたので、自分自身の再確認の意味で、もう一度診断してまとめてもらえないか」

とのご依頼。

当時、将来ビジョンとして準備をしていた事業が順調に成長し、売上・利益とも大幅に増え､新しい経営展開になってきているので、更に前進するために検証と今後の方向性のヒントを得たいようです。

知的資産経営マネジメントを実践し、PDCAを確実に回していらっしゃる。

素晴らしいと感動しました。

当時の担当メンバーも嬉しいようです。

前回にも増して役立つ診断報告を作らねば。

新年早々､とても嬉しいお話を頂きました。

【事業承継に「プロセス見える化シート®」】2019/01/11

事業承継に悩む親子。

「今の事業に将来性を感じない。このままいくと事業は終わる。社員は高齢化し新しい製品開発はできない。社員に聞いても意見は出てこない。息子は仕事のことが分かっていない。八方ふさがり………でも３年後に息子に事業を渡す。」

ここまでになったのは？　と、責任を問いても、前進しない、改善もされない。

で、どうする。

内部は「プロセス見える化シート®」で整理。

息子に外部から学ぶ（磨練る）ことを知ってもらう。

少し、光明が見えたとの事。

内部は、業務プロセスの整理と理解。外部

は、中小企業家同友会で、経営の先輩の話を聞いて、磨練て（まねて）成長する。

【「よかとこ活用経営」報告会】2019/01/25

多くの企業さんが社内向け。
足元を固めることが大切です‼
・10年後の事業承継を考えていたけど、3年ぐらいに短縮できそう。
・沿革を整理したら会社のクセがみえた。
・社員のコミュニケーションスキルの高さを改めて分かった。
その他、もろもろ。
そんなところから、将来ビジョンが明確になった企業さんが多く、今回も充実した取り組みになりました。
感謝致します‼

【「経営デザインシート」のお打ち合わせ】2019/01/28

内閣府・知的財産戦略室の方がお見えになって、「経営デザインシート」について意見交換。
新しい、分かりやすいフォーマットも開示されるようです。
やはり、「Ben'sメソッド®」や「ええとこ活用経営®」を参考にされたとのこと。
どうりで、ワークシートの内容がピッタとはまるはずです。
恐縮の極みです。
「ローカルベンチマーク」で対話を深め、将来ビジョンを「経営デザインシート」で固める‼
なんと、使いやすいGoodなツールが揃いました。
さっそく、意識の高い金融機関、企業さんに活用して頂きますよ‼

【知的資産経営WEEK 東北】2019/02/28

橋本卓典さん、寺岡 雅顕さんの基調講演と、及川 朗さんも交えたパネルディスカッション。
際どい話題、課題提供、具体的な支援について、中身の濃いWEEKになりました。‼
Tsubasa Rokusawaさん　お世話になりました。
ありがとうございます‼

【経営理念には通じるものがある】2019/03/21

山田方谷を自分のものにしたくて。
どのように普段の仕事に実践できるか。
ここが肝心‼
・経営理念…領民を富ませることで国が富む
・見える化…現状分析と情報公開（大坂商人との交渉）
・改革の施策
　借上げ米の廃止、農民の賦役軽減、米の備蓄
　地域産品・新製品開発　松山たばこ、3本歯の備中鍬（砂鉄への着目）
　藩札刷新　信用力強化
　・地域の活性化
・借財の返済
・無血開城
知的資産経営マネジメントだなぁ。

【事業価値を高める知的資産経営】2019/03/24

4年前に行った診断士実務補習先からのご依頼で、再度事業価値を高めるためのヒアリング。
4年前に描いた「将来価値ストーリー」の検証。
ほぼ実現され、新分野の売上構成も飛躍的に上昇。
人材確保と育成、利益の出るビジネスモデル構築に取り組み中。
価値ストーリーに描くと将来が見える！
さて、どのような報告ができるか、腕の見せどころ。

【日本的経営の研究】2019/04/30

一万円に渋沢翁。
多くの賢人が繋がる。
「藤樹翁問答」「言志四録」「都鄙問答」「報徳仕方」「宗竺遺書」「義先利後」「青淵百話」etc.etc.
たくさんあるわ。
大きく言えることは、長期的視野、大局観、客観的自我かな。
知的資産経営マネジメントの視点で整理するのが使命やなぁ。
実務に役に立つようにまとめるには、どうしたらええやろ。
どこまでできるやろ。

【事業価値を高める経営レポート　改訂版は7年前です】2019/06/01

前のバージョン（2008年刊行）は知的資産経営が始まったばかりだったので、内容は不充分な箇所があった。

この改訂版（2012年刊行）で、業務プロセス分析から知的資産を洗い出す手法と顧客提供価値に向かう価値創造を紹介した。

プロセス分析の効果は大きい。

ひとつは、プロセスの中に他者との違いを生み出している知的資産を知ることができるからである。なぜそのプロセスがスムーズに流れるのか、なぜ顧客に選んでもらえる価値が提供できるのか、と言う視点である。ひとつひとつのプロセスを深掘りすることで、他者との違いに気付きさらに新しい価値を生み出し、顧客に選ばれる企業を創ることができる。

もうひとつは、プロセスの価値創造の流れを考える中で、担当社員が自分自身の仕事のあるべき姿を確認でき、気づかなかった価値創造に気づくことである。仕事の取り組み姿勢の変化や、やり方に工夫が生まれてくる。それらは社内のチームワーク力を高めたり、助け合う風土作りや多能化への道を容易にしてくれる。

紙面の都合上、業務プロセスを示しているが、企業の中には戦略立案や企画、リスク対応などあらゆるプロセスの組合せがあり、それらのプロセスの流れが整流化されることで、企業価値を高めることができる。

この考えをローカルベンチマーク構築に生かして頂いた。

また、経営レポートの右下にある、現状の知的資産と将来ビジョンの知的資産の比較表は、経営デザインシートと同じ仕様である。環境変化を踏まえ将来に向けた価値創造を考える時に、現在と将来の知的資産のギャップを整理しビジネスモデルを考える意義は大きい。

2012年からすでに7年経過している現在では、知的資産経営の取組をさらに進化させ、企業価値創造に貢献できるものに創りあげている。

昨年、「流れに整理だけで会社が良くなる魔法の手順」（西日本出版社）にまとめさせて頂いたが、今はさらに進化させている。

知的資産経営マネジメントに終わりはない。

【内閣府の担当の方と】2019/06/19

経営デザインシートについて。

こちらで疑問に感じていたこと、理解不足の箇所などなど、いろいろ意見交換させて頂きました。

大切なのは、いくら優れたフォームがあっても、フォームの趣旨や狙いを理解せずに、単にフォームを埋めるだけでは「なんちゃって経営デザインシート」なってしまうこと。

「経営デザインシート」を本物にする取り組みや仕組み、支援できる人材を育てること。

そして継続的で、価値を生み出す仕掛けが必要だな。

ローカルベンチマークとの組み合わせも有効だな。

さ、自分の役割を確立させて頂きます‼

【人材育成が大切です】2019/06/25

事業や組織が継続的に発展するには、次の人材(リーダー)を育てることが大切です。

それは、リーダーの役割。

リーダーは次のリーダーを育てるのです。

今年も大切な役割を担います。

「中小企業診断士実務補習」指導。

今までのメンバーは、皆さん優秀な方ばかりなので、恵まれていました。

今年はどんな方が参加されるのかな。

楽しみです。

【実戦力の向上】2019/07/13

愛知、岐阜の仲間。

ロールプレイを終えて見直し。

ワイワイガヤガヤ。

経営者側も支援者側も多くの気づきを得ています❗

このあとは、「価値の循環」を描きます。

「価値の循環」を描くことで、事業性の理解を深めることができます❗

きょうも充実した研究会です。

【今月号のWedge】2019/07/28

どの記事も、根っこは同じみたい❗

何が価値を生み出すのか。

「ええとこ活用経営®」、「ジョハリの価値(森下造語)」で多くの見えざる資産を認識し、資産台帳を作ること。

「違い発見マトリックス®」で4つの資産

分類を行い、将来ビジョンを構築する。
そのためには、良い触媒が欠かせないけど。☺

【本日のツトム勉強会】2019/08/05

その１.松下幸之助グラフィティ。
幸之助ポリシーはいつから変わったか、を知りたい。
２.「論語と算盤」第１巻
時代の周期性　「歴史は繰り返さないが、韻を踏む」
一滴一滴が大河になる。
「共感」によって一滴一滴が集まる。そこで必要な要素は「共助」であり、その事でより良い明日を「共創」できる。
「合本主義」

【ローカルベンチマーク・ワークショップ】2019/09/25

本日は２回目。
商流、業務プロセスから４つの視点を整理しています。
３つのシートの整合性がポイント。
シートの間を行ったり来たり、どんどん見える化が進んで会社の良さが見えたよう。
こんなやり方、はじめてしたけど、面白い‼
とは、皆さんのお声。
はい、ええとこ活用経営ですから。☺☺☺
次回は将来価値ストーリーを描きます。

【ネタバレ？】2019/12/29

次の本　執筆中。
モンシロチョウは産卵するときに幼虫の成長に必要なエサが豊富なキャベツだけでなく、幼虫のエサが十分にあるとはとても言えないイヌガラシのような野草にもあえて産卵する。
競争相手をいかに排除して生き抜くかという従来の進化理論に加えて、変化・変動する環境の中でいかに絶滅を避けるかといった視点からの進化理論。
ある環境に一番強いものはまれに起こる破壊的な環境変化を考慮した場合、長い目で見たら理論的には絶滅してしまう。
ダーウィンの進化論には修正が加えられている。
「環境の変化に対応したものだけが生き残る」ではなく、生き物は常に変化している、その変化にたまたまマッチしたものが生き残る。常に変化とチャレンジが重要なのだ。
https://www.nhk-ondemand.jp/goods/G2019103531SC000/?spg=P201800178200000

【博多だからね】2020/01/27

中間管理職向け「企業の強み認識講座」
知的資産経営って面白い‼
・わくわくしながら、取り組めた。
ストーリーに描くと会社の良さがよく分かった。
中期計画を作っている最中なので、活用できる。
・最初は会社に対する不満が出たけど、取り組んでみたら経営者目線になれた。
会社の良さが見えた。
・当たり前のことが、客観的に見ることができた。
会社に戻ったら、もう一度ひとつひとつ仲間と棚卸しをして、今後の方向を議論する。
・経営者視点でいろんな事が見えるようになった。
ローカルベンチマークを使って、工場内で展開する。
・会社でも取り組んだので、社内のいろんな意見が聞けた。
会社の将来像のすり合わせができ、正しい判断ができる。
各部門で、将来を見れる人材を増やしたい。
ありがとうございました‼
短い時間で、脳に汗をかかれたと思いますが、良い成果になって嬉しいです。

【ごっつエエのん出来ました】2020/03/13

特許庁で進めていた「知財を切り口とした中小企業の事業承継における支援の在り方……」
経営者向けと支援者向けのマニュアルとチェックシート。
経営者向けは分りやすく、支援者向けは的確な状況把握と具体的な支援に繋げられるように。
知的資産と知財とをからめたマニュアルとツール。
有効に活用しないといけません。
待った無しです‼

【『良心』からの企業統治】
2020/03/20

中小企業診断士の勉強をしていた頃、「会社は誰のモノか」という問いかけに、「株主のモノ」と学んだ。

その事が、ずっと引っ掛かっていた。

知的資産経営が始まり、考えや取り組みを進化させていく中で、企業は、株主だけでなく顧客をはじめ、企業を取り巻く多くのステークホルダーとの関わりで存在していることから、会社はステークホルダーのモノと考えるようになっている。

いわば、社会全体の資産である。

今回、坂元 昭さんが紹介されていた「『良心』から企業統治を考える一日本的経営の倫理一」(田中一弘著)は、いままでのモヤモヤを解消してくれました。

知的資産経営の取り組みに、誤りがない確信が更に深まった。

経営理念の重要性を説く一方、「良心」に基づく経営の難しさを書かれているが、価値ストーリーを描き、それを定期的に見直すことで実現出来るのでは、と考えている。

ほんものの知的資産経営マネジメントを広めていかねばと、背中をドンと押された感じです。

進めますよ。

【2006年の経営革新計画がターニングポイントだった】2020/03/30

定期的にお声の掛かるお客さん。

本日もご相談。

「2006年の年末ぎりぎりに承認をもらった経営革新計画で今日がある。」

2005年11月にご紹介を頂いてお伺いし、社長にお話をお聞きしながら大慌てで申請をまとめた。

公庫の担当課長が承認を待ちわびて、12月26日の承認確認が取れるとすぐに年内手続きをしてくれた。

その承認があって今日がある。

と、社長。

その後も、事業は計画通りに進み、2011年、2017年と3度の経営革新計画の承認を得た。

今でこそ地銀は来るけど、当時は相手をしてくれなかった。

悔しさがあるので、今でも窓口は公庫。

相談は森下へ。

息子さんもやっと会社に入られ、後継者が出来て安心と思いきや、もっと伝えないといけないものがある。

会社の風土、苦労した時に何をしたのかその沿革、等々。

との事。

石川の桜は、もう少し先。

楽しみです。

【竹原編集長とご一緒】
2020/04/09

お昼は、「日本一明るい経済新聞」の竹原編集長と、企業訪問の面白さや、自分たちの役割などについてお話をさせて頂いています。

企業の良さを引き出すポイントや、自分たちの生き甲斐についてもお伺いして、「一緒ですね。」と、ガッテン！しています。

【貨幣は負債である】2020/04/22

「私は春にイチゴを摘んだ。あなたのサンマと交換したい。でも秋にならないとサンマは取れない。あなたは、今サンマと交換できないので秋にサンマと交換できるように借用書を書いた。この借用書が貨幣の正体であり、貨幣は負債である。」（中野剛司）

分かりやすい例え話。

貨幣が最初にあったのではなく、物々交換の中で便利なように貨幣が生まれてきた。

金本位制ではなく､信用本位制なんだろな。

江戸幕府は、財政難から貨幣の改鋳を何度か行い市中の貨幣流通量を増やした。

改鋳を行い市中の流通量を増やすと経済が発展し、元禄、化政文化という、今日に繋がる江戸文化の花が咲いた。

しかし、新井白石や松平定信などが改鋳を元に戻す（貨幣流通量を減らす）とデフレとなり経済が縮小した。

日本では、政府は自国通貨単位で負債を発行することができ、自国通貨で負債を返済できる。

のであれば､思い切った財政出動があれば､コロナはデフレを脱却できるチャンスになるのかもしれない。

真剣に考えて欲しい。

【ブックカバーチャレンジ】
2020/04/28

青木 宏人 (青木宏人)さんから「ブックカ

バーチャレンジ」のバトンを受けました。
柳瀬 智雄（Toshio Yanase）さん　ありがとうございます。
元々日本史が好きで、若い頃は司馬遼太郎好きで日本史から人生を学ばせてもらいました。
最近、今までの視点と異なった本が目につき、読んでみたら「なるほど！」と合点することが多く、新しい視野が広がった気がします。「経済で読み解く日本史」（飛鳥新社）
貨幣量の変化が時代の景気を左右し、その事で支配権の変化を起こす、というテーマです。
この本のテーマは、現状の日本を語ることができるかも、と考えました。
その事をきっかけに、「日本史に学ぶマネーの論理」（飯田泰之：PHP）やコロナとデノミ脱却の手法として西田参議院議員、安藤衆議院議員たちが着目してるMMT理論（奇跡の経済学：中野剛司）を知ることになりました。
でも、これらの本に着目することになったのは、寺岡 雅顕 (Masaaki Teraoka)先生にお目に掛かって「ベテラン融資マンシリーズ」を読ませてもらったのが始まりです。
本は数珠つながりで広まるので、面白いですね。
今回の「ブックカバーチャレンジ」もそのような意味で興味深いです。

【す～っと入った】2020/05/27
中野剛志さんの「アメリカに学んではいけない」
以前からのモヤモヤが消えた感じがする。
……
①アメリカはベンチャー企業の天国ではない
②アメリカのハイテク・ベンチャー企業を育てたのは、もっぱら政府の強力な軍事産業育成政策である。
③イノベーションは、共同体的な組織や長期的に持続する人間関係から生まれる
④アメリカは1980年以降の新自由主義的な改革により金融化やグローバル化が進んだ結果、この40年間、生産性は鈍化し、画期的なイノベーションが起きなくなる「大停滞」に陥っている
⑤日本は1990年以降、アメリカを模範とした「コーポレート・ガバナンス改革」を続けた結果、アメリカ経済と同様に、長期の停滞に陥っている
……
従来の日本的経営の良さを生かすことを考えないと、ここままだと日本は沈没する。
知的資産経営を支援している中で感じていることは、短期的な成果を求めるのではなく、③の長期的な視点だと考えている。
ローカルベンチマークの、重点的にヒアリングする４つのポイントのひとつに社員の定着率がある。人が定着する事によって蓄積される資産は大きい。それが価値を生み出す。
長期的な視点を持つことで、事業価値は高まりステークホルダーから選ばれる存在となる。
安岡正篤『思考の三原則
一、目先にとらわれず、長い目で見る。
二、物事の一面だけを見ないで、できるだけ多面的・全面的に観察する。
三、枝葉末節にこだわることなく、根本的に考察する。
多面的に、根本的に見て、長期的な判断をする。』
日本は、小泉政権の規制緩和あたりから大きく変化してきたように感じている。（品質より安さに軸が移った）
ある政商が黒幕。㊙
＊個人の感想です

【泣けた】2020/05/27
コロナの影響を厳しく受けている卸業さん。
後継者の専務から
「トイレ掃除の意味を考えたい」
「何のために働いているかを考えたい」
「僕ひとりやったら考えられへんので、皆で考えたい」
成長しはったと思ったら、泣けてきました。
💞💞💞

【経営は継栄】2020/06/24
売上を目標にしたことはない。
ただただ、自分を信じる。
世阿弥に学んだ。
信じるだけではだめで、やり続けること。
やり続けて、自分を信じること。
FANでなければならない。
考えかたが大事。
伝えるのは、自然体が大事。
言葉だけでなく、腕、身体を使って伝える。

伝えるには、文書にしないと伝わらない。
自分の言葉で伝えないといけない。
企業成功は理念にある。
理念は突き詰めれば､「人のために」にある。
理想を念ずる
ミッション、ビジョン、何を大切にする。
この3つが大事。
夢を語る
いまのところ会社で終わらせない。
牢働、労働、朗働へ
ハツカネズミのPDCAと、昇り龍のPDCA。
やるべきことで、できていないことは何があるかを洗い出してみる。
経営者の仕事は後継者を育てること。
長く続く会社を作る。
「必要ですよ。」と言ってもらえる会社を作る。
原理、原則がある。
我流、自己流は大事だが、原理、原則をしらないと、壁にぶつかる。

・トップの情熱
・方向性を発信している。
　ミッション、ビジョン
・お客さま視点
　感動
・必要に応じて変革ができる
　イノベーション
　自己更新し続ける
　受け入れて実行、受け入れて実行。
　くよくよしない。

【仕事を掘り下げる】2020/06/25

自分たちの仕事を、じっくり掘り下げると価値を生み出している資産を見つけることができる。
導入時にブーイングがあって苦労したシステムが、今、大きな効果を上げている。（情報資産）
数値的なエビデンスが取れている。
どれだけの人、時間、費用が助かったか。
皆で改めて再認識することで、ガッテンと前向きになれる。
気づきが大切！
一方、業務分担の見直し、人財資産の組織資産化、如何に流れを円滑にするか。知恵を絞っています。
じっくり確実に。
ドキュメントの完成まで、楽しい時間を過ごします。

【ええとこ活用経営®で更に深掘り】2020/08/11

プロセス見える化シート®で、業務分析、商流分析で深掘りできた知的資産に、KAI-KRIマネジメント®分析を掛けるとあら不思議、更に深掘って見える化。
楽しいキーワード、将来ビジョンもコンコンと。
いよいよ佳境に入ってきました。
ワクワク、ウキウキ。
やめられません。
と、ひとり悦に入ってます。(*゜∀゜*)
きょうの鱗は5枚くらいかな。
次は将来ビジョン構築です。
そうそう、来週NHKの取材が入ります。^^

【また、違和感】2020/08/20
<オープンイノベーション>

ハーバード大学ヘンリー・チェスブロウが提唱
「オープンイノベーションとは、製品開発や技術改革、研究開発や組織改革などにおいて、自社以外の組織や機関などが持つ知識や技術を取り込んで自前主義からの脱却を図ること」
「その結果組織内で創出したイノベーションを組織外に展開する市場機会を増やすことである。」
うーん
この事なら、大上段に構えなくても、誰でも関係資産として持っている事だと思うし、そもそも自前主義から脱却して、それから先が大切だと思うんですけど。
内部資産、地域や社会への貢献、お役立ちの考えがないのが違和感。
アルファベットをやめて、別の大和言葉に置き換えたいな。
考えてみよっと。
・
で、きょうは「モモ」（ミヒャエル・エンデ）から教えてもらうことが多かった。
NHK　100分で名著
「そこでせかせかと働きだす
どんどんスピードをあげてゆく
そしてしまいには息がきれて
動けなくなってしまう

こういうやり方は、いかんのだ」
「つぎの一歩のことだけ
つぎのひと呼吸のことだけ
つぎのひと掃きのことだけを考えるんだ
いつもただつぎのことだけをな」
・
現代社会は「ビジネスが売上・利益の成長を唯一の目的としてしまいがちで、人や人間関係がその手段と化してしまうこと、人を利用価値でしか判断しなくなってしまうこと、さらにはお金が唯一の価値であるかのように経済・社会がまわることで、ときに景観が壊され、コミュニティは衰退し、文化は消費される対象となるなど、金銭換算しにくい価値が世の中から失われていく状況」だとして、その解決策として、「成果＝利益÷（投下資本×時間）」の数式を変えていく。
『ゆっくり、いそげ』影山知明
・
時間の概念が大切なんだ。
時間は命なんだから。

【TVに出ました】2020/08/28
って、僕ではありません。
千早赤阪村にあるサナダ精工さん。
ダイソー、セリア、キャンドゥなどにプラスチック製品を提供しています。
製品の裏を見てね。製造元サナダ精工と書いてあるから。
海外で作っていません。
サナダ精工の企画力と製品力が支えています。
車の運転中に始まったので、原 一矢さんから動画をもらいました。😊
ちなみに、知的資産経営に取り組んで6年目です。
お亡くなりなった会長史も、知的資産経営視点で作らせて頂きました。

【言葉は大切】2020/08/29
ローカルベンチマークを使って、知的資産の深掘りと将来目標の設定、対応策立案。
同友会メンバーが、対話を通してキーワードを見つけています。
三人寄れば文殊の知恵
言葉は大切です。
さすがです。
ウキウキします‼

【二つの目線】2020/09/08
日頃からお世話になっている信金さんで。
今までは、出できた料理を評価だけしてたけど、これからは、どれだけ美味しい料理を作れるかまで関わらんとあかん。
成長目線で見るか、融資目線で見るか、二つの目線がある。
知的資産経営で前さばきをすると、あとの個別支援が上手くいく。
支援目線が大事やね。
・
「遠きをはかる者は富み　近くをはかる者は貧す。」これに早く気づかないと。
有意義なお話しでした。☺

【尼崎信用金庫＆大阪府商工会連合会　知的資産経営セミナー】2020/09/16
“会社の価値を高める「ええとこ」探し”
PLANNING日報　福永社長の事例報告
◆理念、キャッチフレーズ
・誇れる商品をお客様に寄り添い作る
・女性が働き易い会社。やりがいを持って仕事ができる会社。人に喜ばれる仕事をする会社。
◆主な知的資産
＜人財資産＞
決断力のある経営者
求めている通りのものを制作できるデザイナー
＜組織・技術資産＞
編集技術、校正技術、一貫業務の知識
＜風土資産＞
みんなで助け合う風土。
◆価値のステップ
勤務時間に融通が利き、休みがとりやすくゆとりある働ける環境がベース。
①情報の共有や過去の経験を生かしながら、
②お客様とのコミュニケーション能力を生かし、
③頂いた情報を踏まえて正確に受注内容を把握し、
④協力会社との長年の業務連携力で、
⑤一貫作業によるスピードで仕上げる。
◆他社との違い
頂いた内容を正確に迅速に仕上げるだけでなく、漏れに気づき提案も行える会社
◆知的資産経営の取り組みを、社員とともに

考えたことで、いろんな意見の言える会社になった。

◆コロナの中でも、知的資産経営に取り組んだことで、自分たちに何が出来るかが共有されているので、将来を考えやすく、事業をスムーズに進めることができている。

【「でなければならない」にこだわらない！】2020/10/07

モノのカテゴリーは無くなってるで
境界も無くなってるで
無いものは作ればエエがな
やったらエエがな
判子は押すで
はしょらなアカン
人間は困らなアカン
＊＊＊
進化したものが生き残るのではなく、進化できるものが生き残るのです。
コロナの中で…

【尺取り虫に笑われる】2020/10/23

病気や難儀、困難は、次に伸びるための縮み。
縮んだ時に、次に伸びるための準備をする。
「伸びて伸びて、続けて伸びる」では、ちぎれるよ。
屈伸、屈伸　♪
竹村 亜希子さん「易経」より。
縮んだ時に、そのまま腐ってしまうか伸びる準備をするかは、本人次第なんだ。

おわりに

現在に至る知的資産経営の考え方や手法は、自身で商標登録した新しい発見もあるが、それも今まで唱えられていた様々な考え方や手法から得た知見が意識・無意識の内に構成されたものであると考えています。

天動説が地動説に変わるような大発見はありません。企業の価値を知り業績の向上に役立てられるよう、現場の中で構築したものがほとんどです。

どのようにすると相手は喜んでくれるか、自分は何ができるか、何をするべきかを自問自答しながら企業さんと一緒に考えてきました。その結果が今日の知的資産経営手法になったと考えています。

かつて、最初に知的資産経営に取り組んだ頃に、自分自身の知的資産は何かと自問し、価値ストーリーに描きました。いまでも、大きな変更はありません。

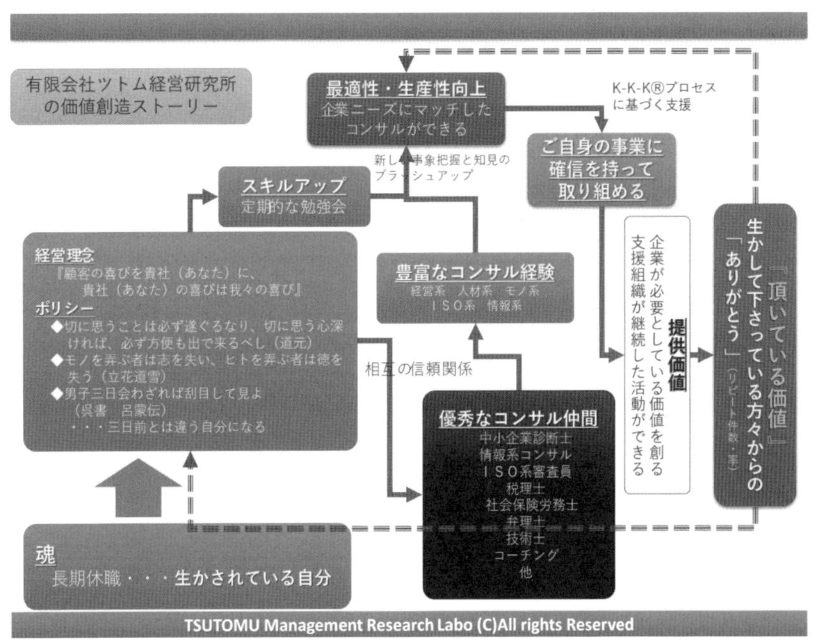

根っこのあるのは、30歳の時の２年間の休職であり、この時の自分自身への問いかけと、素晴らしい方々とのご縁です。

また、持病が消えるまで、26年間抱えていた持病爆発の不安感と、企業さんと関わることでいただけた使命感、これが今日の自分を作っています。

独立したあとも、多くのご縁をいただきここまで来られたと実感しています。一歩、一歩を大切に歩むことで多くの方々と、新しい事に挑戦し創造できたと考えている。人はひとりでは生きられません。

今回の出版においても、寺岡雅顕先生に普段お世話になっている以上にさらにお世話になり、また、銀行研修社の伏見直剛様にもお世話になりました。ご縁で生かされている自分があることに感謝しています。

お風呂の湯船につかっている時に唱えてる言葉があります。

「健康でありますように、仕事がばりばりできますように、家族が円満でありますように、子孫が繁栄しますように、国家が安泰でありますように、世界が平和でありますように」

３回唱えて湯船から出ます。

この本が、多くの方のお役に立てば嬉しいです。

取得商標一覧

商標名	概要
Ben'sメソッド	Business Effective Notebookの略 知的資産の掘り下げから将来に向かう戦略構築のツール
ええとこ活用経営	Ben'sメソッドを簡略化し、取り組み易くしたツール
違い発見マトリクス	自社と他社の相違を４つのマトリクスで捉えるツール
沿革気づきシート	沿革を整理することで企業の根本を見える化するツール
プロセス見える化シート	プロセスを分析することで自社の価値をするツール
ええとこ探し	知的資産、というと堅苦しいので、関西弁で表現したもの
ＷＨＹの５段活用	５Ｗ２ＨのWHYの特性を使ってビジネスモデルの再確認と再構築に使うツール
台形モデル	営業活動の有効性を確認、検証するツール
K-K-Kサイクル	高い品質を保って業務を迅速に回すためのツール
KAI-KRIマネジメント	KPIをアクションと結果に分解する考え方、ストーリーを描く時の考え方
KET	気づいたこと、得たこと、次にすることのサイクルで物事の見える化を行うツール
ええとこSTEP	価値ストーリーを描く前に、価値を生み出している事柄をステップで示すツール

＜参考文献＞

価値準拠のバンキング・モデル研究		村本　孜
脳をやる気にさせるたった１つの習慣（ビジネス社）		茂木　健一郎
丸亀製麺はなぜNo.1になれたのか？	（祥伝社）	小野　正誉
お客様の喜びを追求すれば、経営は心から楽しめる！（日本経営合理化協会）		
二宮尊徳	（吉川弘文館）	大藤　修
二宮尊徳に学ぶ経営の知恵	（産業能率大学）	大貫　章
報徳博物館　だより	（報徳博物館）	
かな報徳訓	（報徳博物館）	佐々井典比古　初代館長
超訳報徳記	（致知出版社）	富田　高慶、木村　壮次
リストラなしの『年輪経営』	（光文社）	塚越　寛
いい会社をつくりましょう	（文屋）	塚越　寛
幸せになる生き方、働き方	（PHP）	塚越　寛
日本で一番大切にしたい会社	（あさ出版）	坂本　光司
伊那食品工業株式会社　WEBサイト	http://www.kantenpp.co.jp/corpinfo/index2.html	
山田方谷に学ぶ改革成功の鍵	（明徳出版）	野島　透
現代に生かす山田方谷の思想	（大学教育出版）	山田方谷研究会
藩の借金200億円を返済し、200億円貯金した男、山田方谷	（柏書房）	皆木　和義
入門　山田方谷　至誠の人	（明徳出版）	山田方谷に学ぶ会
山田方谷のことば　素読用	（登龍館）	山田方谷に学ぶ会
山田方谷・奇跡の藩政改革	（NHK）	NHKエンタープライズ
運命をひらく　山田方谷の言葉50	（致知出版社）	方谷さんに学ぶ会
石田梅岩	（かもがわ出版）	森田　健司
なぜ名経営者は石田梅岩に学ぶのか	（ディスカヴァー・トゥエンティワン）	森田　健司
石田梅岩	（吉川弘文館）	柴田　実
魂の商人　石田梅岩が語ったこと	（サンマーク出版）	山岡　正義
石田梅岩に学ぶ石門心学の経営	（同友館）	田中　宏司ほか
石田梅岩の言葉　素読用	（登龍館）	寺田　一清

江戸商人の知恵嚢	（現代書館）	中島　誠
ダーウィン　種の起源	（NHK）	長谷川　眞理子
進化論の最前線	（集英社）	池田　清彦
「良心」から企業統治を考える	（東洋経済新報社）	田中　一弘
ハーマンモデル　個人と組織の価値創造力開発	（東洋経済新報社）	髙梨　智弘監訳
ハーマン・インターナショナル・ジャパン　資料		
右脳思考	（東洋経済新報社）	内田　和成
鍋島直正	（梓書院）	佐賀県
人を創る皮膚	独立行政法人科学技術振興センター	傳田　光洋
皮膚感覚と人間のこころ	（新潮社）	傳田　光洋
賢い皮膚	（筑摩書房）	傳田　光洋
皮膚はすごい	（岩波書店）	傳田　光洋
“流れ”の整理だけで会社が良くなる魔法の手順	（西日本出版社）	森下　勉

＜著者紹介＞

森下　勉（有限会社ツトム経営研究所　所長）
〒550-0004
　大阪市西区靭本町1-10-26　レジディア靭公園605号
E-mail：morishita@dream.email.ne.jp

＜経歴＞
医薬品メーカーに27年在籍。営業を経て1982年 営業業務部に異動。
1996年　医薬データセンター室に異動。2000年12月退職　独立。
2002年７月　有限会社ツトム経営研究所を設立。
2002年～2008年　ドイツ外車ディーラが実施している正規ディーラ向け経営品質向上プログラム『QMA（Quality Management of Auto house）』に参加。
2006年　IPA（独立行政法人　情報処理開発機構）IT化促進賞受賞。
2006年　関西IT経営応援隊　ベストITサポーター賞
2006年　「中小企業のための知的資産経営マニュアル」（中小機構）事例作成
2008年　「事業価値を高める経営レポート作成マニュアル」（中小機構）作成
2009年　経済産業省「企業等における適切な情報管理および秘密管理に関する検討委員会」委員。「営業 秘密管理指針（2010年４月改訂）」の発行へ。
2009年・2010年　中小企業基盤整備機構主催　知的資産経営推進支援者向け研修テキスト作成ならびに研 修の実施。
2011年　中小機構「事業価値を高める経営レポート作成マニュアル」改訂版作成
2012年　経済産業省「統合報告書（IIRC)」策定　国際フォーラム参加（アムステルダム）
2013年　　　同　　「統合報告書（IIRC)」策定　国際フォーラム参加（フランクフルト）
2014年　　　同　　「統合報告書（IIRC)」策定　国際フォーラム参加（マドリッド）
2015年　経済産業省・金融庁 「地域企業 評価手法・評価指標検討会（ローカルベンチマーク）」委員
2016年～2020年　　同　　　「ローカルベンチマーク活用戦略会議」委員
2018年　内閣府　 「経営デザインシート」参考人
2019年　特許庁「知財を切り口とした中小企業の事業承継における支援の在り方に関する調査実証研究」委員
2020年　経済産業省 「ローカルベンチマーク教育支援パッケージ検討会」委員
＜ポリシー＞
❖切に念ずることは必ず遂ぐるなり、切に念ずる心深ければ、必ず方便も出で来るべし
❖モノを弄ぶ者は志を失い、ヒトを弄ぶ者は徳を失う
❖男子三日会わざれば刮目して見よ
＜経営理念＞
『顧客の喜びを貴社に、貴社の喜びは我々の喜び』

持ち味を活かす経営支援
～選ばれ続けるための知的資産経営のすすめ～　〈検印省略〉

2021年6月14日　初版発行
1刷　2021年6月14日
2刷　2021年6月15日

著　者　森(もり)下(した)　勉(つとむ)

発行者　星(ほし)野(の)広(ひろ)友(とも)

発行所　株式会社銀行研修社
東京都豊島区北大塚3丁目10番5号
電話　東京03(3949)4101　(代表)
振替　00120-4-8604番
郵便番号　170-8460

印刷／神谷印刷株式会社
製本／株式会社中永製本所
落丁・乱丁はおとりかえいたします。ISBN978-4-7657-4648-9　C2033